Saka Mikami

Kaoru & Rin

so nah und doch so fern

②

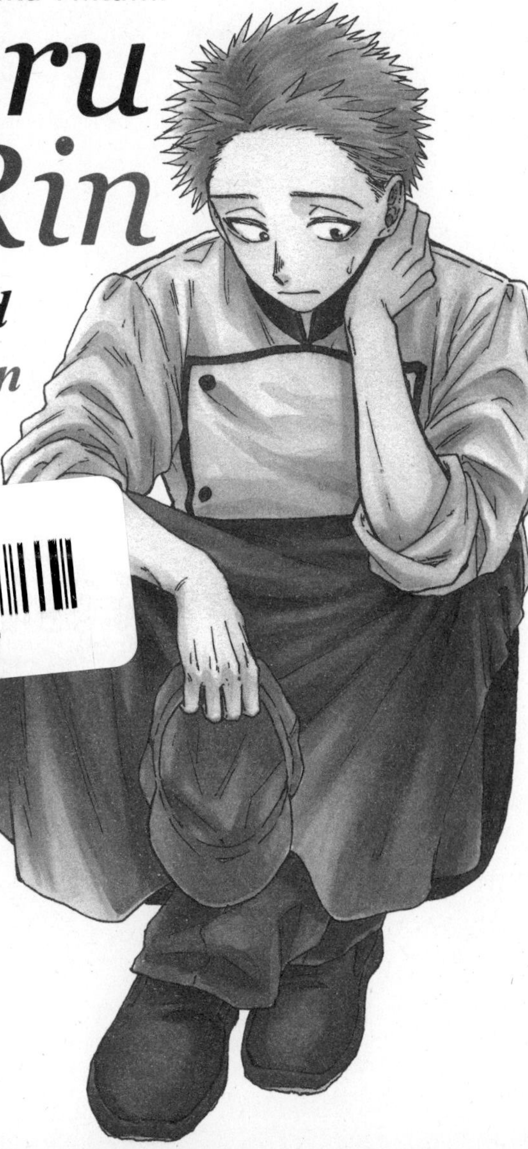

CONTENTS

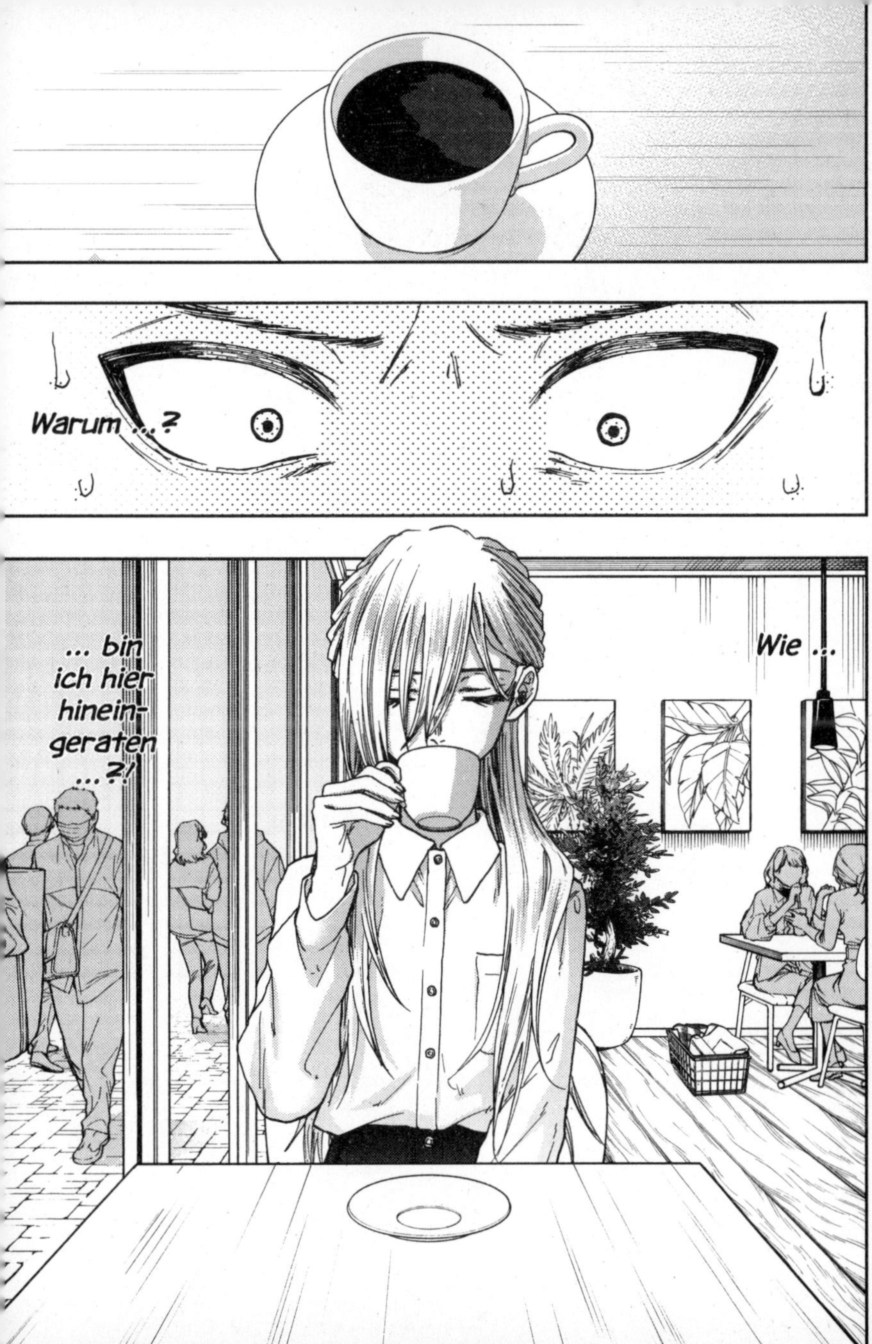
Warum ...?
Wie ...
... bin ich hier hinein- geraten ...?!

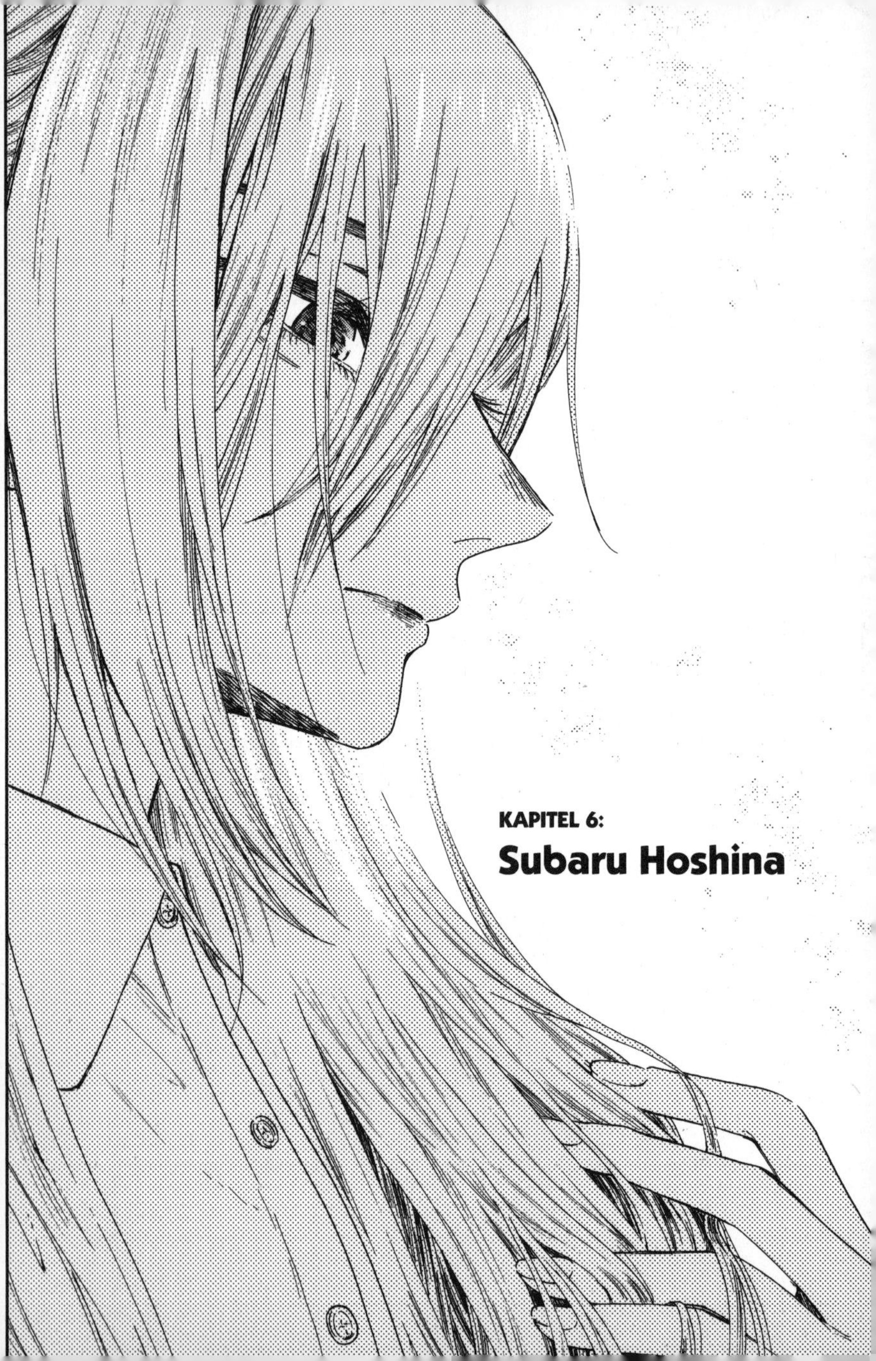

KAPITEL 6:

Subaru Hoshina

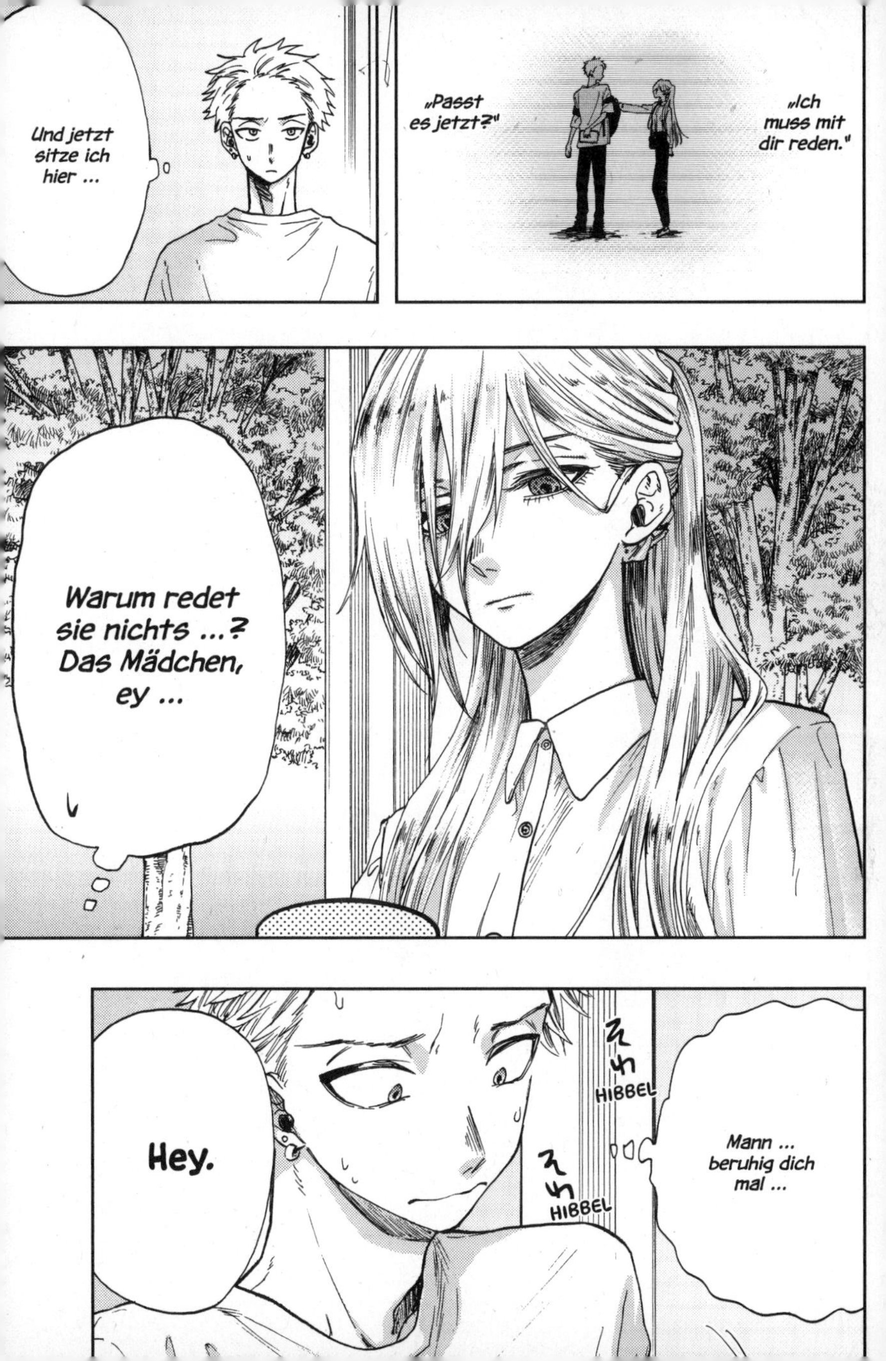
„Ich muss mit dir reden."
„Passt es jetzt?"
Und jetzt sitze ich hier ...
Warum redet sie nichts ...? Das Mädchen, ey ...
Mann ... beruhig dich mal ...
HIBBEL
HIBBEL
Hey.

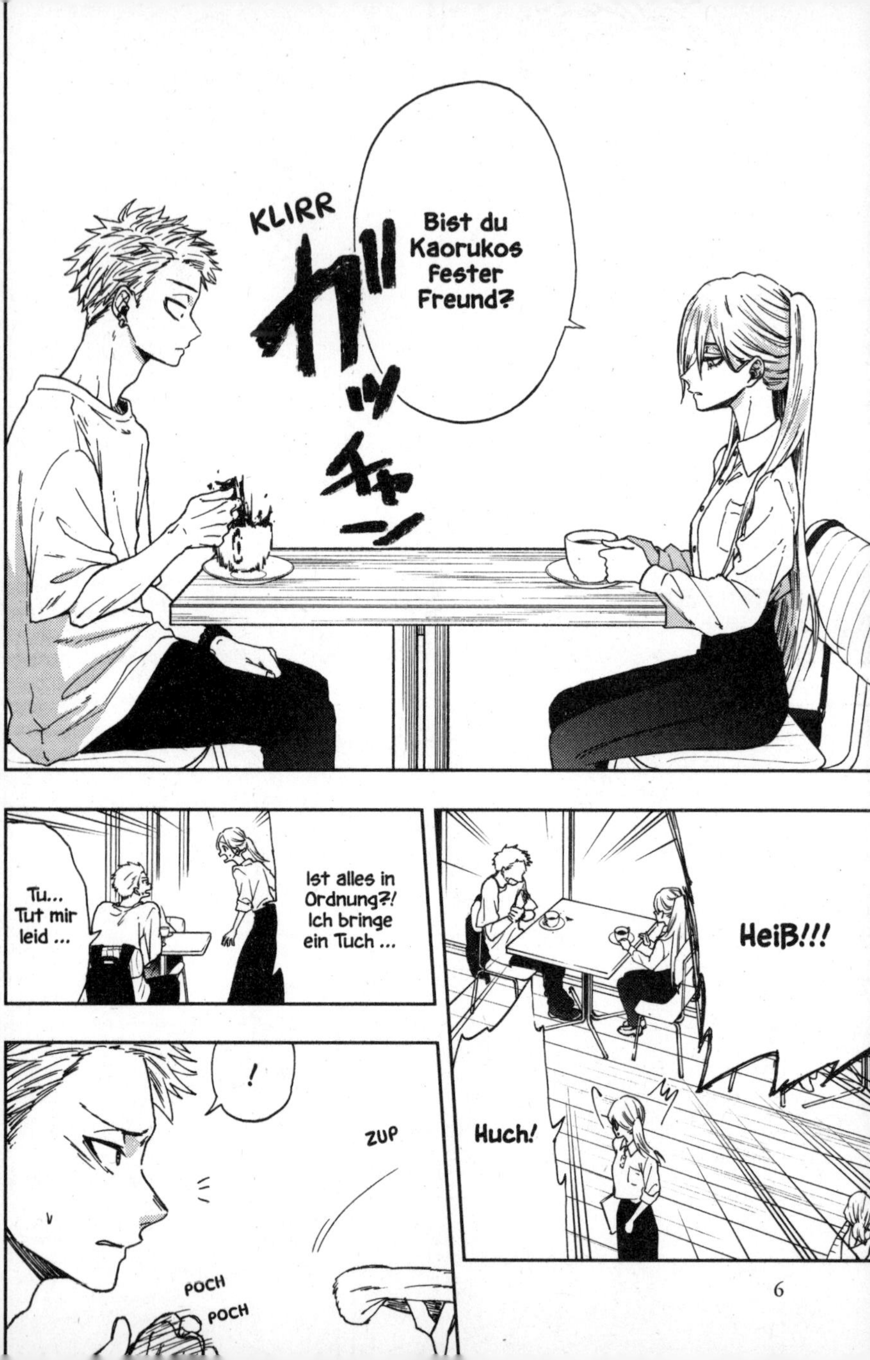
Bist du Kaorukos fester Freund?
KLIRR
Heiß!!!
Huch!
Ist alles in Ordnung?! Ich bringe ein Tuch ...
Tu... Tut mir leid ...
!
ZUP
POCH
POCH

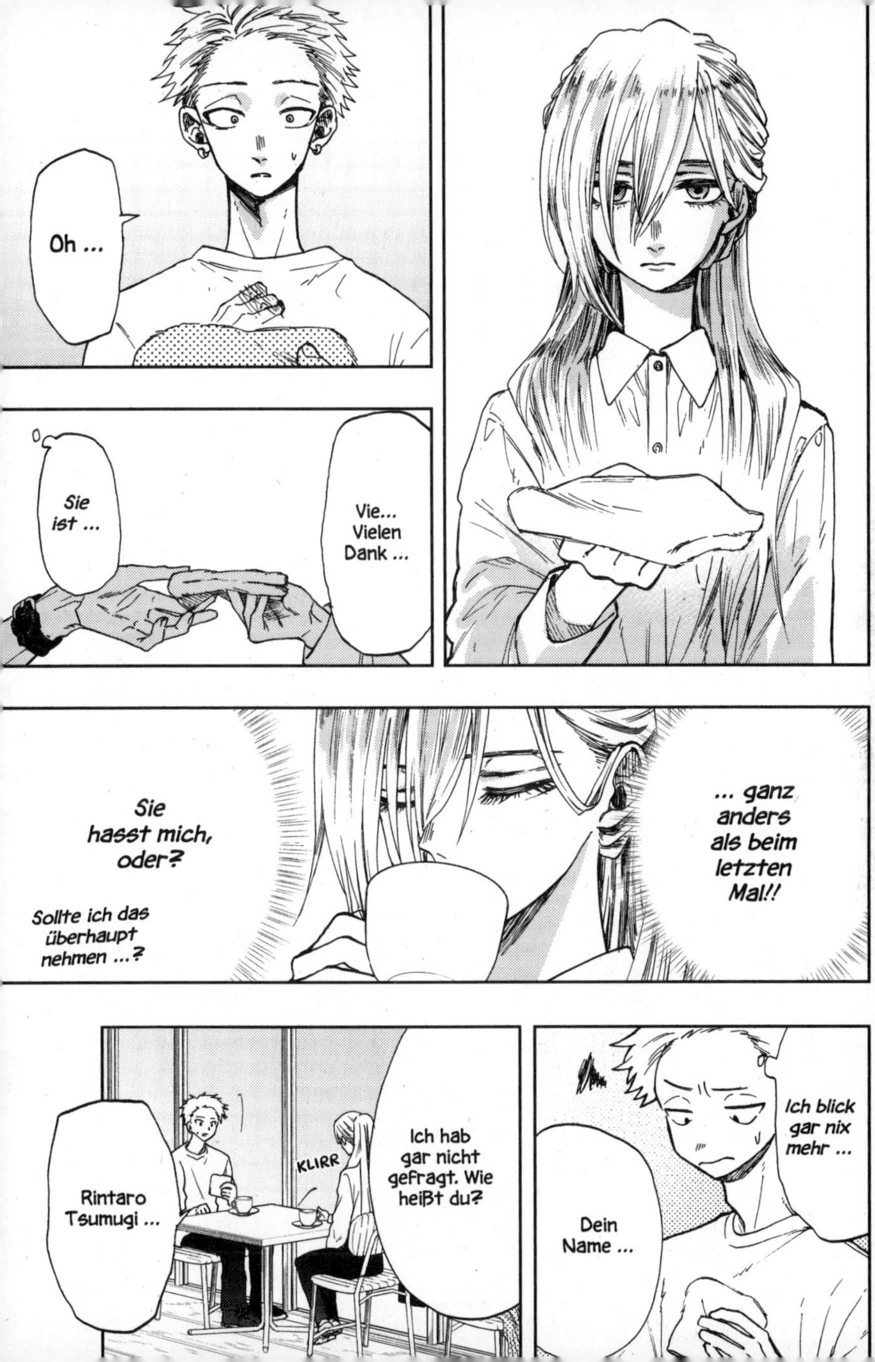
Oh ...
Vie... Vielen Dank ...
Sie ist ...
... ganz anders als beim letzten Mal!!
Sie hasst mich, oder?
Sollte ich das überhaupt nehmen ...?
Ich blick gar nix mehr ...
Dein Name ...
Ich hab gar nicht gefragt. Wie heißt du?
KLIRR
Rintaro Tsumugi ...

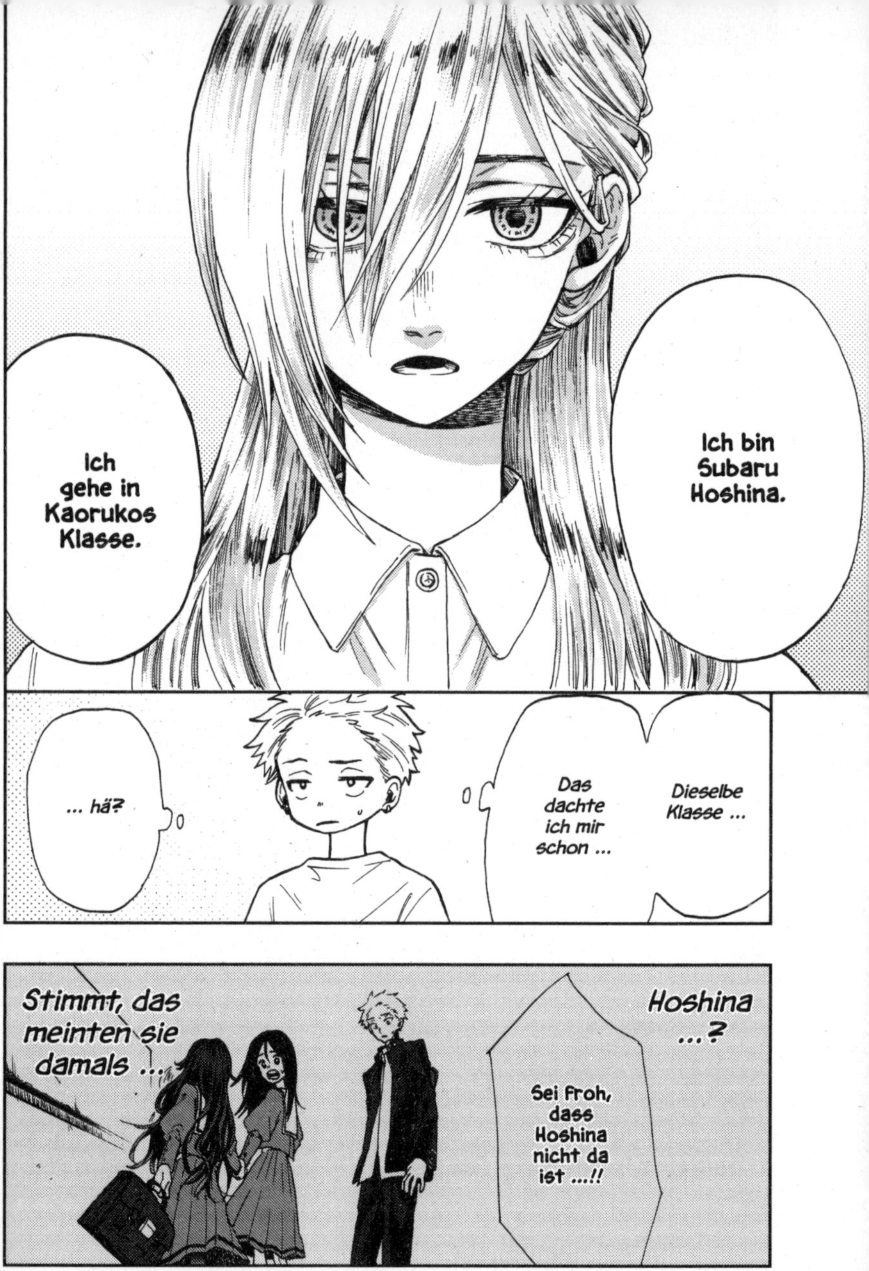
Ich bin Subaru Hoshina.
Ich gehe in Kaorukos Klasse.
Dieselbe Klasse ...
Das dachte ich mir schon ...
... hä?
Hoshina ...?
Sei froh, dass Hoshina nicht da ist ...!!
Stimmt, das meinten sie damals ...

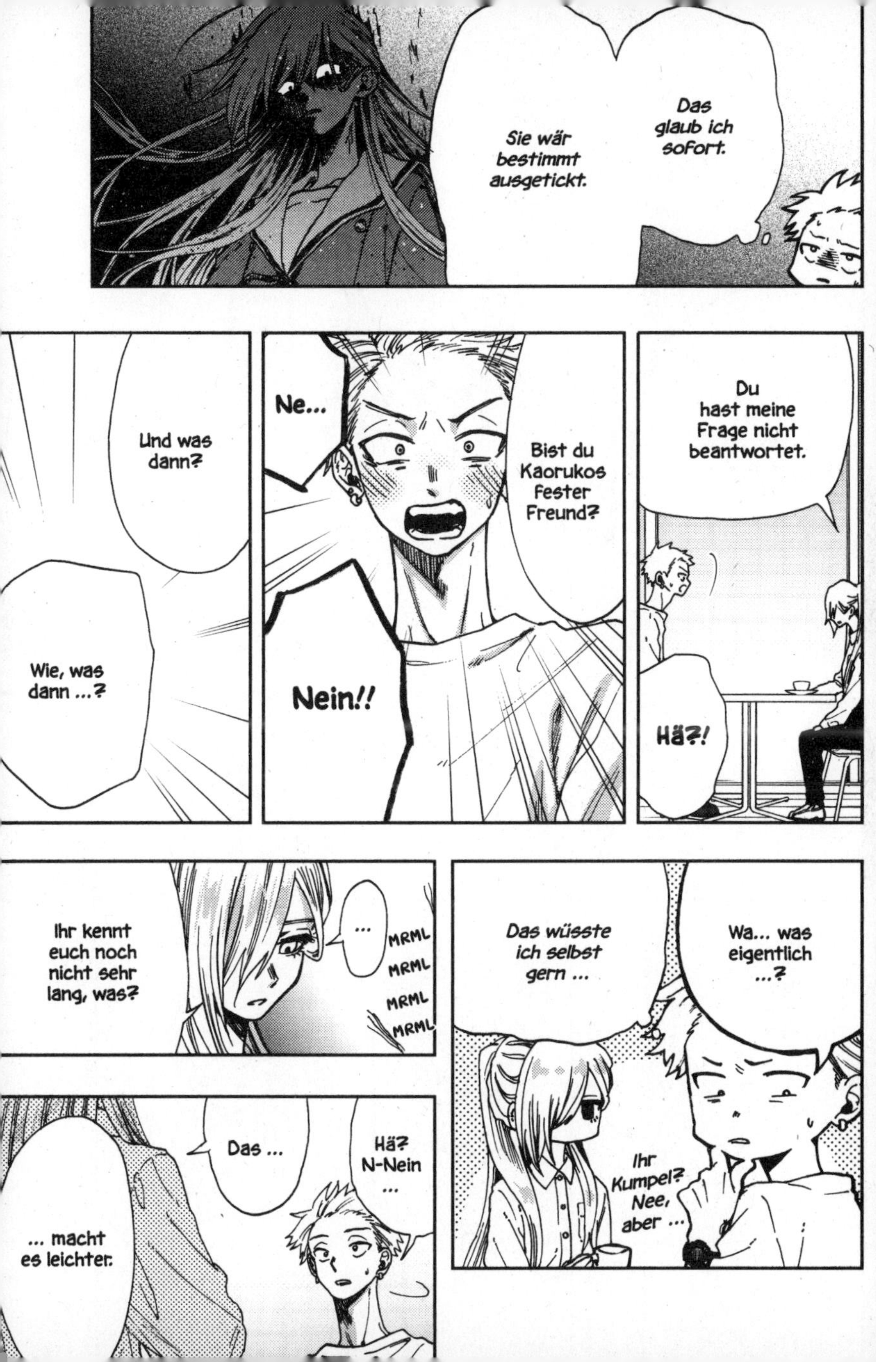
Sie wär bestimmt ausgetickt.
Das glaub ich sofort.
Du hast meine Frage nicht beantwortet.
Hä?!
Bist du Kaorukos fester Freund?
Ne...
Nein!!
Und was dann?
Wie, was dann ...?
Wa... was eigentlich ...?
Das wüsste ich selbst gern ...
Ihr Kumpel? Nee, aber ...
Ihr kennt euch noch nicht sehr lang, was?
...
MRML
MRML
MRML
MRML
Hä? N-Nein ...
Das ...
... macht es leichter.

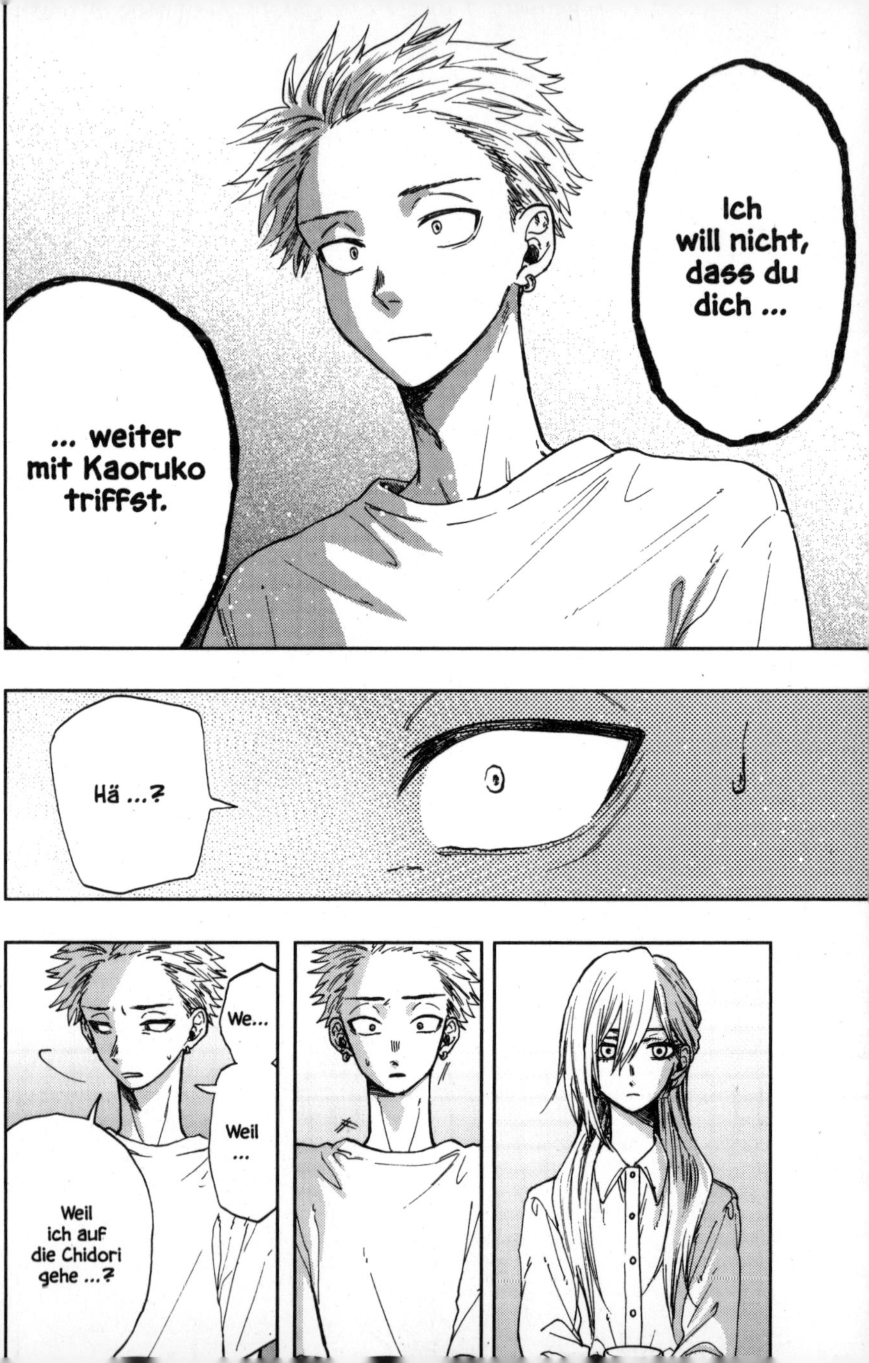
Ich will nicht, dass du dich ...
... weiter mit Kaoruko triffst.
Hä ...?
We...
Weil ...
Weil ich auf die Chidori gehe ...?

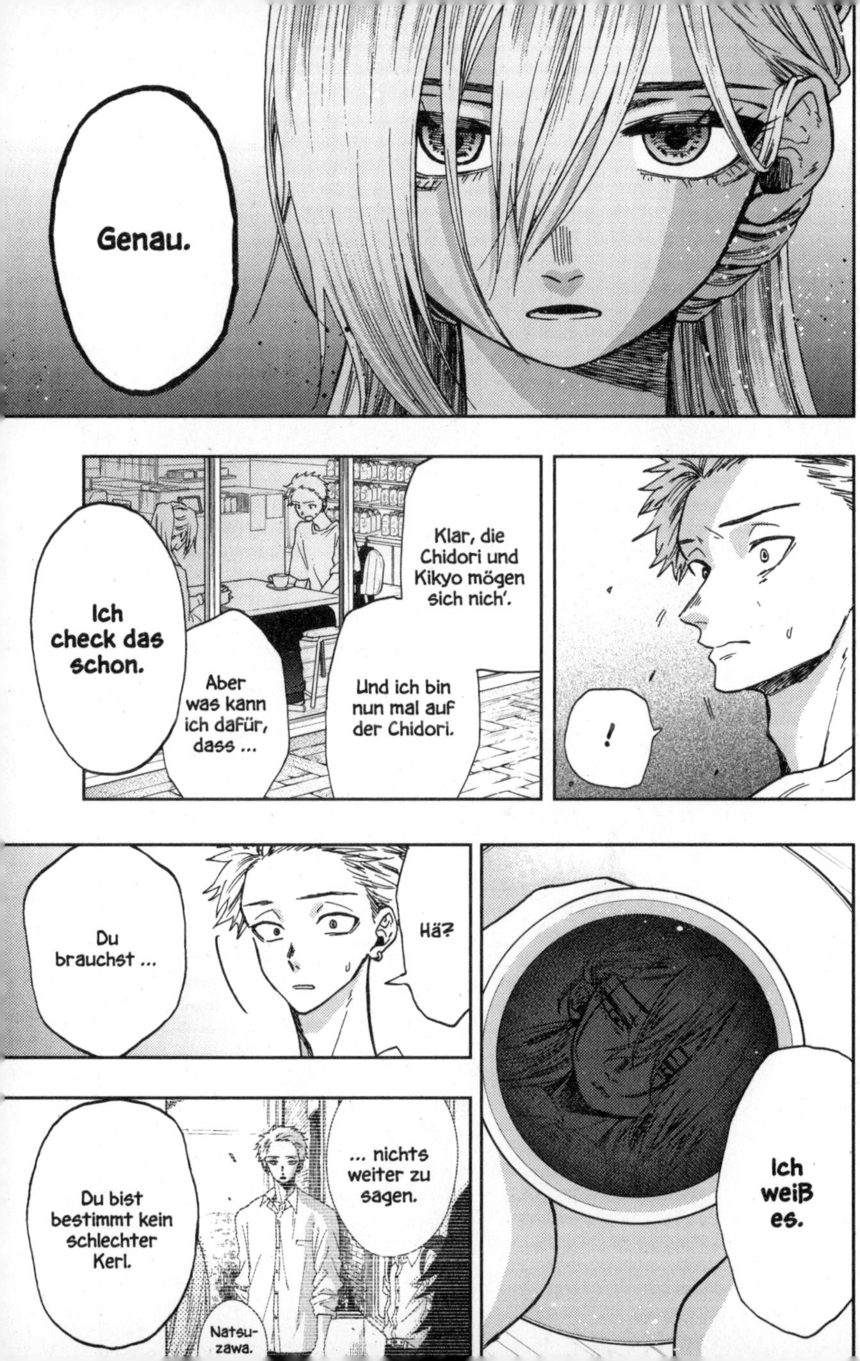
Genau.
!
Klar, die Chidori und Kikyo mögen sich nich'.
Und ich bin nun mal auf der Chidori.
Aber was kann ich dafür, dass ...
Ich check das schon.
Ich weiß es.
Hä?
Du brauchst ...
... nichts weiter zu sagen.
Du bist bestimmt kein schlechter Kerl.
Natsu-zawa.

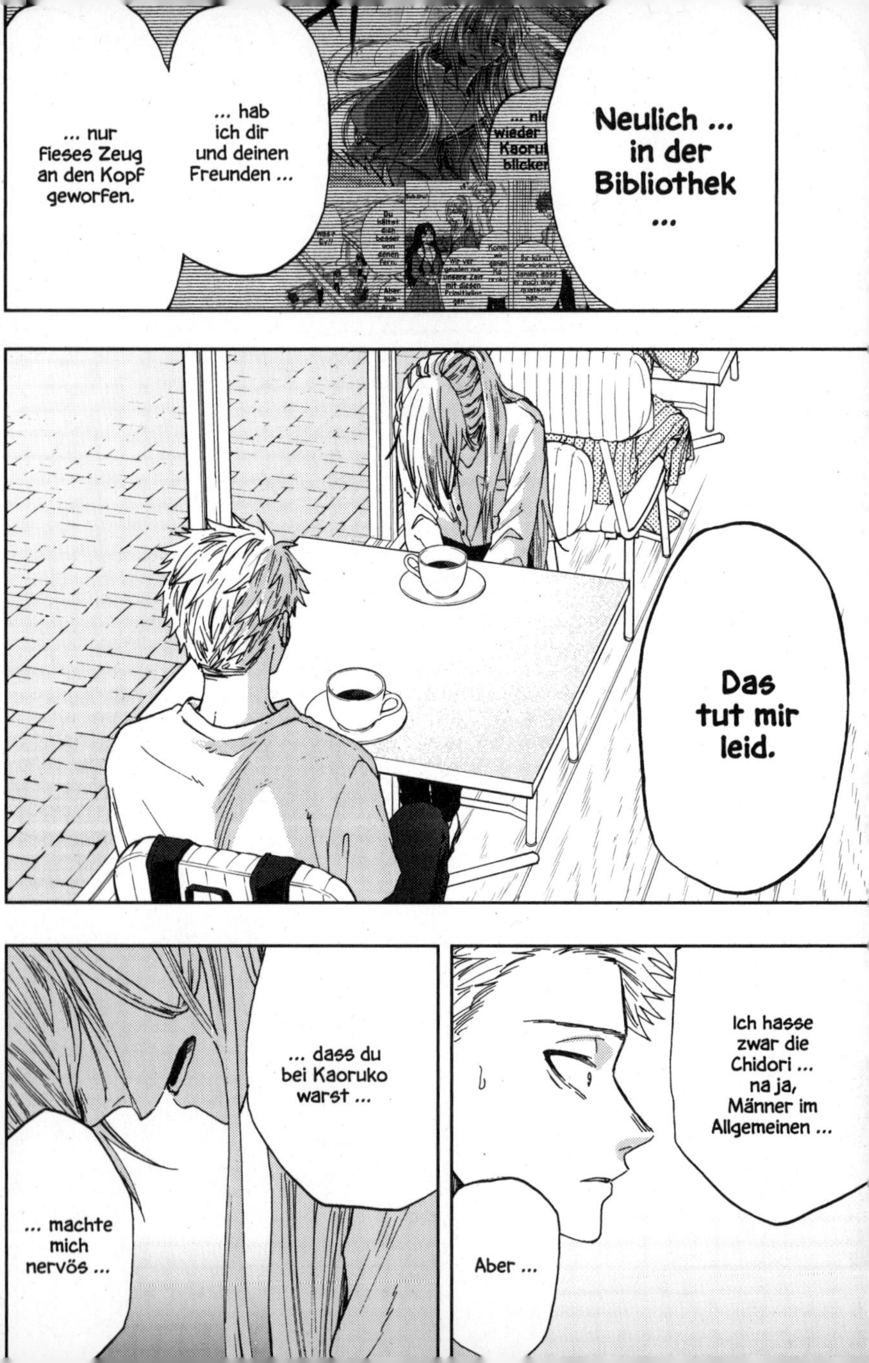
Neulich ... in der Bibliothek ...
... hab ich dir und deinen Freunden ...
... nur fieses Zeug an den Kopf geworfen.
Das tut mir leid.
Ich hasse zwar die Chidori ... na ja, Männer im Allgemeinen ...
Aber ...
... dass du bei Kaoruko warst ...
... machte mich nervös ...

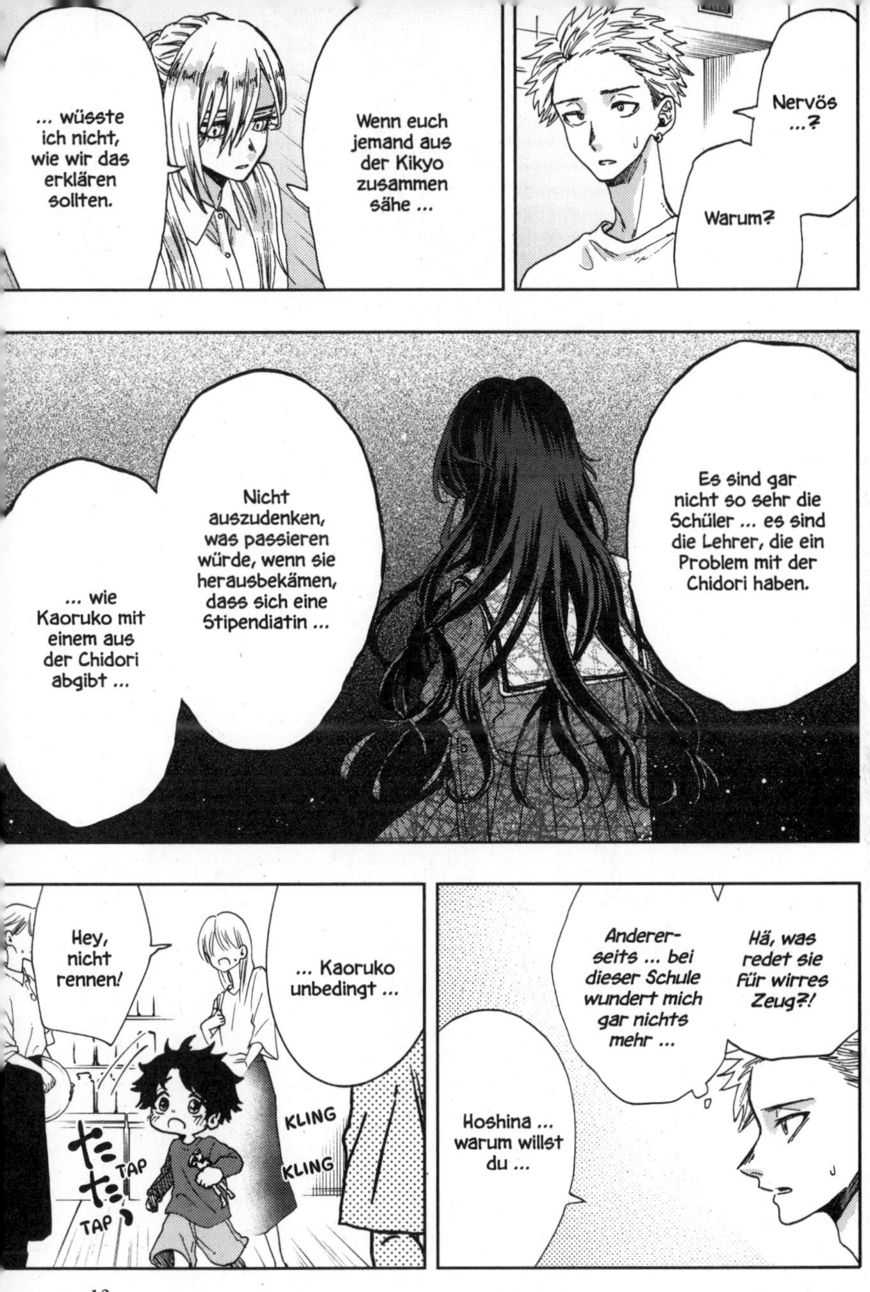
Nervös ...?
Warum?
Wenn euch jemand aus der Kikyo zusammen sähe ...
... wüsste ich nicht, wie wir das erklären sollten.
Es sind gar nicht so sehr die Schüler ... es sind die Lehrer, die ein Problem mit der Chidori haben.
Nicht auszudenken, was passieren würde, wenn sie herausbekämen, dass sich eine Stipendiatin ...
... wie Kaoruko mit einem aus der Chidori abgibt ...
Hä, was redet sie für wirres Zeug?!
Anderer-seits ... bei dieser Schule wundert mich gar nichts mehr ...
Hoshina ... warum willst du ...
... Kaoruko unbedingt ...
Hey, nicht rennen!
KLING
KLING
TAP
TAP

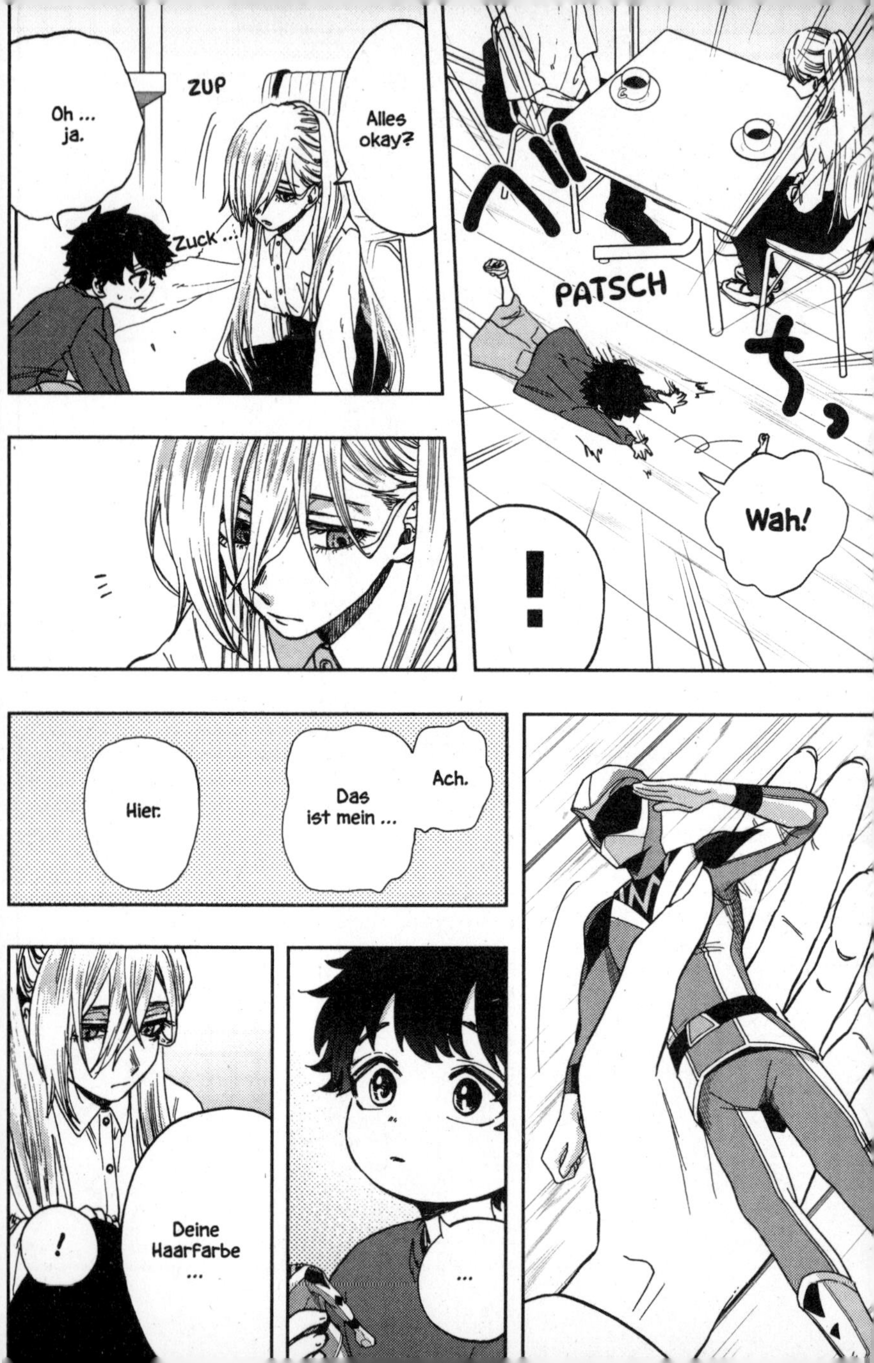

PATSCH
Wah!
!
Alles okay?
ZUP
Oh ... ja.
Zuck ...
Ach.
Das ist mein ...
Hier.
...
Deine Haarfarbe ...
!

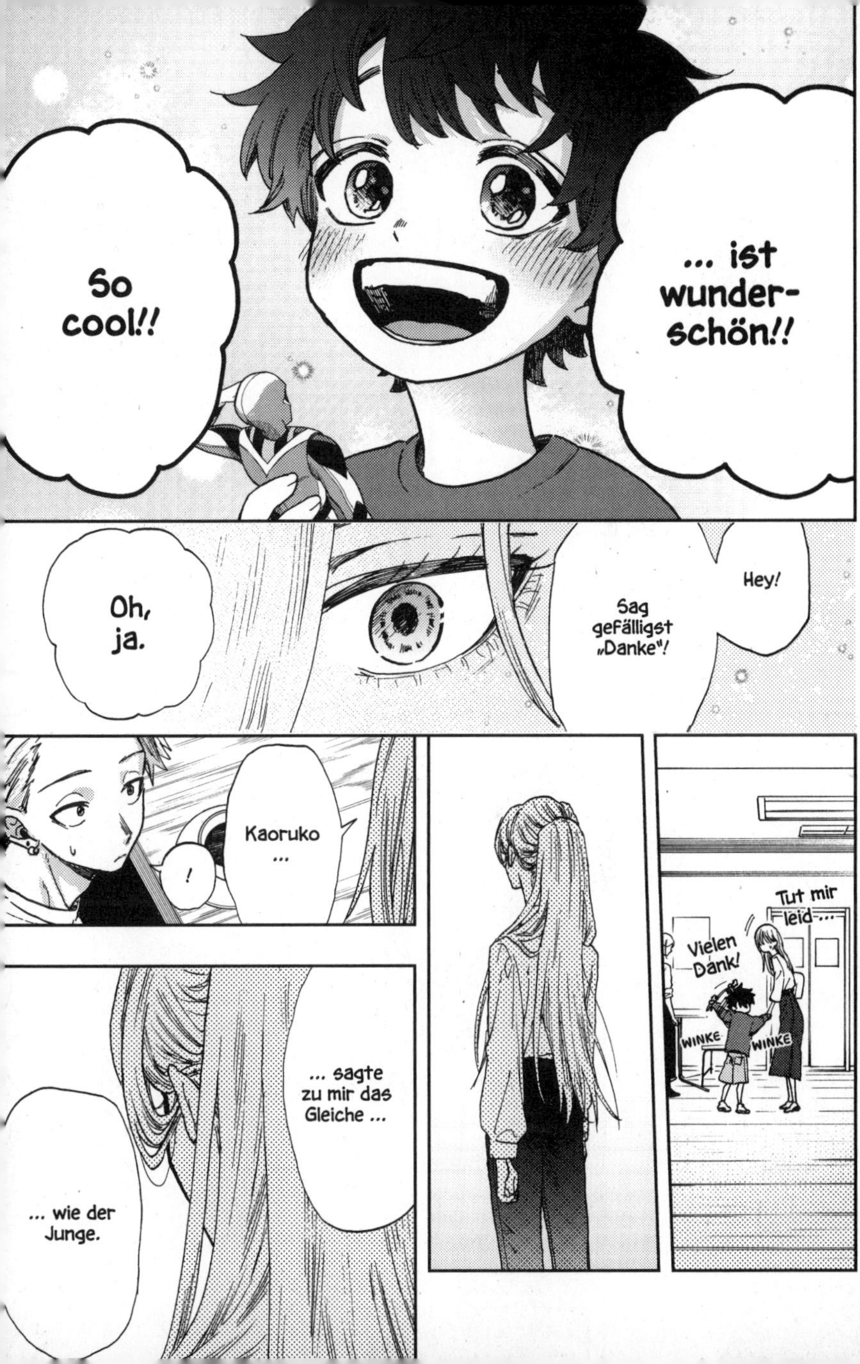
... ist wunderschön!!
So cool!!
Hey!
Sag gefälligst „Danke“!
Oh, ja.
Tut mir leid ...
Vielen Dank!
WINKE
WINKE
Kaoruko ...
!
... sagte zu mir das Gleiche ...
... wie der Junge.

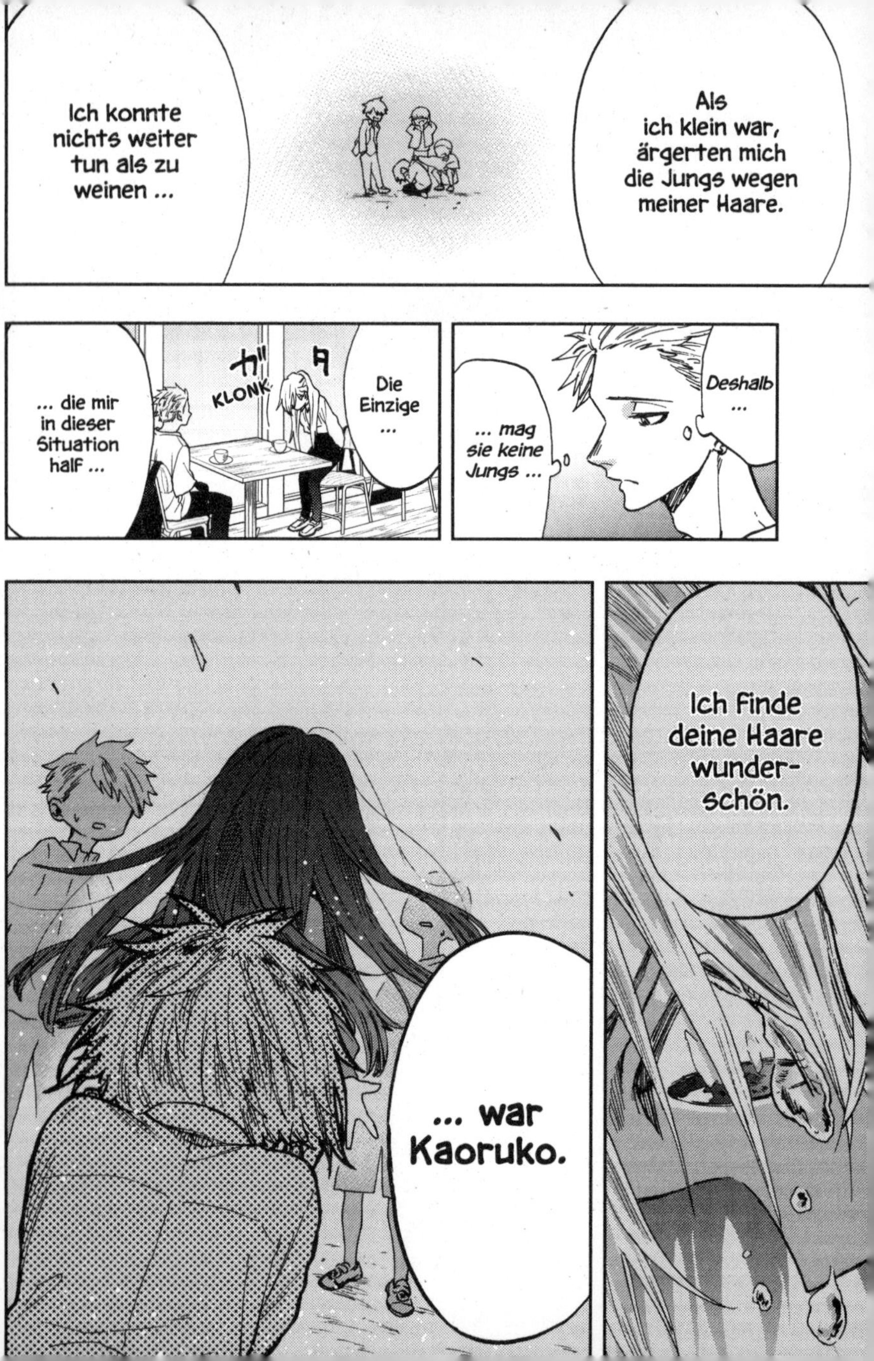
Als ich klein war, ärgerten mich die Jungs wegen meiner Haare.
Ich konnte nichts weiter tun als zu weinen ...
Deshalb ...
... mag sie keine Jungs ...
Die Einzige ...
KLONK
... die mir in dieser Situation half ...
Ich finde deine Haare wunderschön.
... war Kaoruko.

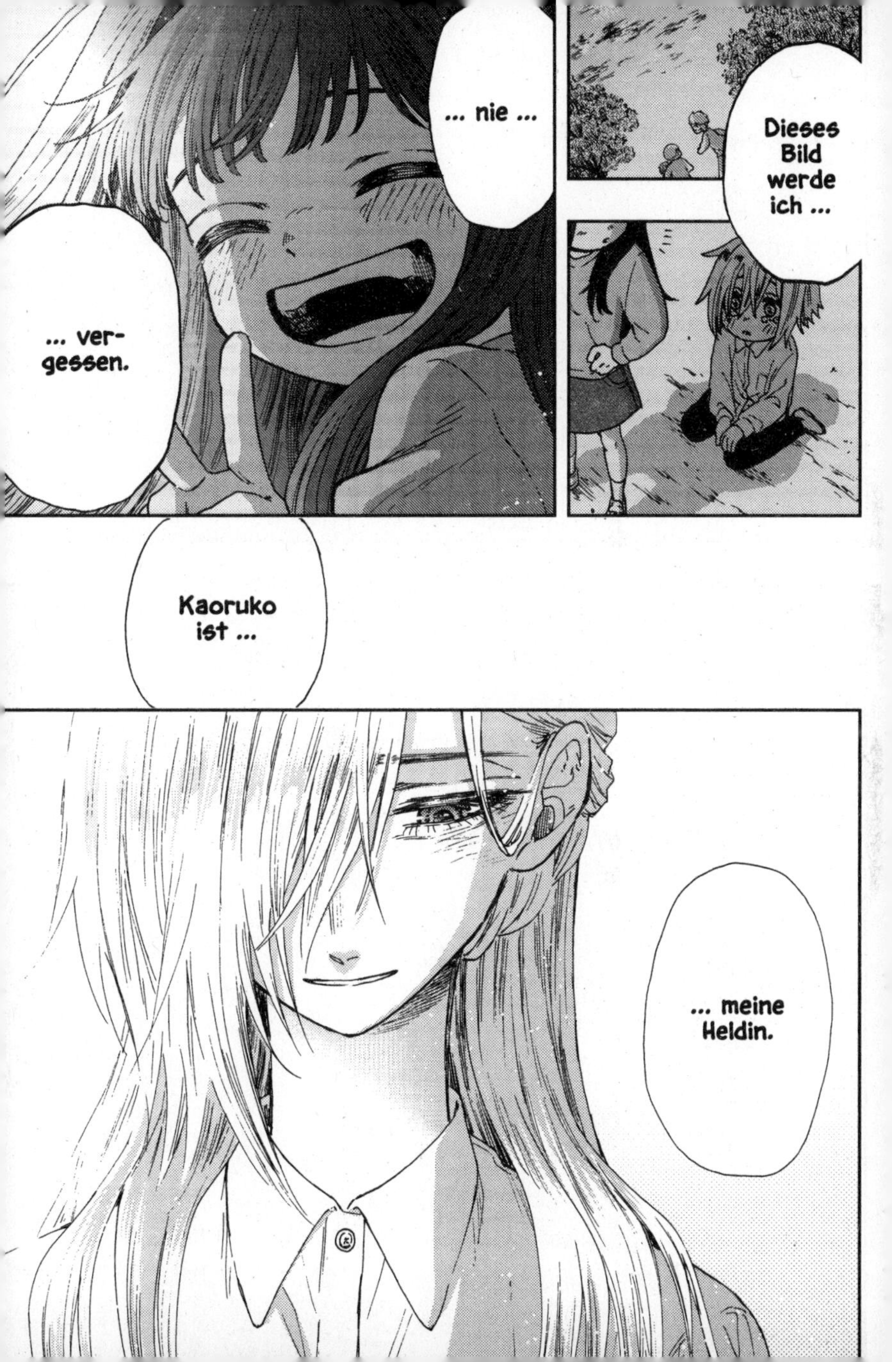
Dieses Bild werde ich ...
... nie ...
... ver-gessen.
Kaoruko ist ...
... meine Heldin.

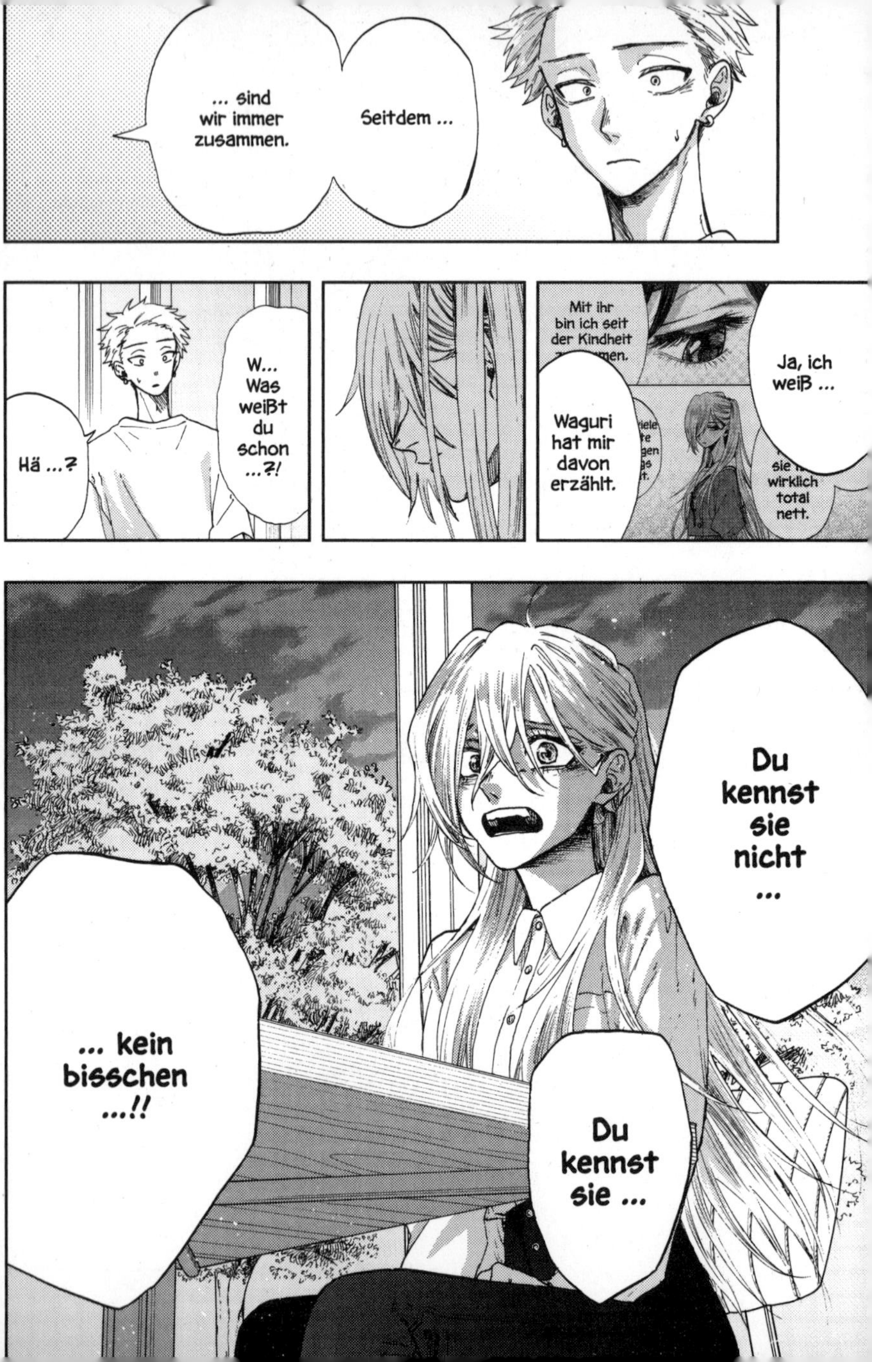
Seitdem ...
... sind wir immer zusammen.
Mit ihr bin ich seit der Kindheit
Ja, ich weiß ...
Waguri hat mir davon erzählt.
W... Was weißt du schon ...?!
Hä ...?
Du kennst sie nicht ...
Du kennst sie ...
... kein bisschen ...!!

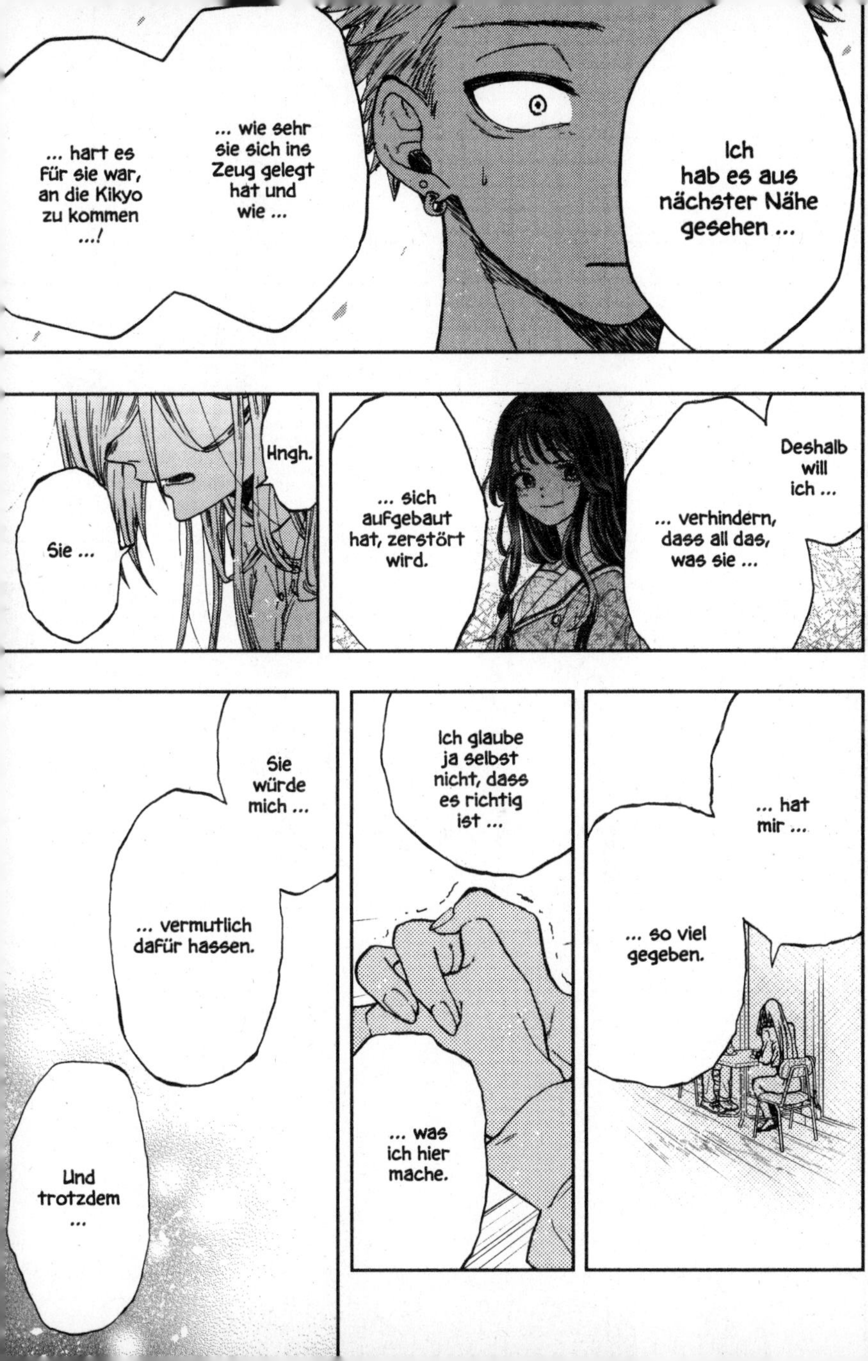
Ich hab es aus nächster Nähe gesehen ...
... wie sehr sie sich ins Zeug gelegt hat und wie ...
... hart es für sie war, an die Kikyo zu kommen ...!
Deshalb will ich ...
... verhindern, dass all das, was sie ...
... sich aufgebaut hat, zerstört wird.
Hngh.
Sie ...
... hat mir ...
... so viel gegeben.
Ich glaube ja selbst nicht, dass es richtig ist ...
... was ich hier mache.
Sie würde mich ...
... vermutlich dafür hassen.
Und trotzdem ...

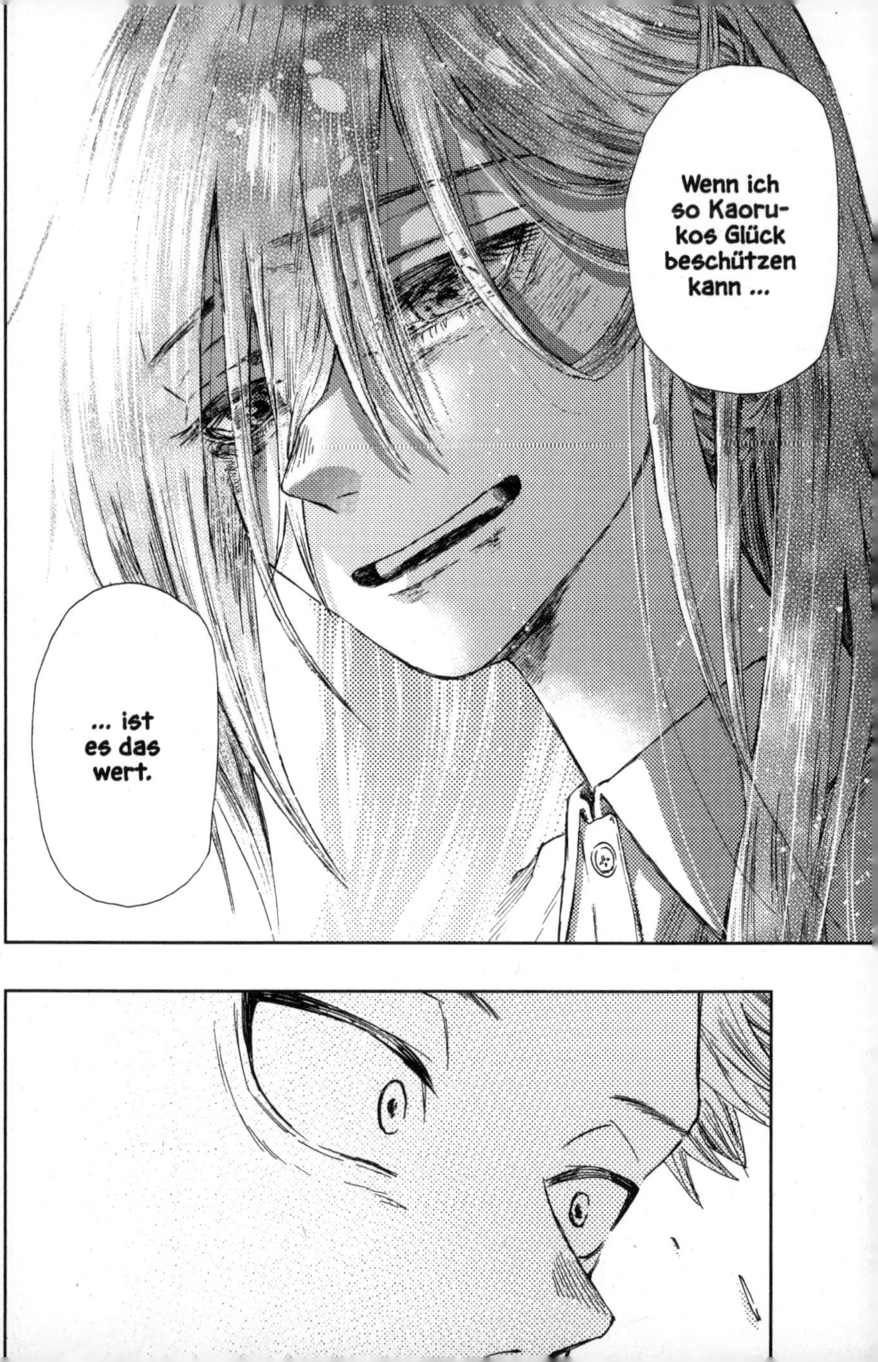
Wenn ich so Kaoru-kos Glück beschützen kann ...
... ist es das wert.

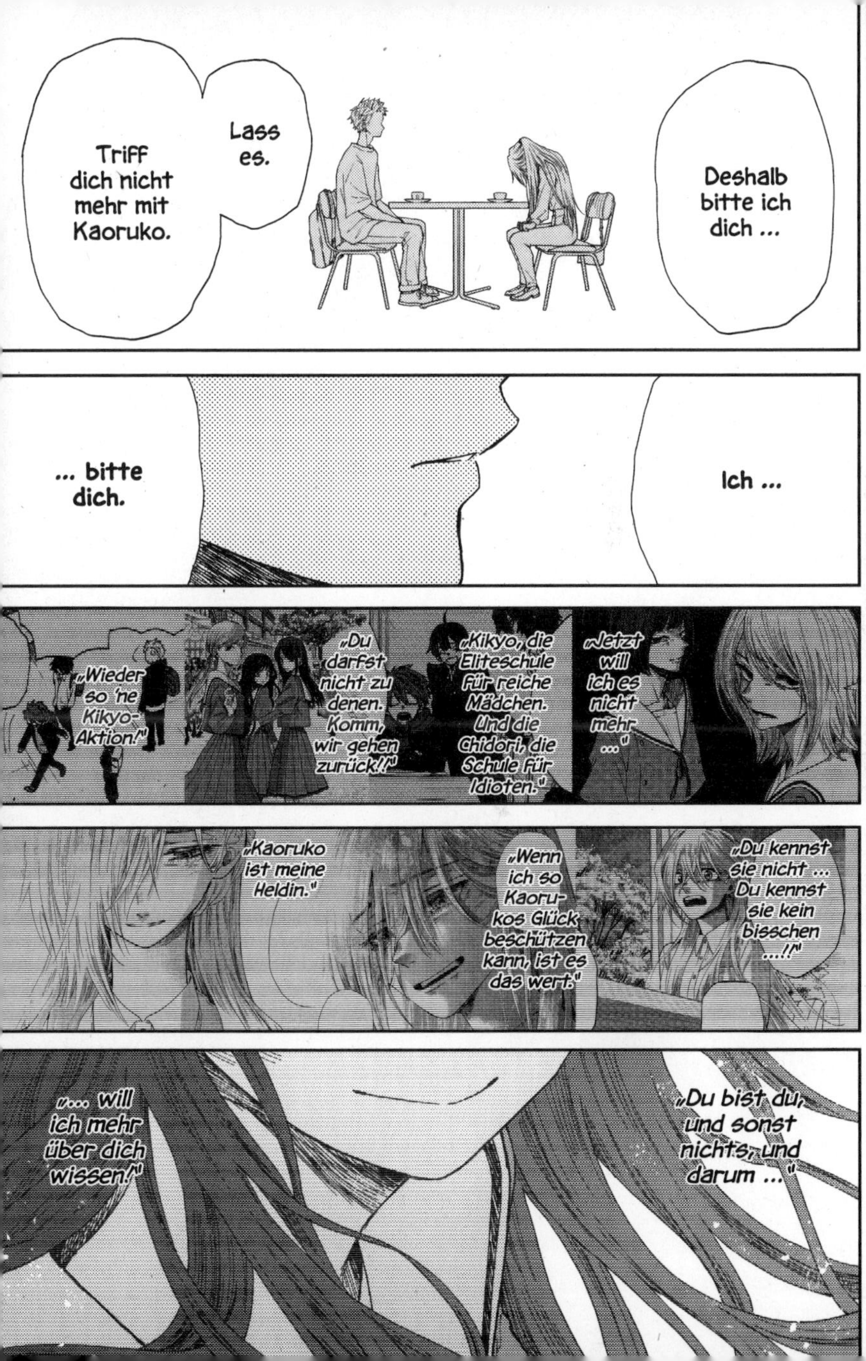

Deshalb bitte ich dich ...
Lass es.
Triff dich nicht mehr mit Kaoruko.
Ich ...
... bitte dich.
„Jetzt will ich es nicht mehr ..."
„Kikyo, die Eliteschule für reiche Mädchen. Und die Chidori, die Schule für Idioten."
„Du darfst nicht zu denen. Komm, wir gehen zurück!!"
„Wieder so 'ne Kikyo-Aktion!"
„Du kennst sie nicht ... Du kennst sie kein bisschen ...!!"
„Wenn ich so Kaorukos Glück beschützen kann, ist es das wert."
„Kaoruko ist meine Heldin."
„Du bist du, und sonst nichts, und darum ..."
„... will ich mehr über dich wissen!"

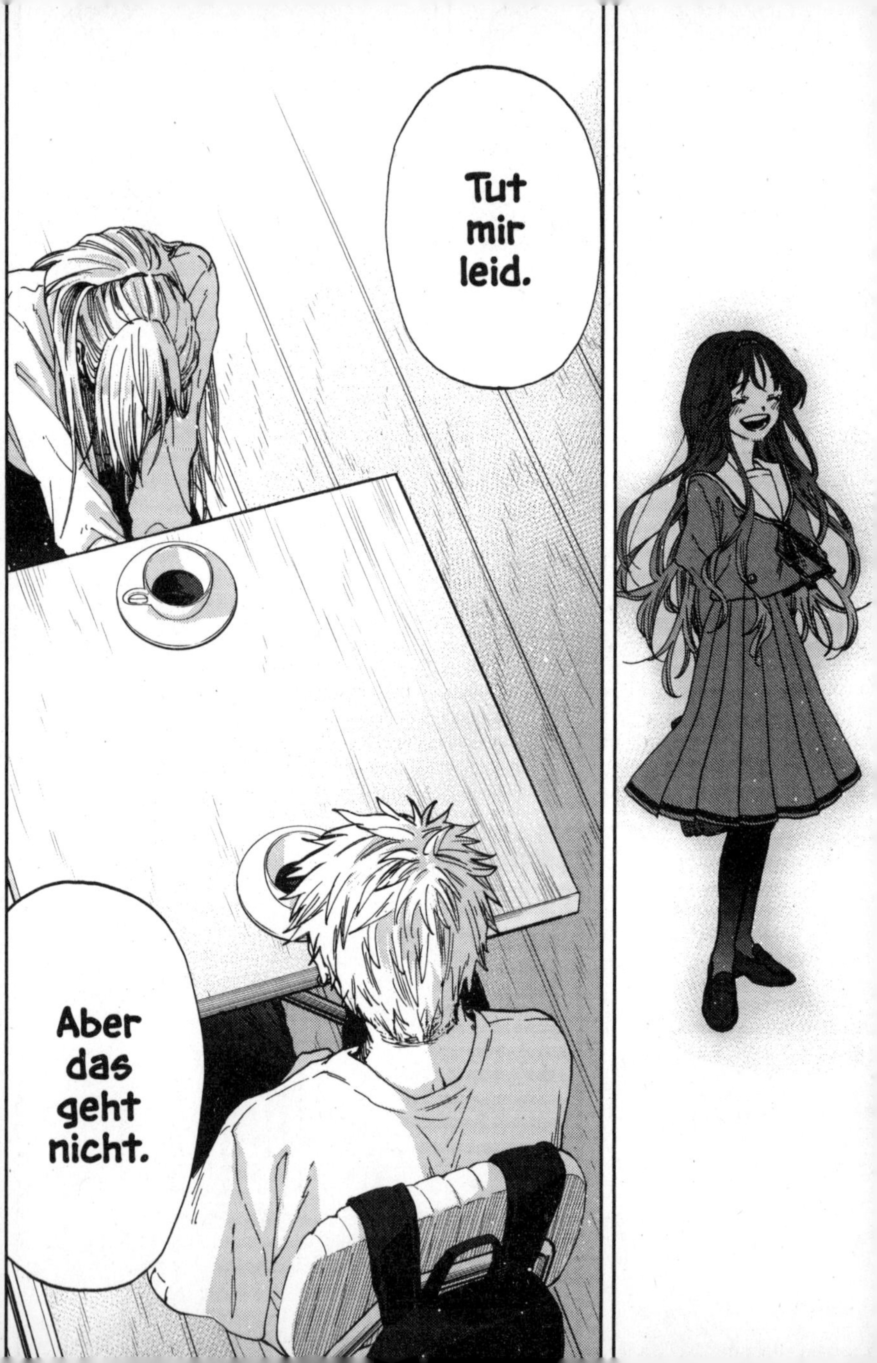
Tut mir leid.
Aber das geht nicht.

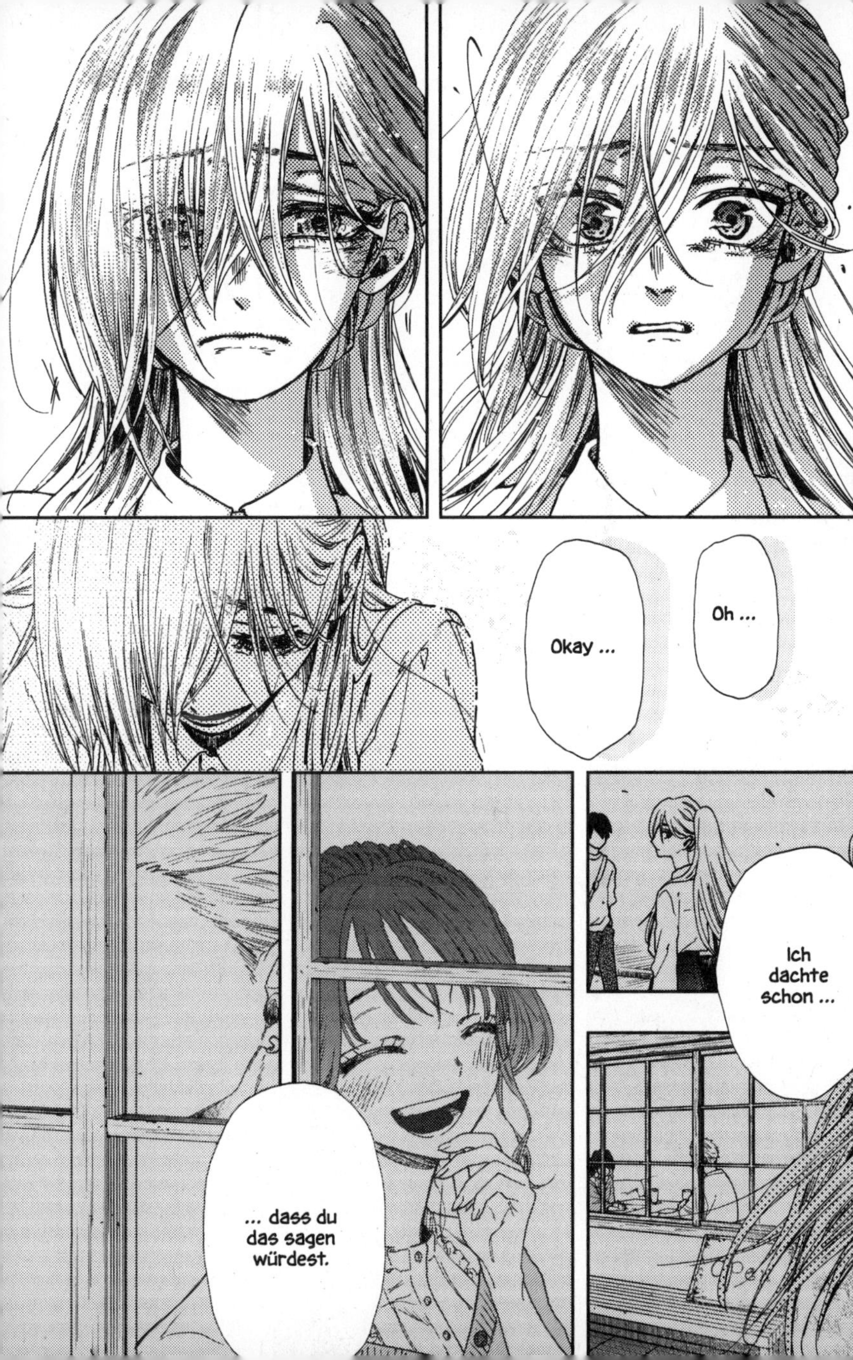

Oh ...
Okay ...
Ich dachte schon ...
... dass du das sagen würdest.

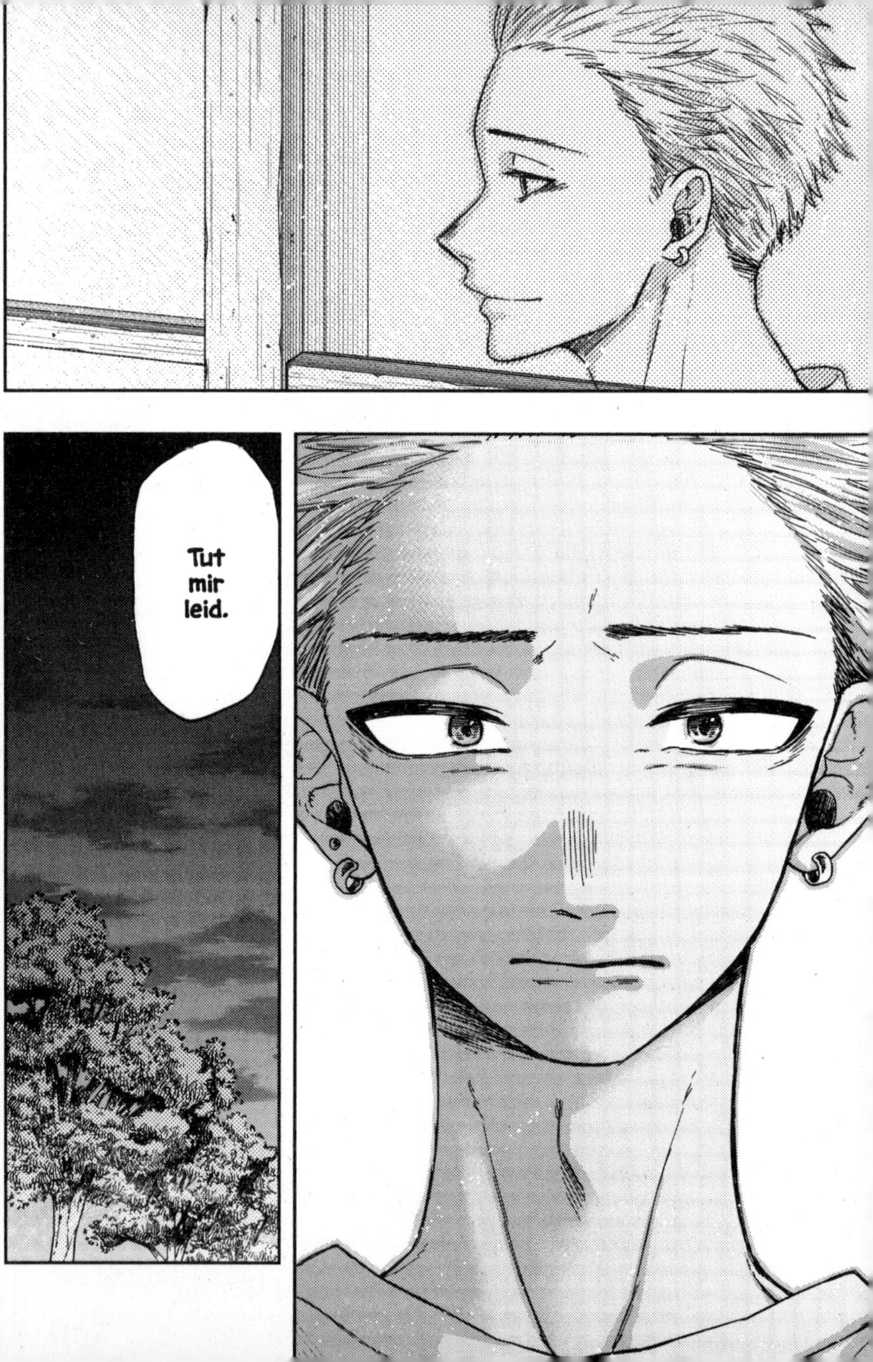
Tut mir leid.

Kaoru & Rin

so nah und doch so fern

Kaoru & Rin

so nah und doch so fern

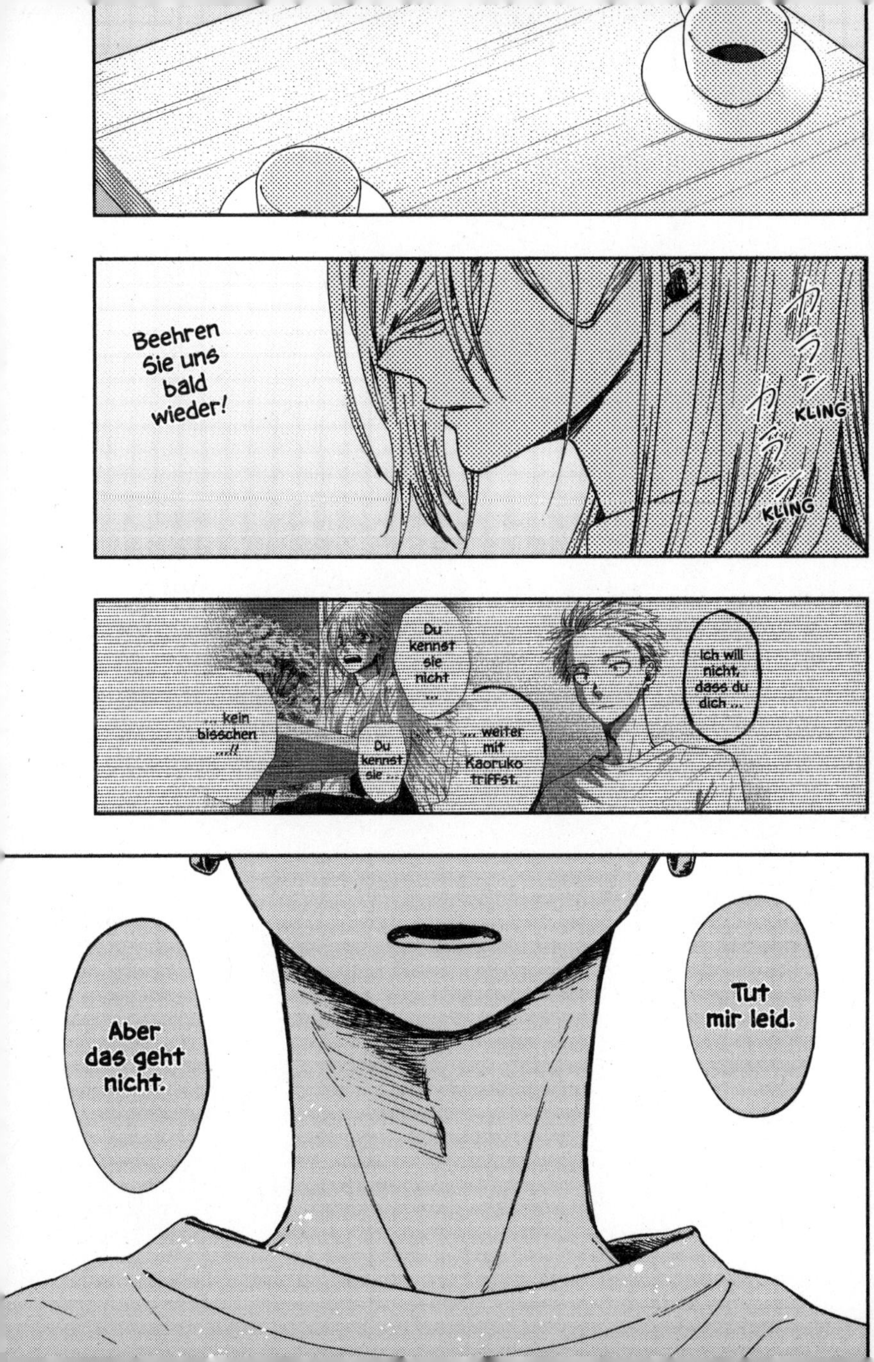
KLING
KLING
Beehren Sie uns bald wieder!
Ich will nicht, dass du dich ...
... weiter mit Kaoruko triffst.
Du kennst sie nicht ...
Du kennst sie ...
... kein bisschen ...!!
Tut mir leid.
Aber das geht nicht.

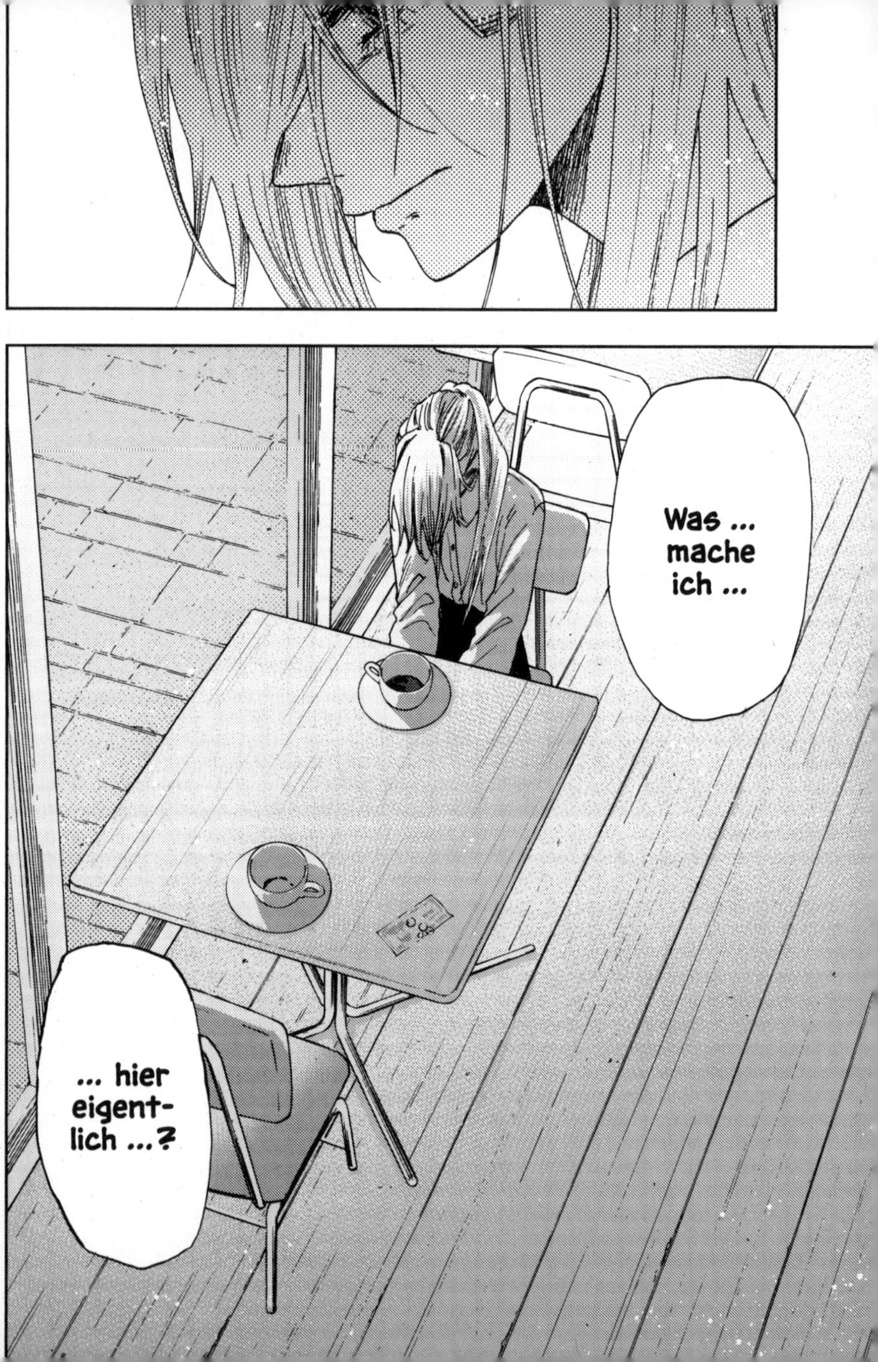
Was … mache ich …
… hier eigent-lich …?

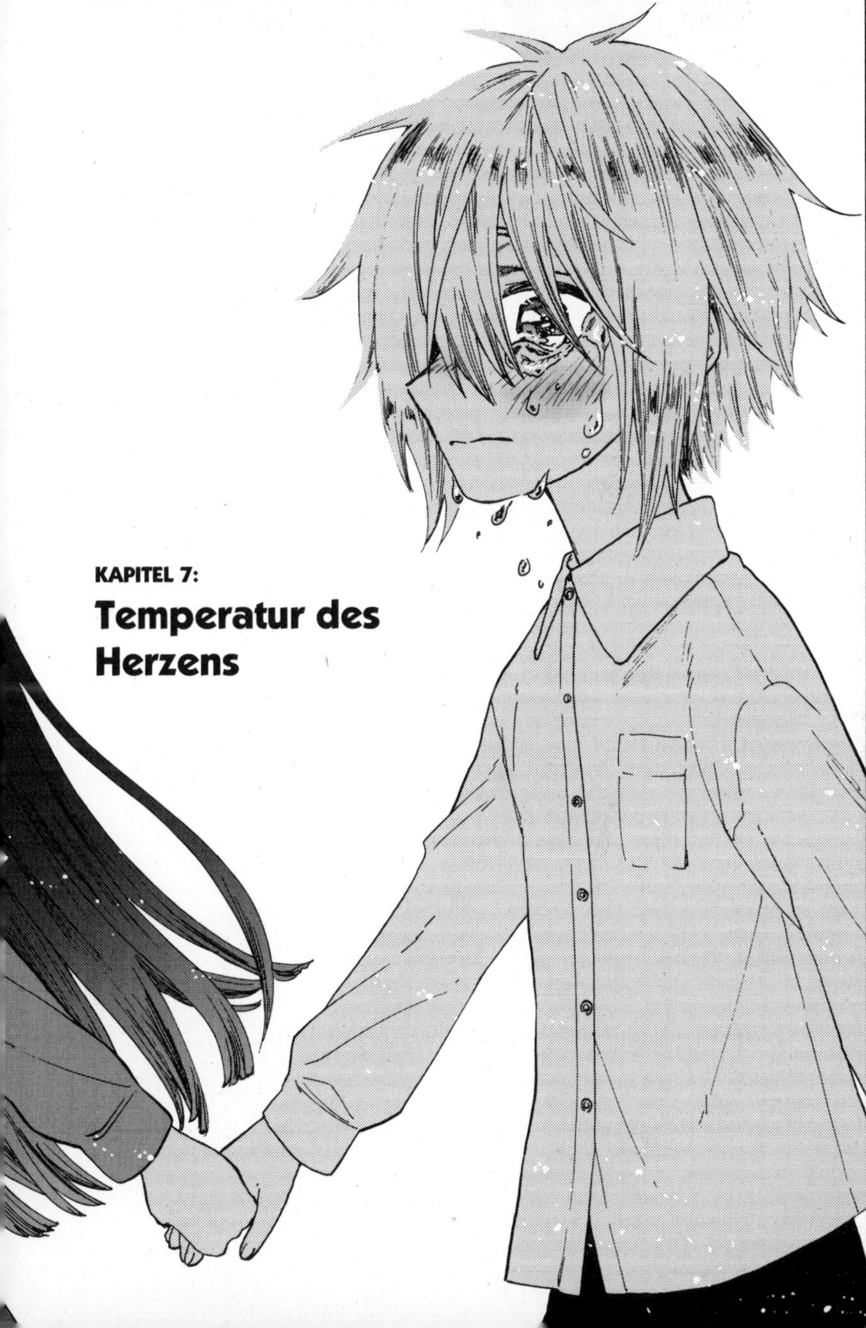

KAPITEL 7:

Temperatur des Herzens

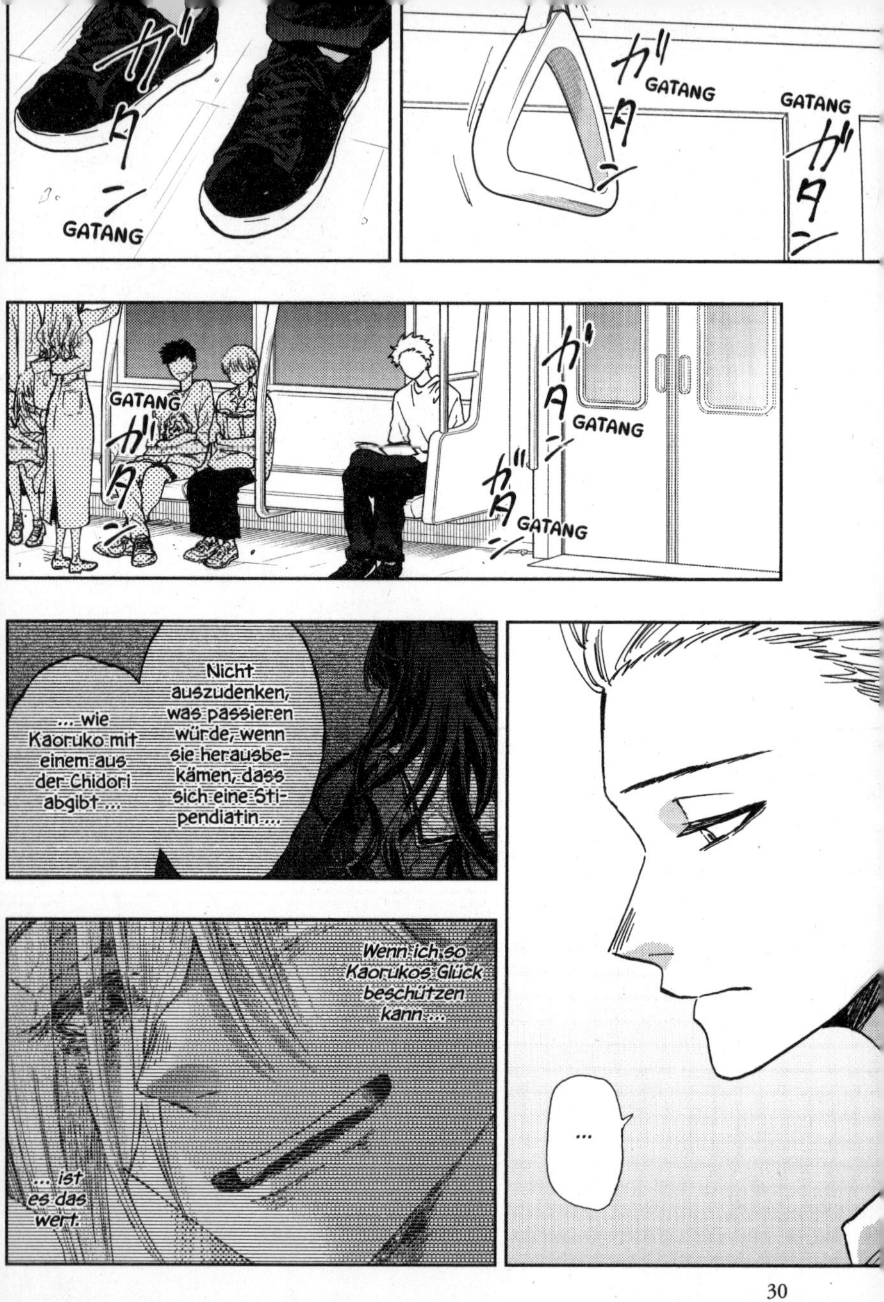
GATANG
GATANG
GATANG
GATANG
GATANG
GATANG
Nicht auszudenken, was passieren würde, wenn sie herausbekämen, dass sich eine Stipendiatin …
… wie Kaoruko mit einem aus der Chidori abgibt …
…
Wenn ich so Kaorukos Glück beschützen kann …
… ist es das wert.

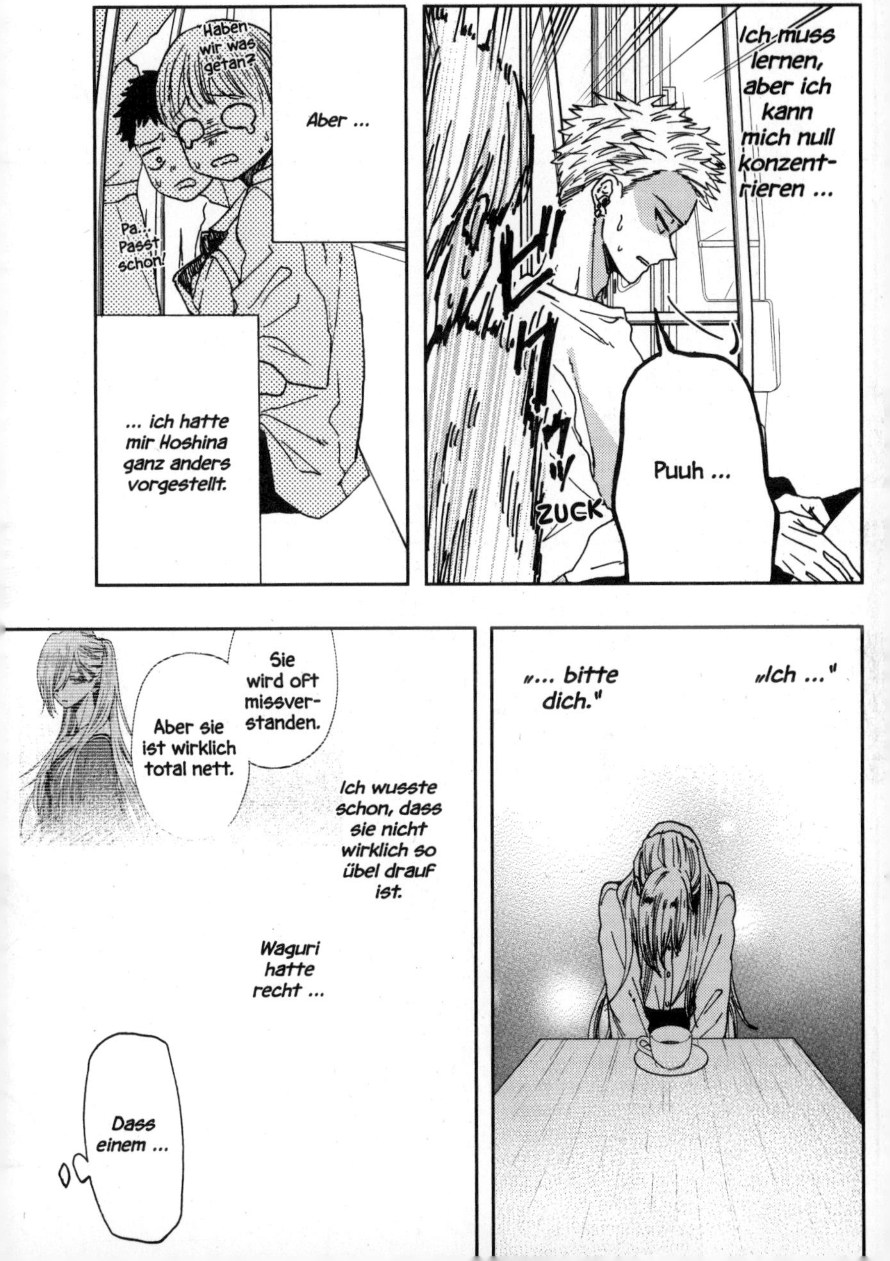
Ich muss lernen, aber ich kann mich null konzentrieren ...
ZUCK
Puuh ...
Aber ...
Haben wir was getan?
Pa... Passt schon!
... ich hatte mir Hoshina ganz anders vorgestellt.
„Ich ..."
„... bitte dich."
Sie wird oft missverstanden.
Aber sie ist wirklich total nett.
Ich wusste schon, dass sie nicht wirklich so übel drauf ist.
Waguri hatte recht ...
Dass einem ...

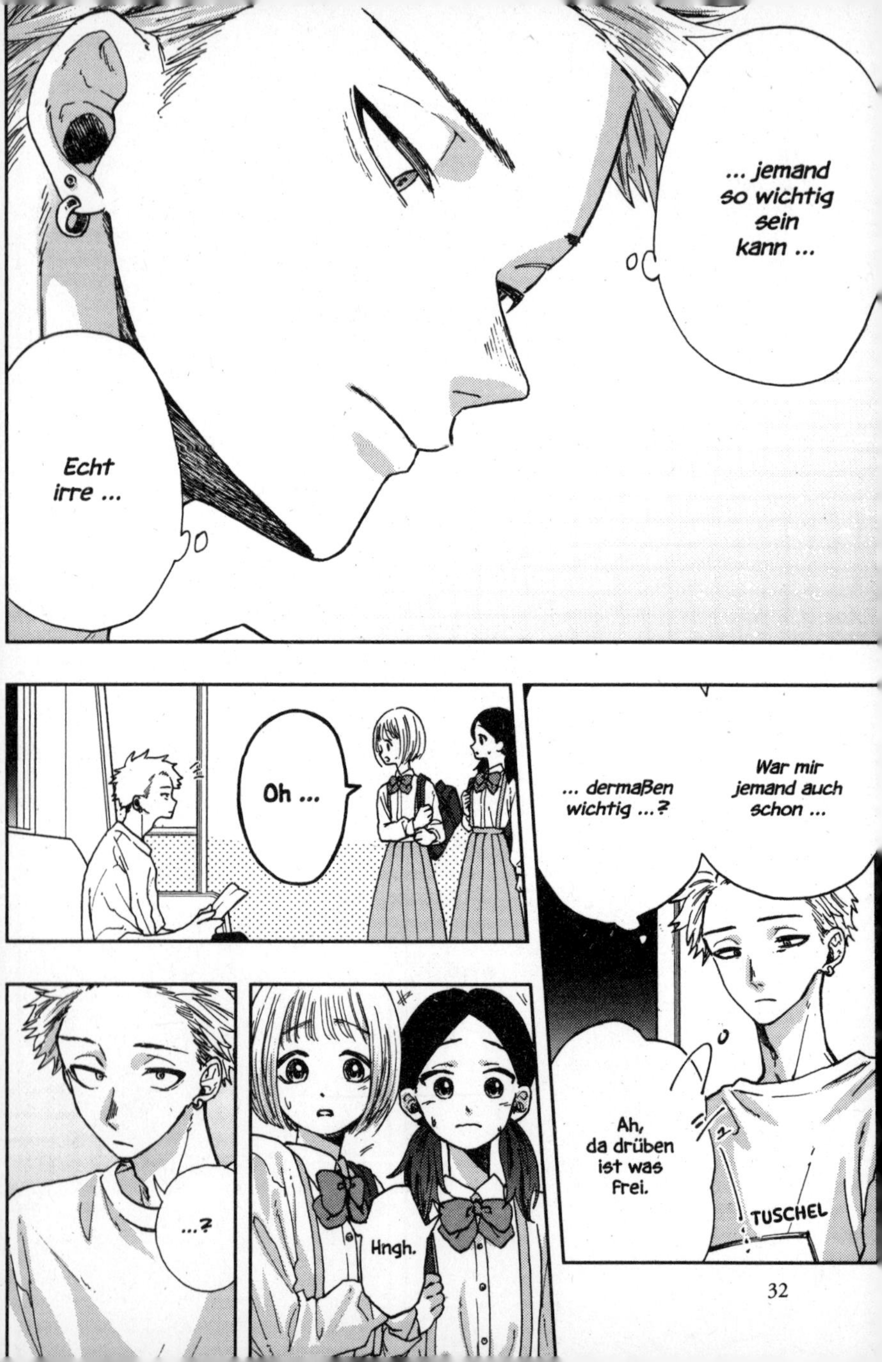
... jemand so wichtig sein kann ...
Echt irre ...
War mir jemand auch schon ...
... dermaßen wichtig ...?
Oh ...
Ah, da drüben ist was frei.
TUSCHEL
Hngh.
...?

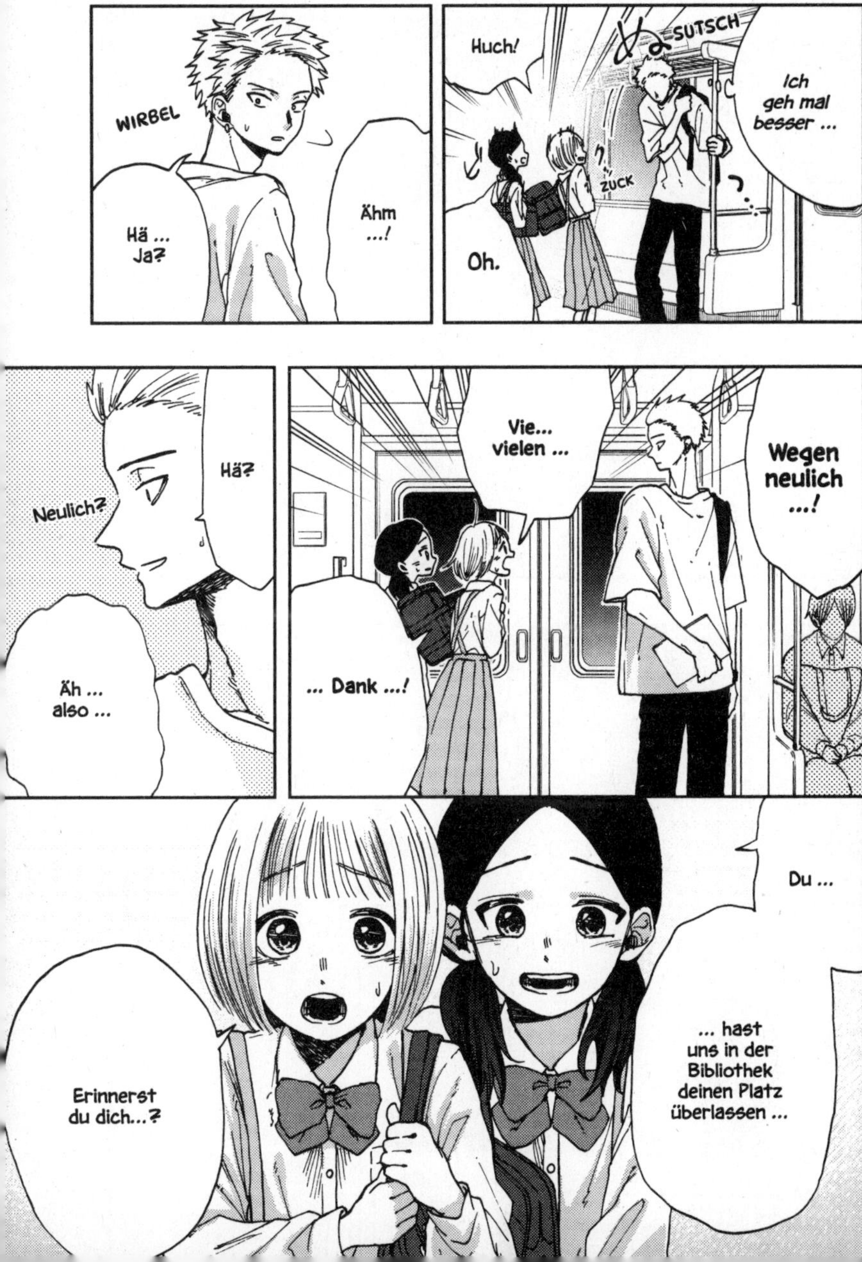
SUTSCH
Ich geh mal besser ...
Huch!
ZUCK
Oh.
WIRBEL
Ähm ...!
Hä ... Ja?
Wegen neulich ...!
Vie... vielen ...
... Dank ...!
Hä?
Neulich?
Äh ... also ...
Du ...
... hast uns in der Bibliothek deinen Platz überlassen ...
Erinnerst du dich...?

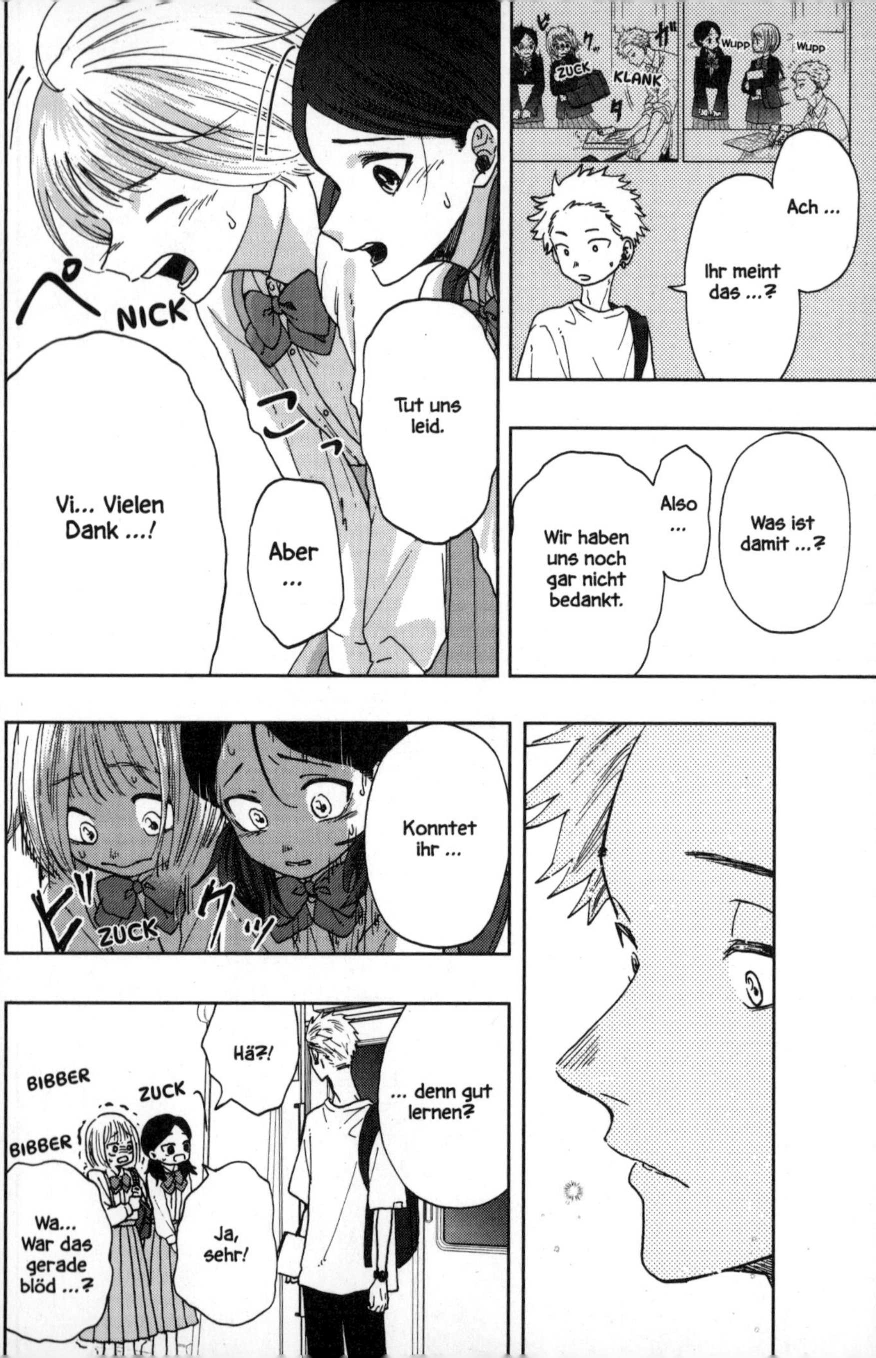
ZUCK
KLANK
Wupp
Wupp
Ach ...
Ihr meint das ...?
Was ist damit ...?
Also ...
Wir haben uns noch gar nicht bedankt.
NICK
Tut uns leid.
Aber ...
Vi... Vielen Dank ...!
Konntet ihr ...
ZUCK
... denn gut lernen?
Hä?!
ZUCK
BIBBER
BIBBER
Ja, sehr!
Wa... War das gerade blöd ...?

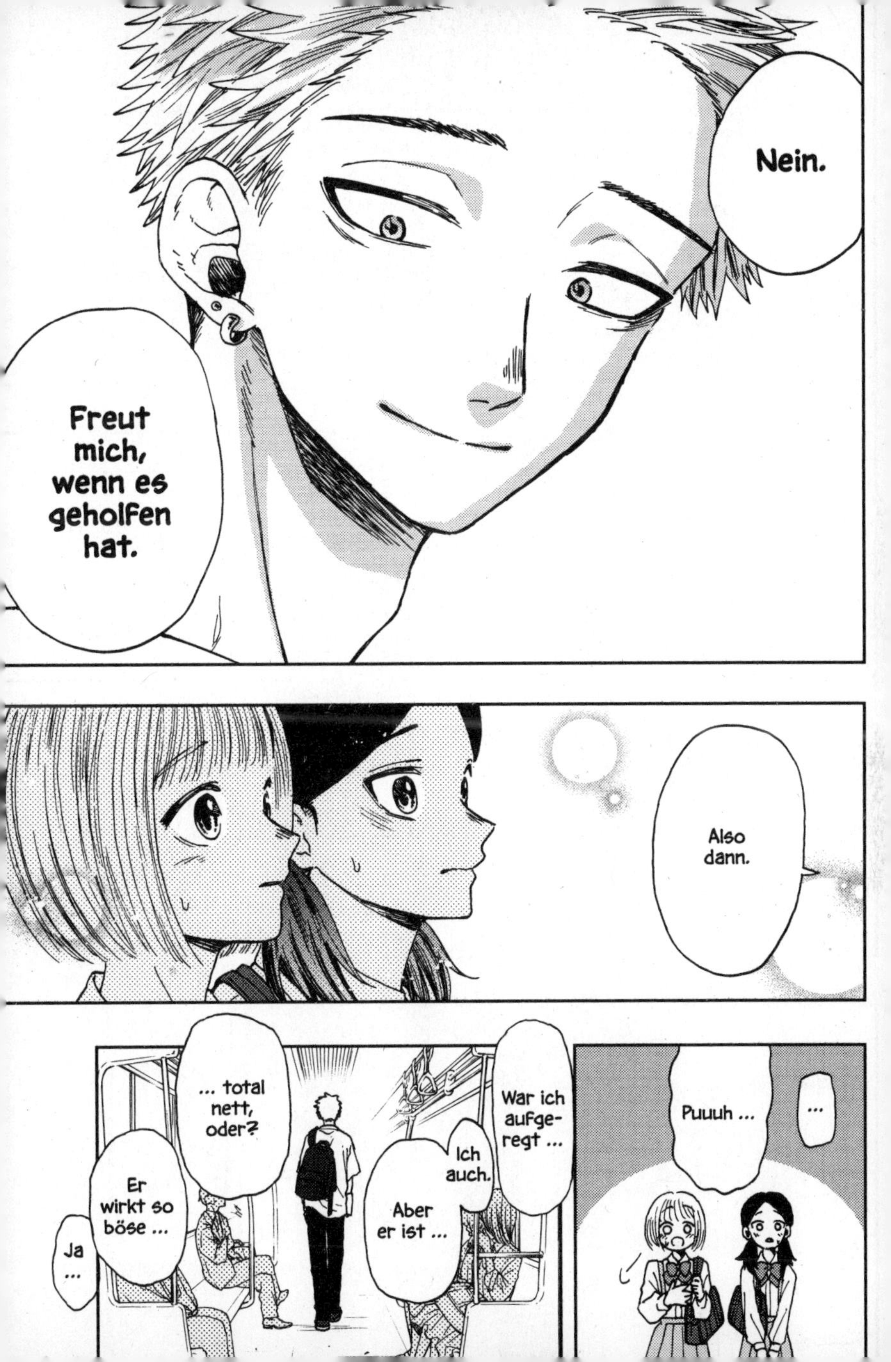
Nein.
Freut mich, wenn es geholfen hat.
Also dann.
...
Puuuh ...
War ich aufgeregt ...
Ich auch.
Aber er ist ...
... total nett, oder?
Er wirkt so böse ...
Ja ...

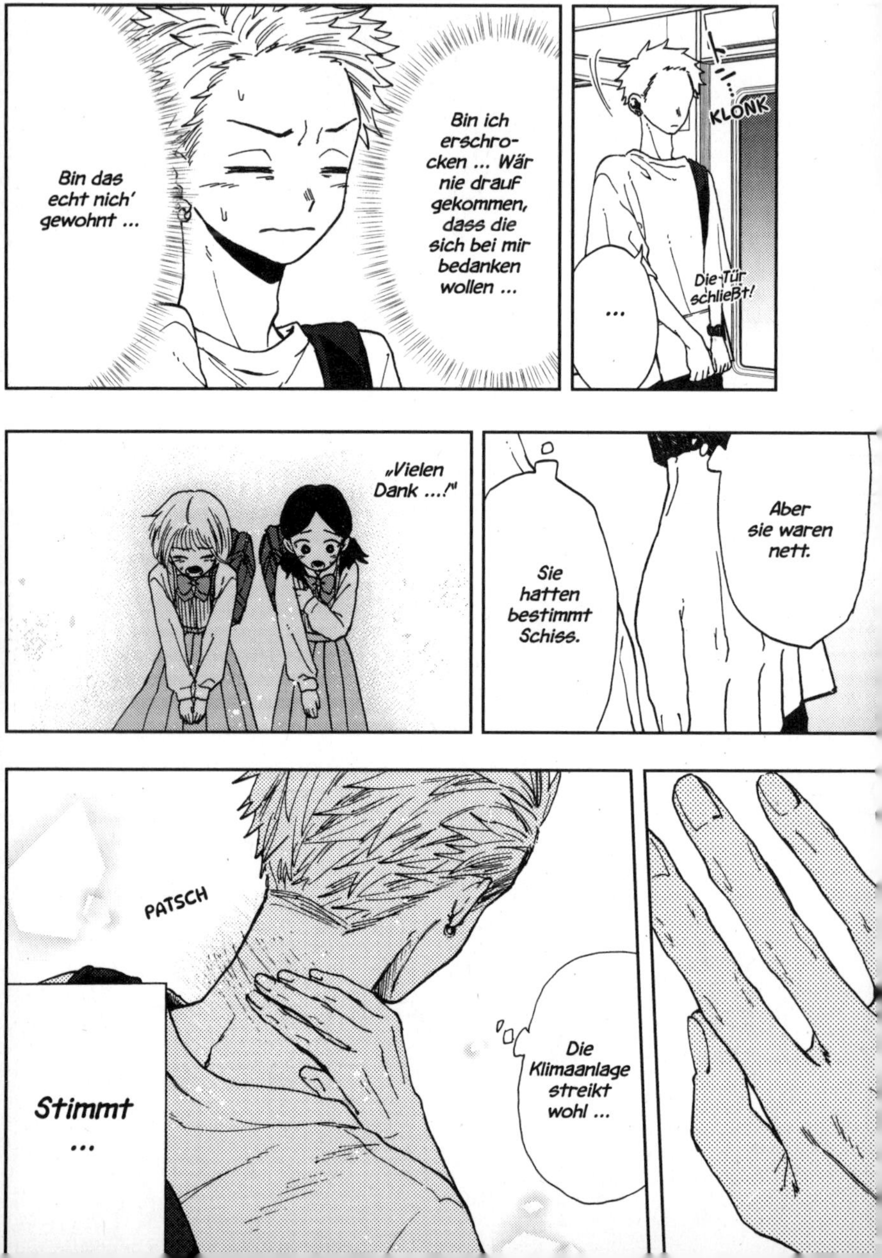
KLONK
Die Tür schließt!
...
Bin ich erschrocken ... Wär nie drauf gekommen, dass die sich bei mir bedanken wollen ...
Bin das echt nich' gewohnt ...
Aber sie waren nett.
Sie hatten bestimmt Schiss.
„Vielen Dank ...!"
Die Klimaanlage streikt wohl ...
PATSCH
Stimmt ...

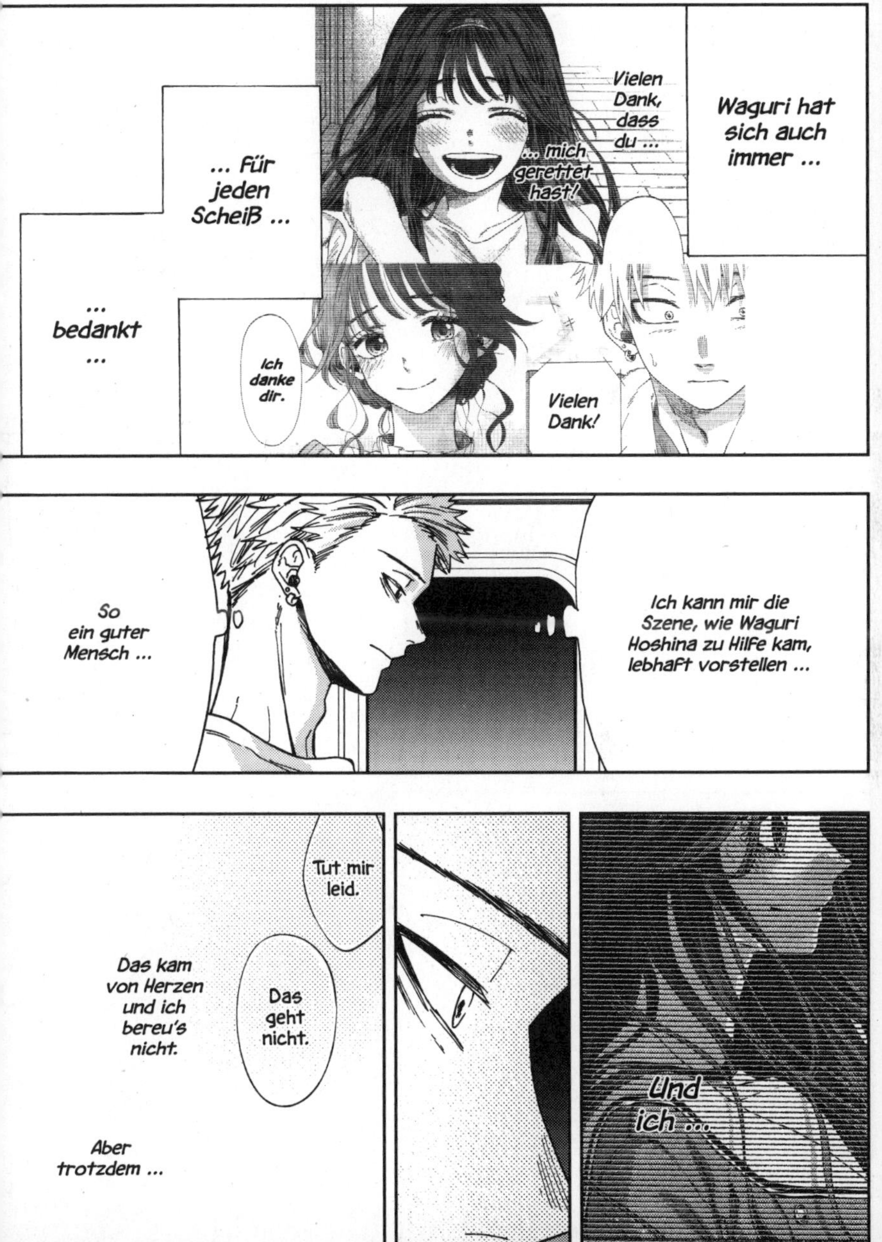
Waguri hat sich auch immer ...
Vielen Dank, dass du ...
... mich gerettet hast!
... für jeden Scheiß ...
Vielen Dank!
Ich danke dir.
... bedankt ...
Ich kann mir die Szene, wie Waguri Hoshina zu Hilfe kam, lebhaft vorstellen ...
So ein guter Mensch ...
Und ich ...
Tut mir leid.
Das geht nicht.
Das kam von Herzen und ich bereu's nicht.
Aber trotzdem ...

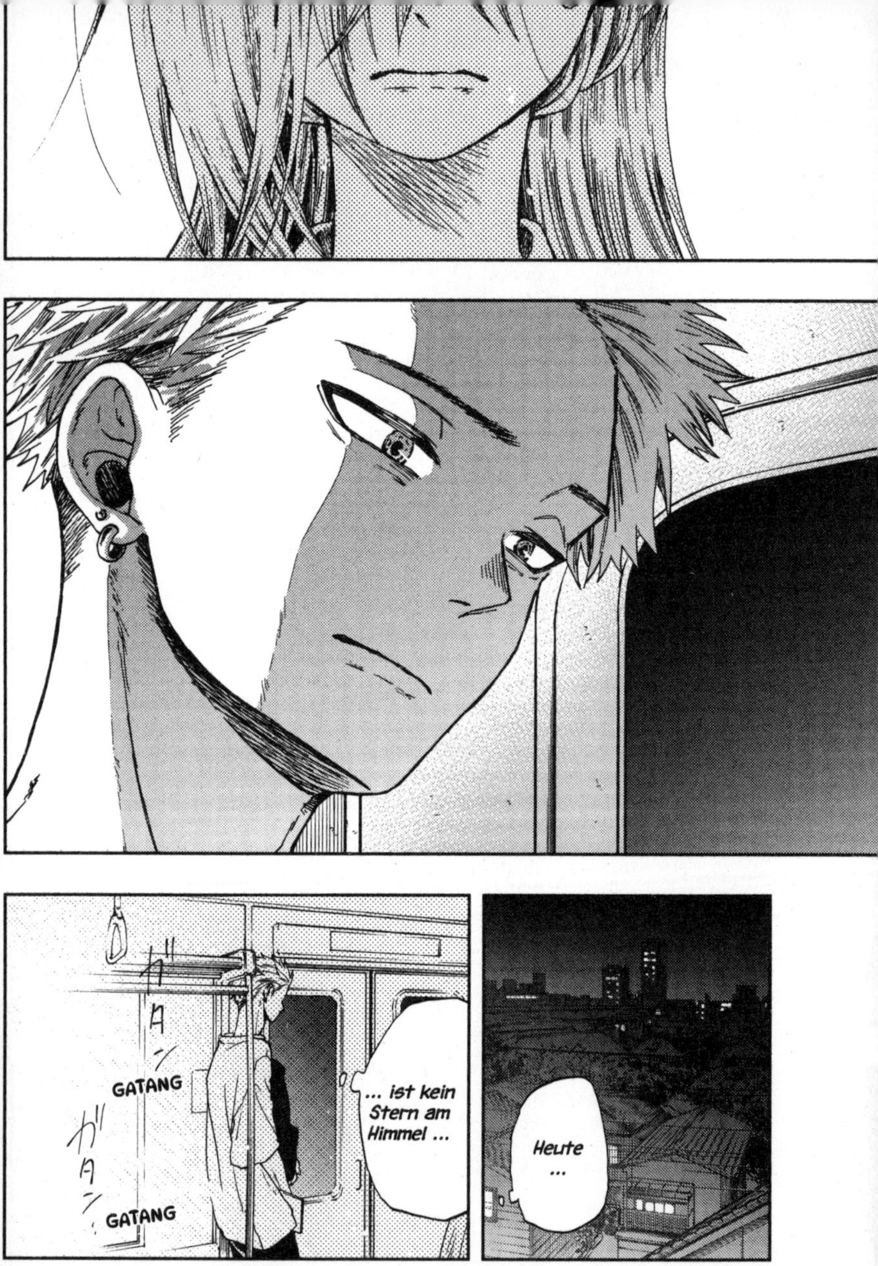
Heute ...
... ist kein Stern am Himmel ...
GATANG
GATANG

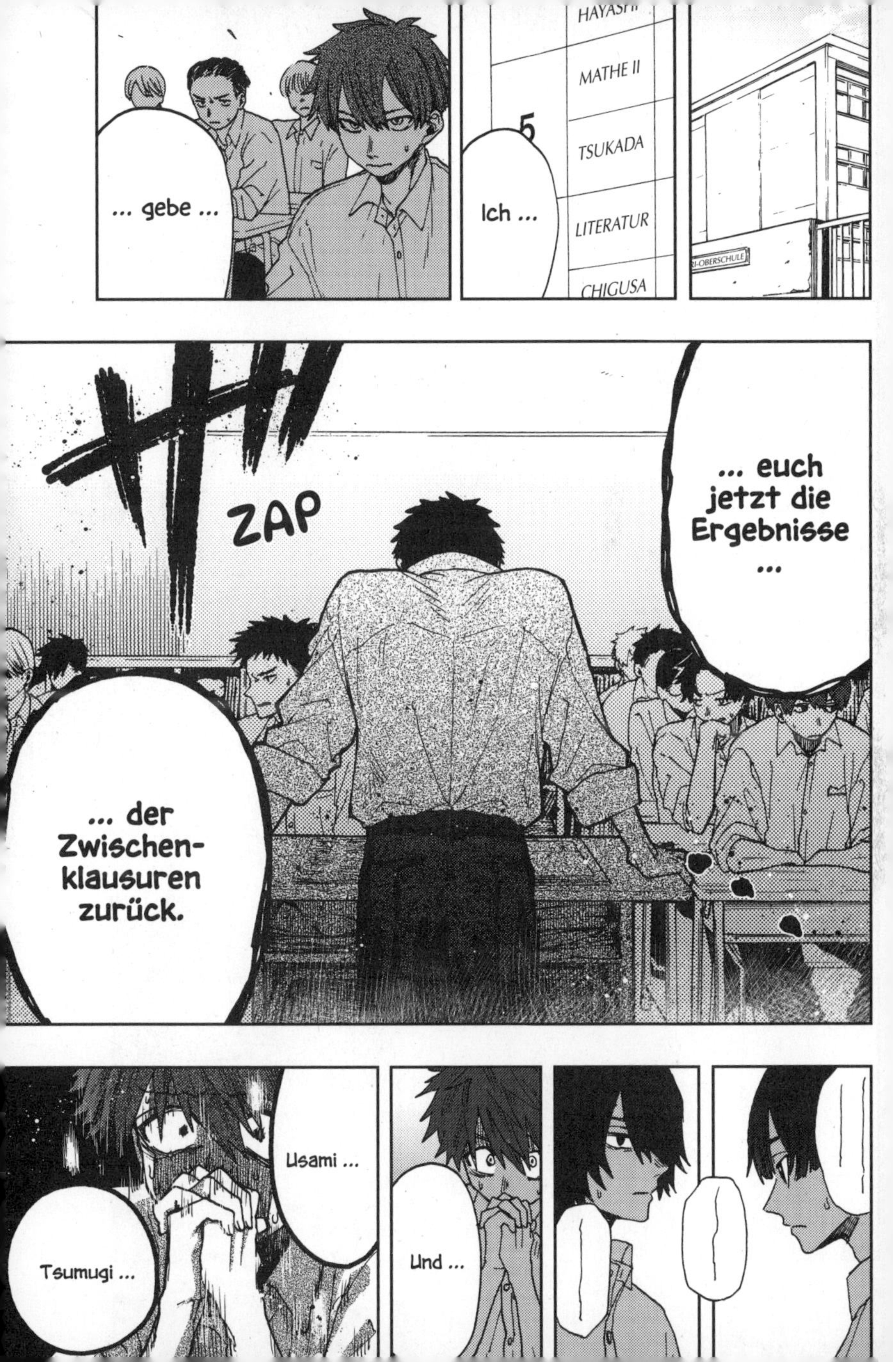
RI-OBERSCHULE
HAYASHI
MATHE II
5
TSUKADA
LITERATUR
CHIGUSA
Ich ...
... gebe ...
... euch jetzt die Ergebnisse ...
ZAP
... der Zwischen-klausuren zurück.
Und ...
Usami ...
Tsumugi ...

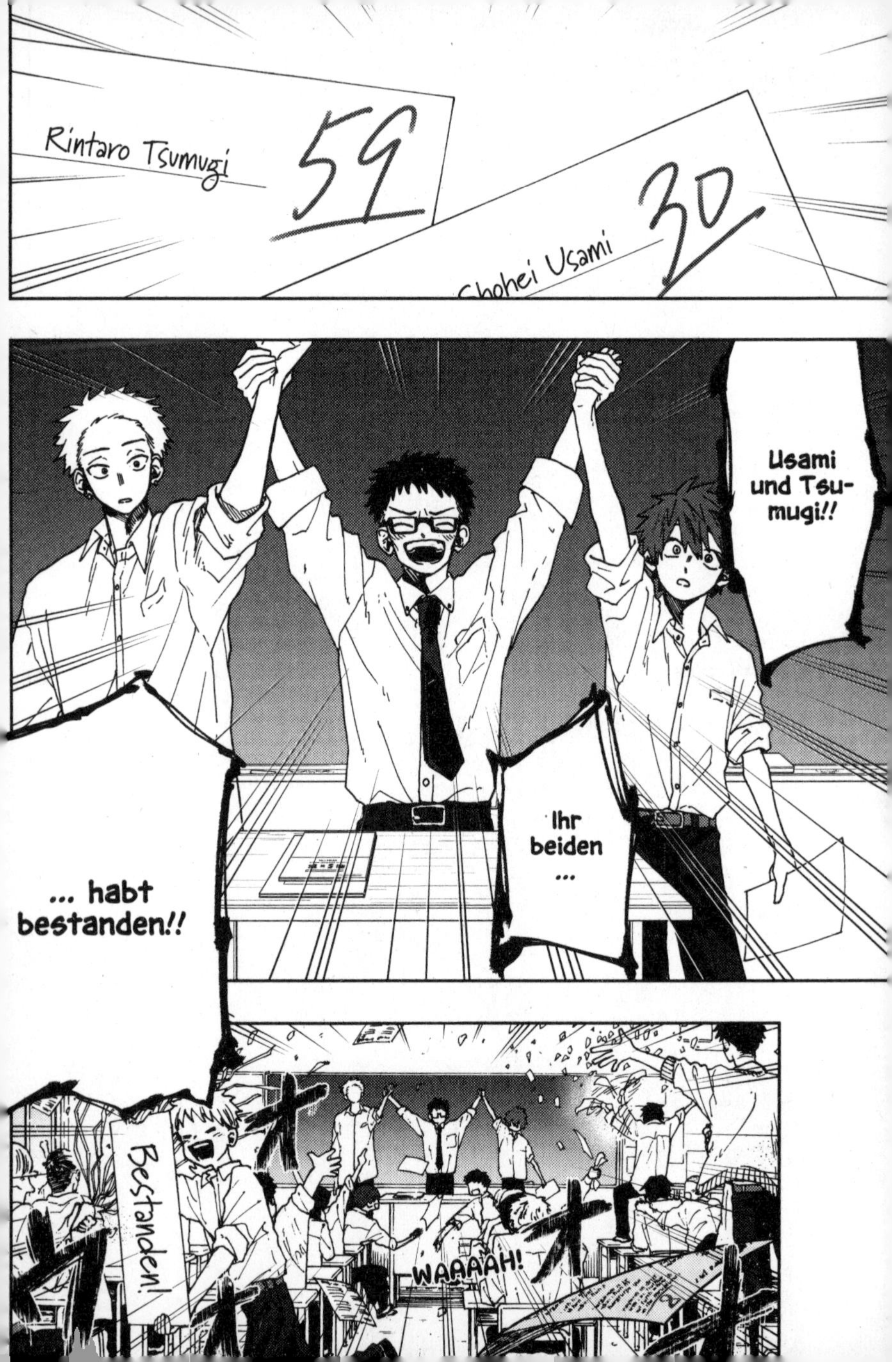
Rintaro Tsumugi
59
Shohei Usami
30
Usami und Tsumugi!!
Ihr beiden ...
... habt bestanden!!
Bestanden!
WAAAAH!

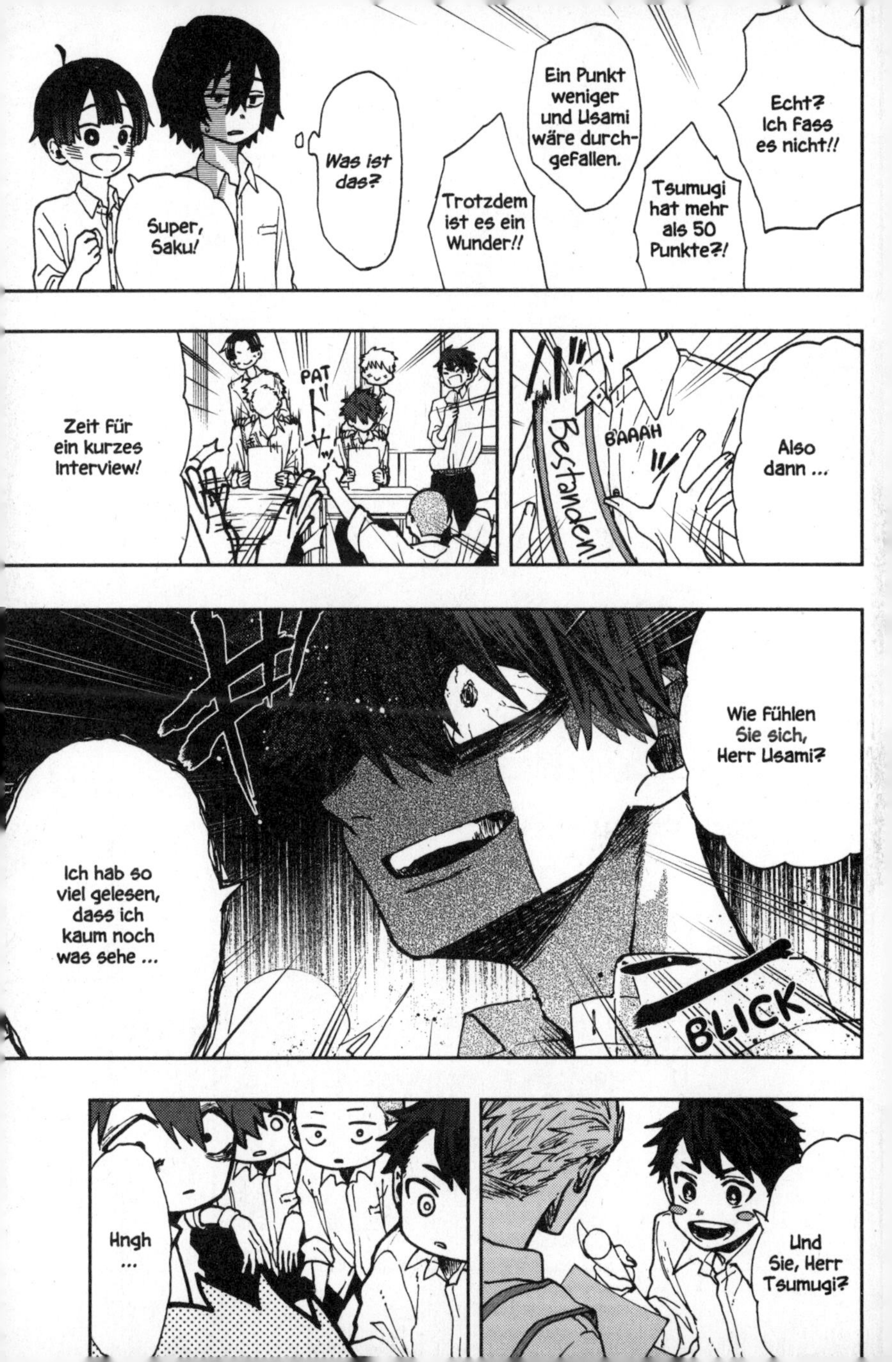
Echt? Ich fass es nicht!!
Tsumugi hat mehr als 50 Punkte?!
Ein Punkt weniger und Usami wäre durchgefallen.
Trotzdem ist es ein Wunder!!
Was ist das?
Super, Saku!
Also dann ...
BAAAH
Bestanden!
PAT
Zeit für ein kurzes Interview!
Wie fühlen Sie sich, Herr Usami?
BLICK
Ich hab so viel gelesen, dass ich kaum noch was sehe ...
Und Sie, Herr Tsumugi?
Hngh ...

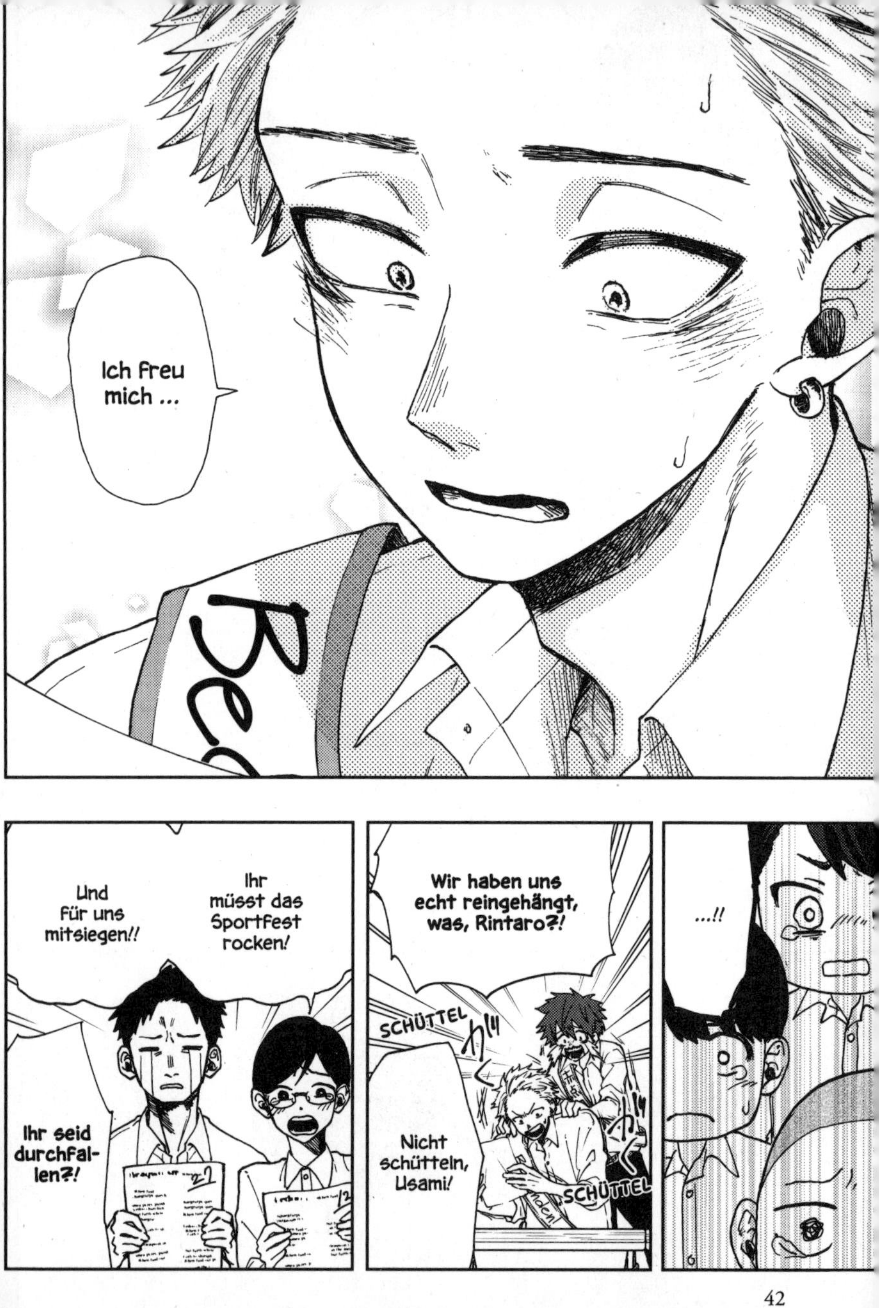
Ich freu mich ...
...!!
Wir haben uns echt reingehängt, was, Rintaro?!
SCHÜTTEL
Nicht schütteln, Usami!
SCHÜTTEL
Ihr müsst das Sportfest rocken!
Und für uns mitsiegen!!
Ihr seid durchfallen?!

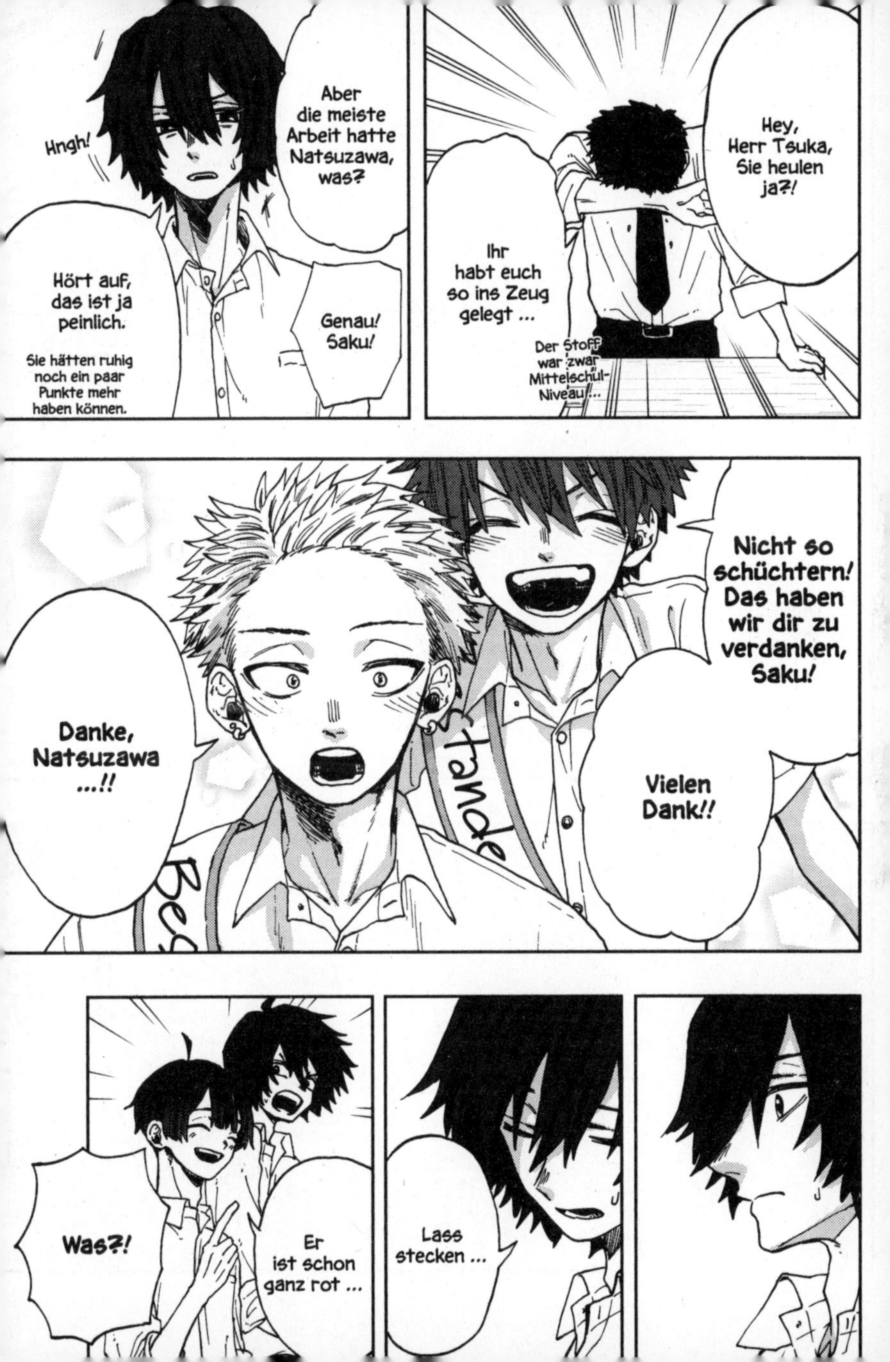
Hey, Herr Tsuka, Sie heulen ja?!
Ihr habt euch so ins Zeug gelegt ...
Der Stoff war zwar Mittelschul-Niveau ...
Aber die meiste Arbeit hatte Natsuzawa, was?
Hngh!
Genau! Saku!
Hört auf, das ist ja peinlich.
Sie hätten ruhig noch ein paar Punkte mehr haben können.
Nicht so schüchtern! Das haben wir dir zu verdanken, Saku!
Vielen Dank!!
Danke, Natsuzawa ...!!
Lass stecken ...
Er ist schon ganz rot ...
Was?!

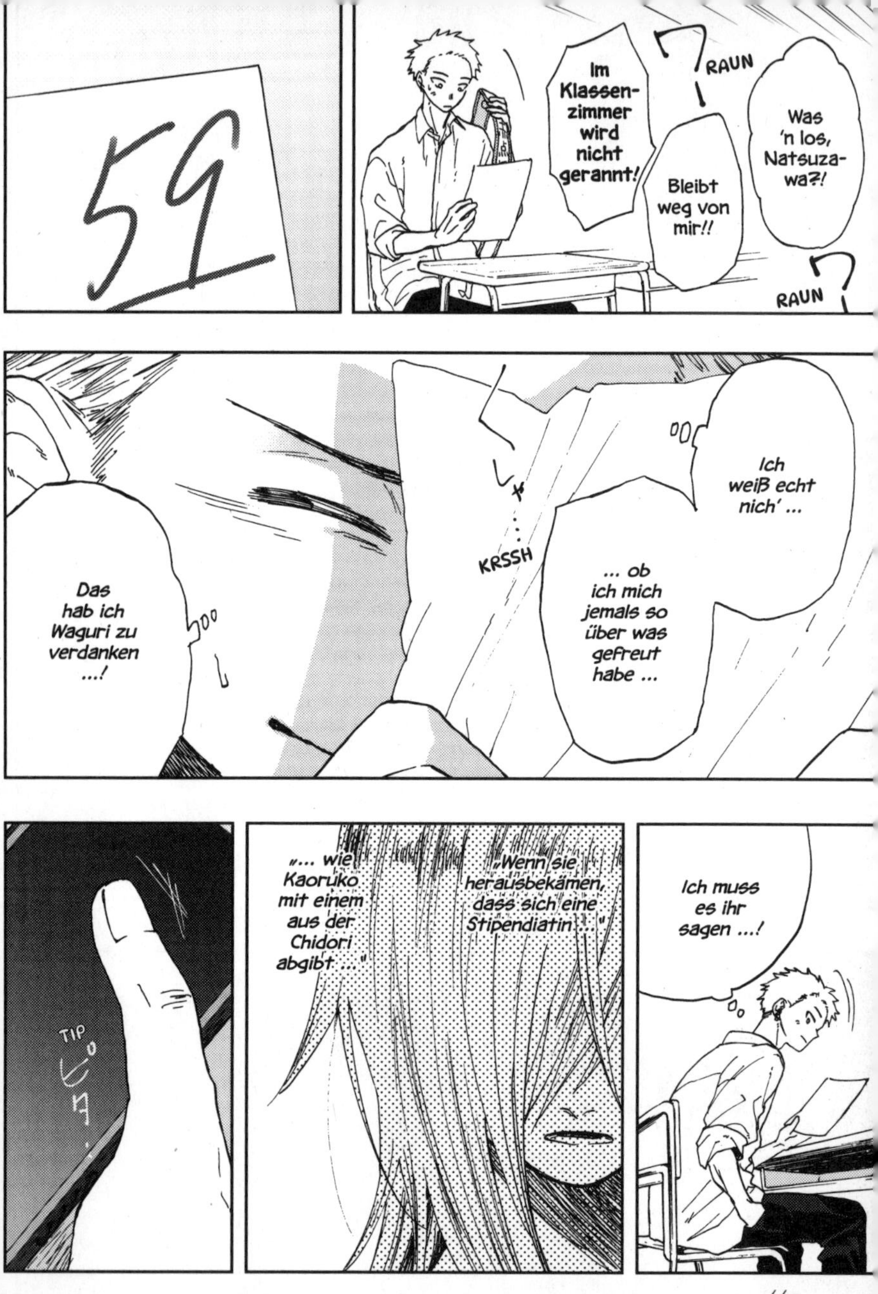
Was 'n los, Natsuzawa?!
RAUN
Bleibt weg von mir!!
RAUN
Im Klassenzimmer wird nicht gerannt!
Ich weiß echt nich' ...
... ob ich mich jemals so über was gefreut habe ...
KRSSH
Das hab ich Waguri zu verdanken ...!
Ich muss es ihr sagen ...!
„Wenn sie herausbekämen, dass sich eine Stipendiatin ..."
„... wie Kaoruko mit einem aus der Chidori abgibt ..."
TIP

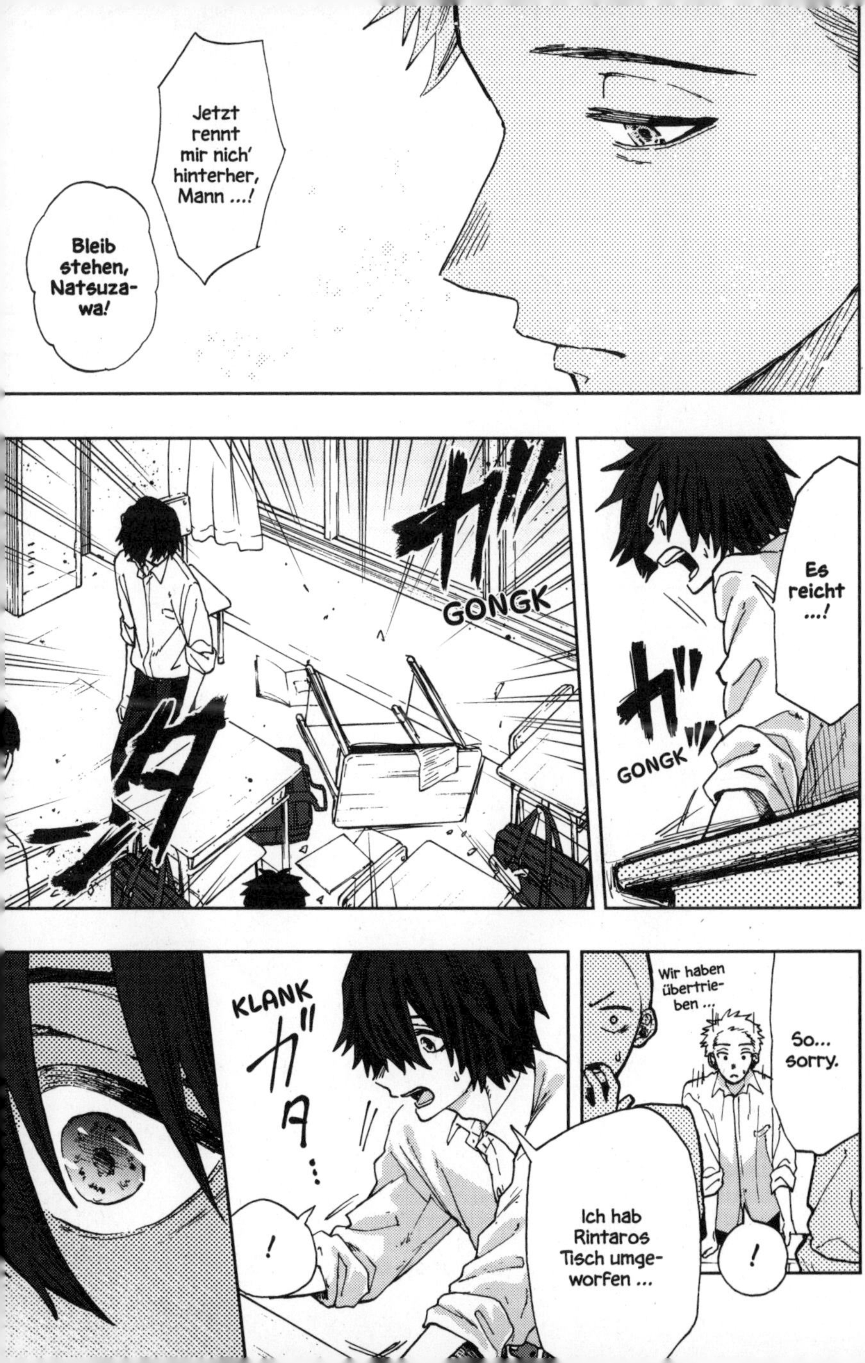
Jetzt rennt mir nich' hinterher, Mann ...!
Bleib stehen, Natsuzawa!
Es reicht ...!
GONGK
GONGK
Wir haben übertrieben ...
So... sorry.
!
Ich hab Rintaros Tisch umgeworfen ...
KLANK
!

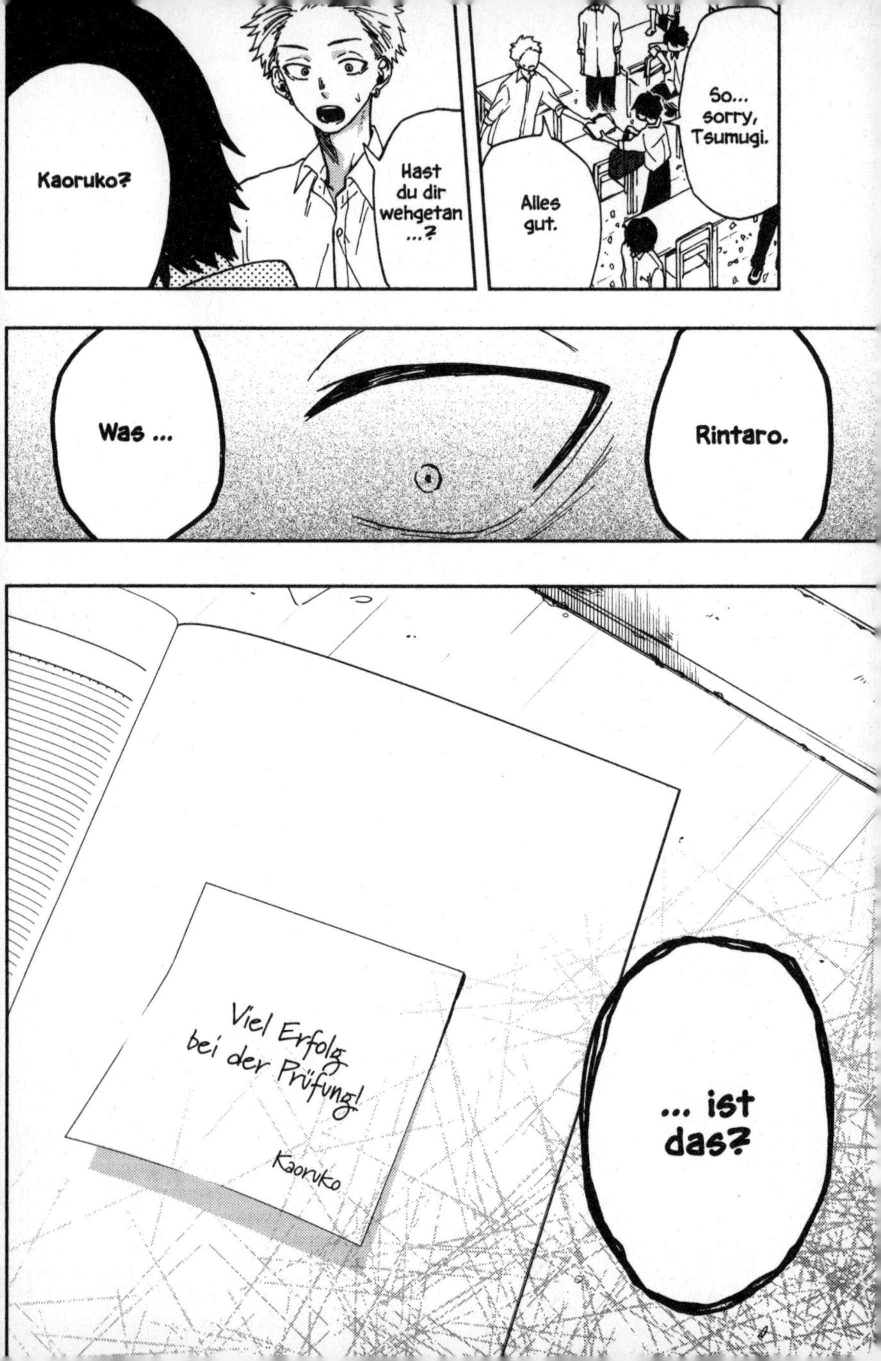
So... sorry, Tsumugi.
Alles gut.
Hast du dir wehgetan ...?
Kaoruko?
Rintaro.
Was ...
Viel Erfolg bei der Prüfung!
Kaoruko
... ist das?

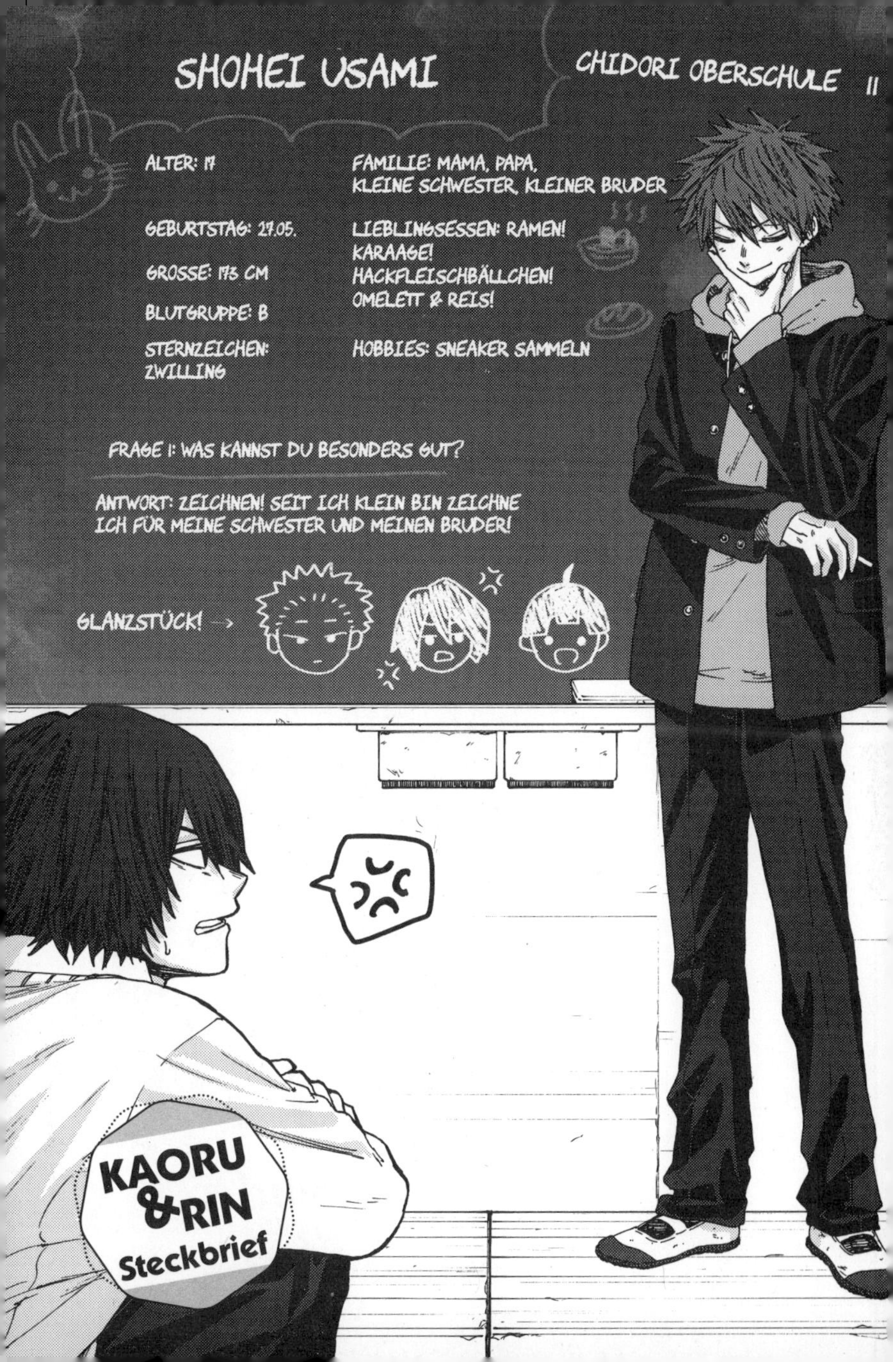
SHOHEI USAMI
CHIDORI OBERSCHULE II
ALTER: 17
FAMILIE: MAMA, PAPA, KLEINE SCHWESTER, KLEINER BRUDER
GEBURTSTAG: 27.05.
LIEBLINGSESSEN: RAMEN! KARAAGE! HACKFLEISCHBÄLLCHEN! OMELETT & REIS!
GROSSE: 173 CM
BLUTGRUPPE: B
STERNZEICHEN: ZWILLING
HOBBIES: SNEAKER SAMMELN
FRAGE 1: WAS KANNST DU BESONDERS GUT?
ANTWORT: ZEICHNEN! SEIT ICH KLEIN BIN ZEICHNE ICH FÜR MEINE SCHWESTER UND MEINEN BRUDER!
GLANZSTÜCK! →
KAORU & RIN
Steckbrief

Kaoru & Rin

so nah und doch so fern

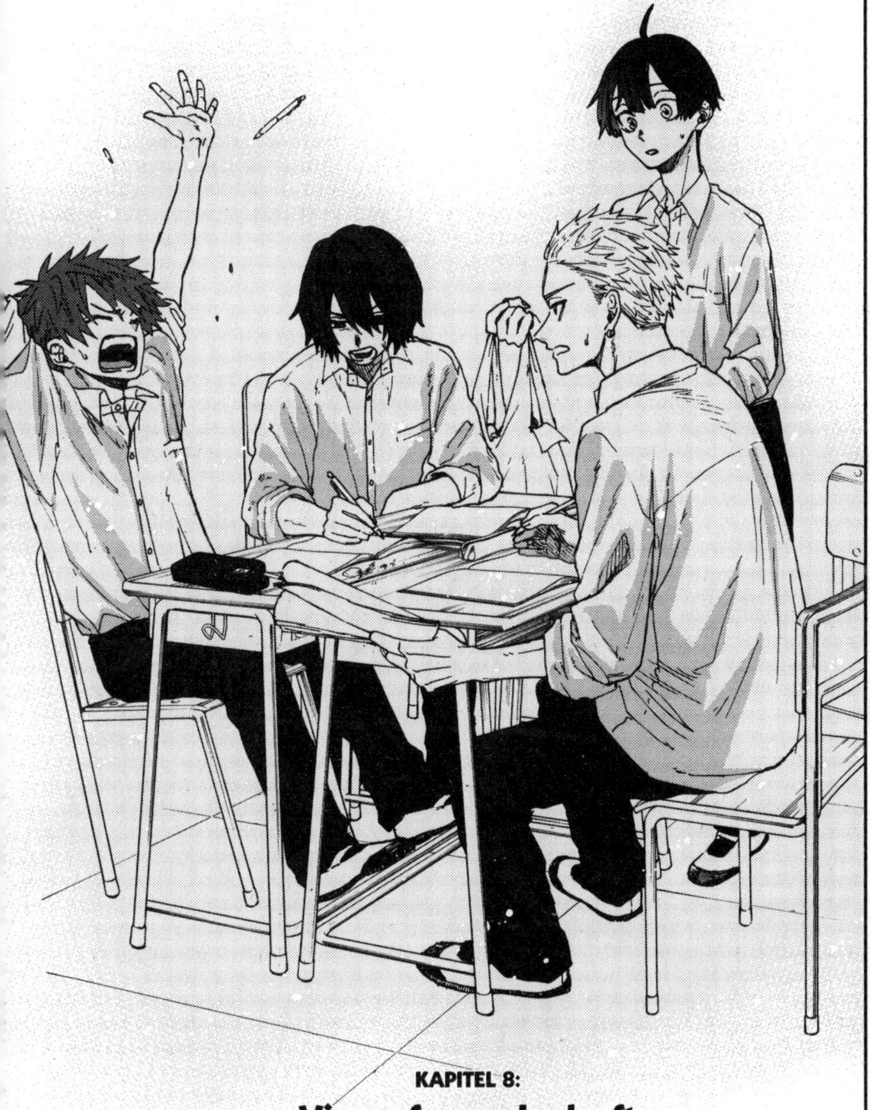

KAPITEL 8:

Viererfreundschaft

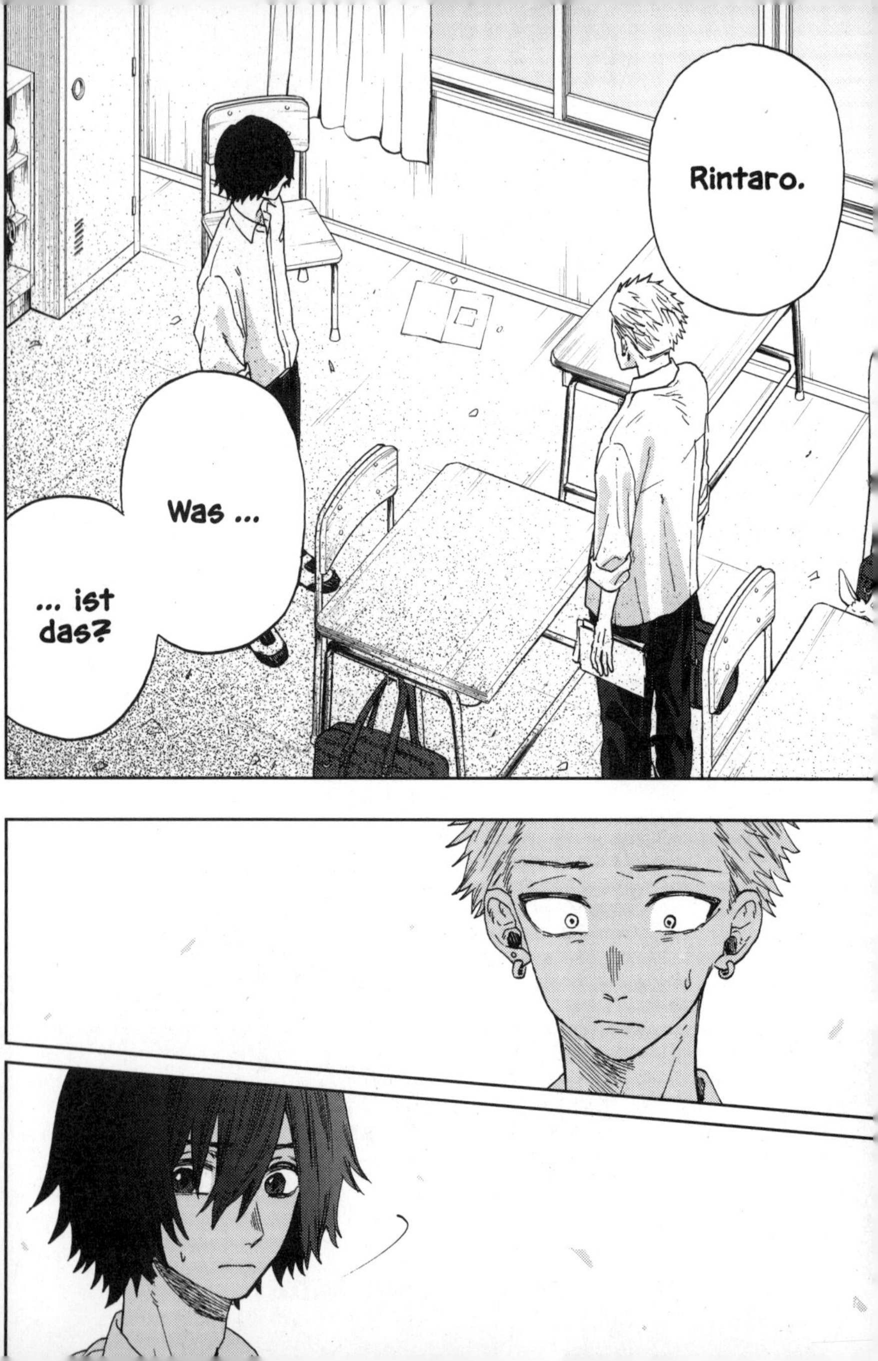
Rintaro.
Was ...
... ist das?

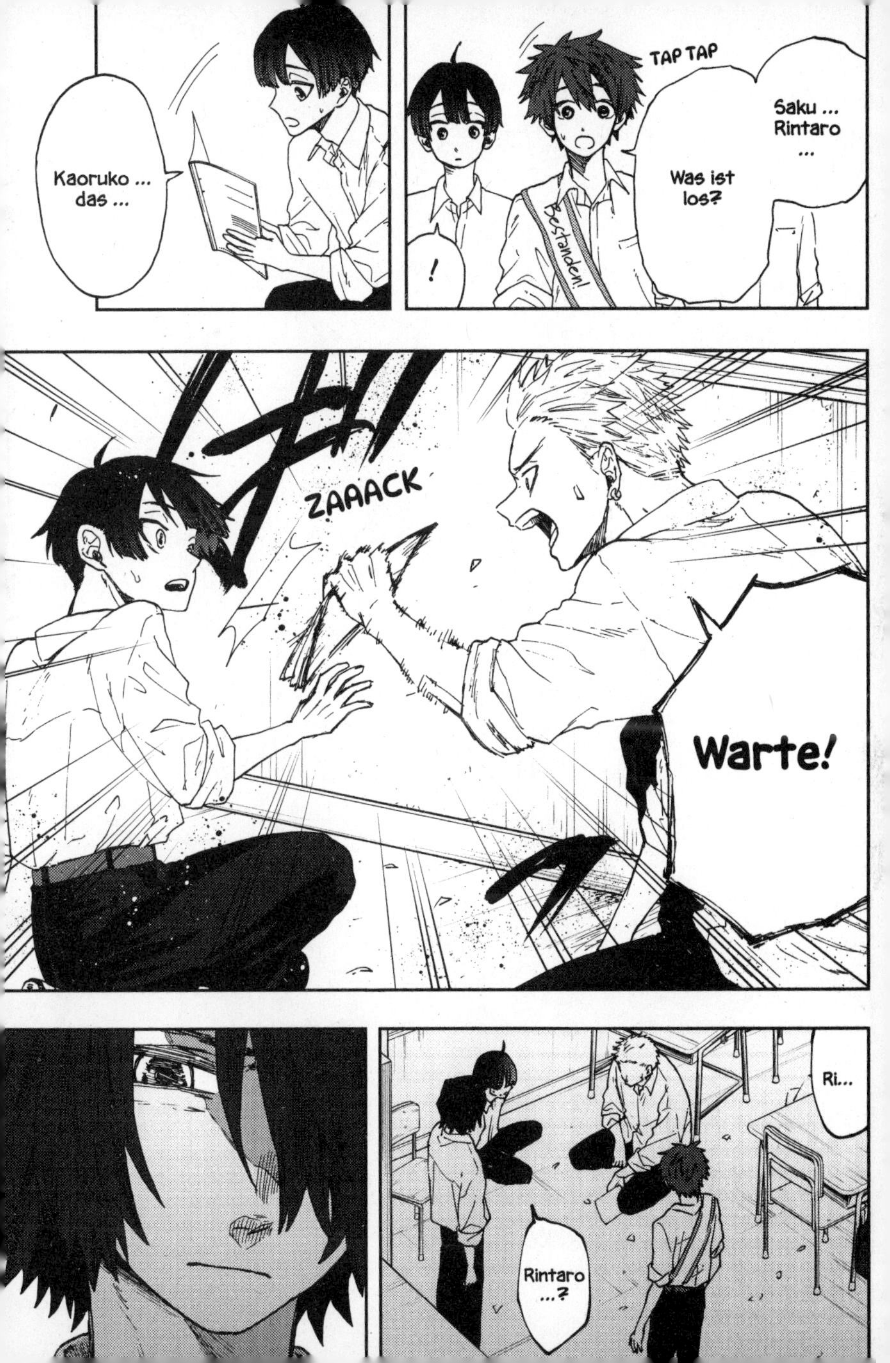

TAP TAP
Saku ... Rintaro ...
Was ist los?
!
Bestanden!
Kaoruko ... das ...
ZAAACK
Warte!
Ri...
Rintaro ...?

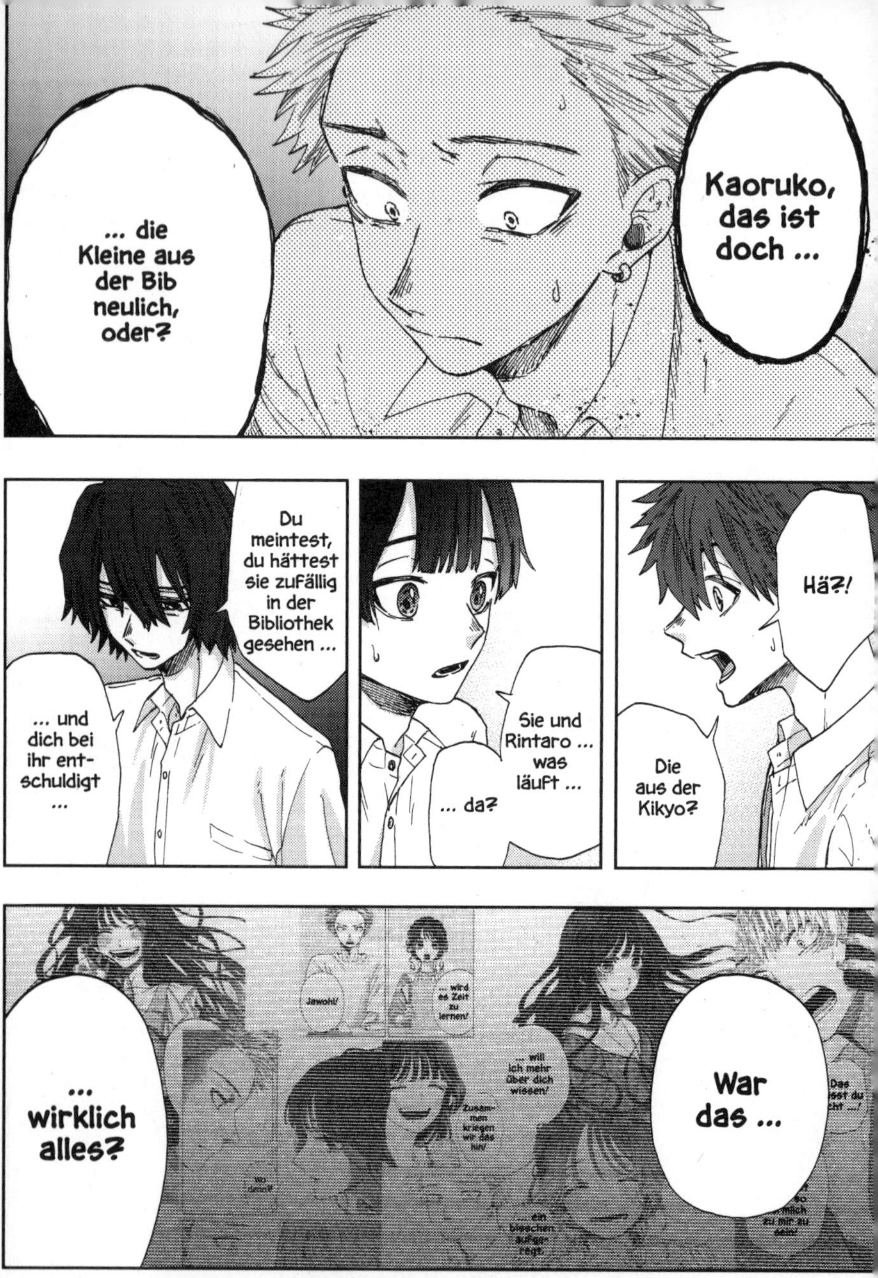

Kaoruko, das ist doch ...
... die Kleine aus der Bib neulich, oder?
Hä?!
Die aus der Kikyo?
Sie und Rintaro ... was läuft ...
... da?
Du meintest, du hättest sie zufällig in der Bibliothek gesehen ...
... und dich bei ihr entschuldigt ...
War das ...
... will ich mehr über dich wissen!
... wird es Zeit zu lernen!
Jawohl!
Zusammen kriegen wir das hin!
... ein bisschen aufgeregt.
... wirklich alles?

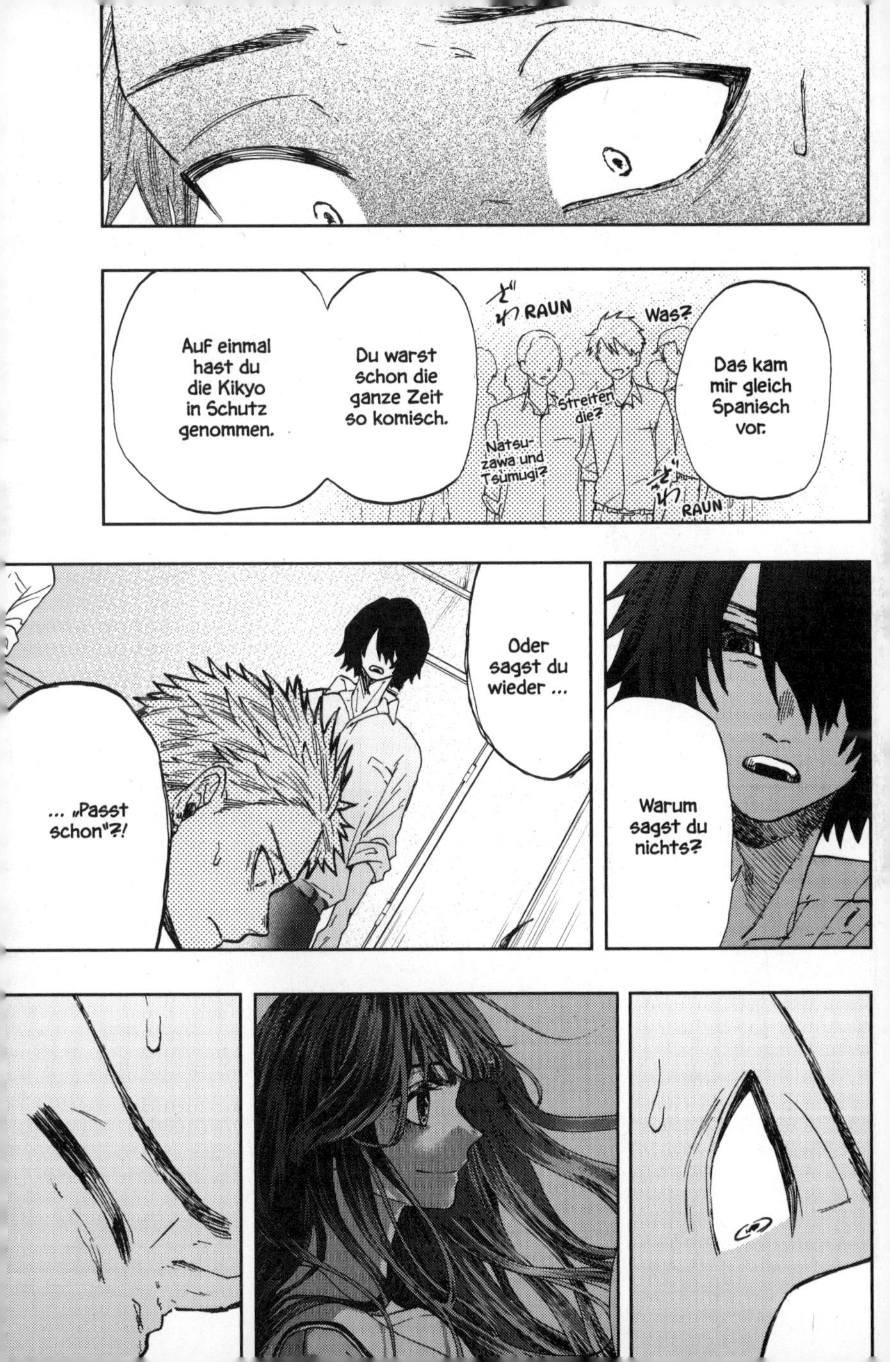
Das kam mir gleich Spanisch vor.
Was?
RAUN
Streiten die?
Natsu-zawa und Tsumugi?
RAUN
Du warst schon die ganze Zeit so komisch.
Auf einmal hast du die Kikyo in Schutz genommen.
Warum sagst du nichts?
Oder sagst du wieder ...
... „Passt schon"?!

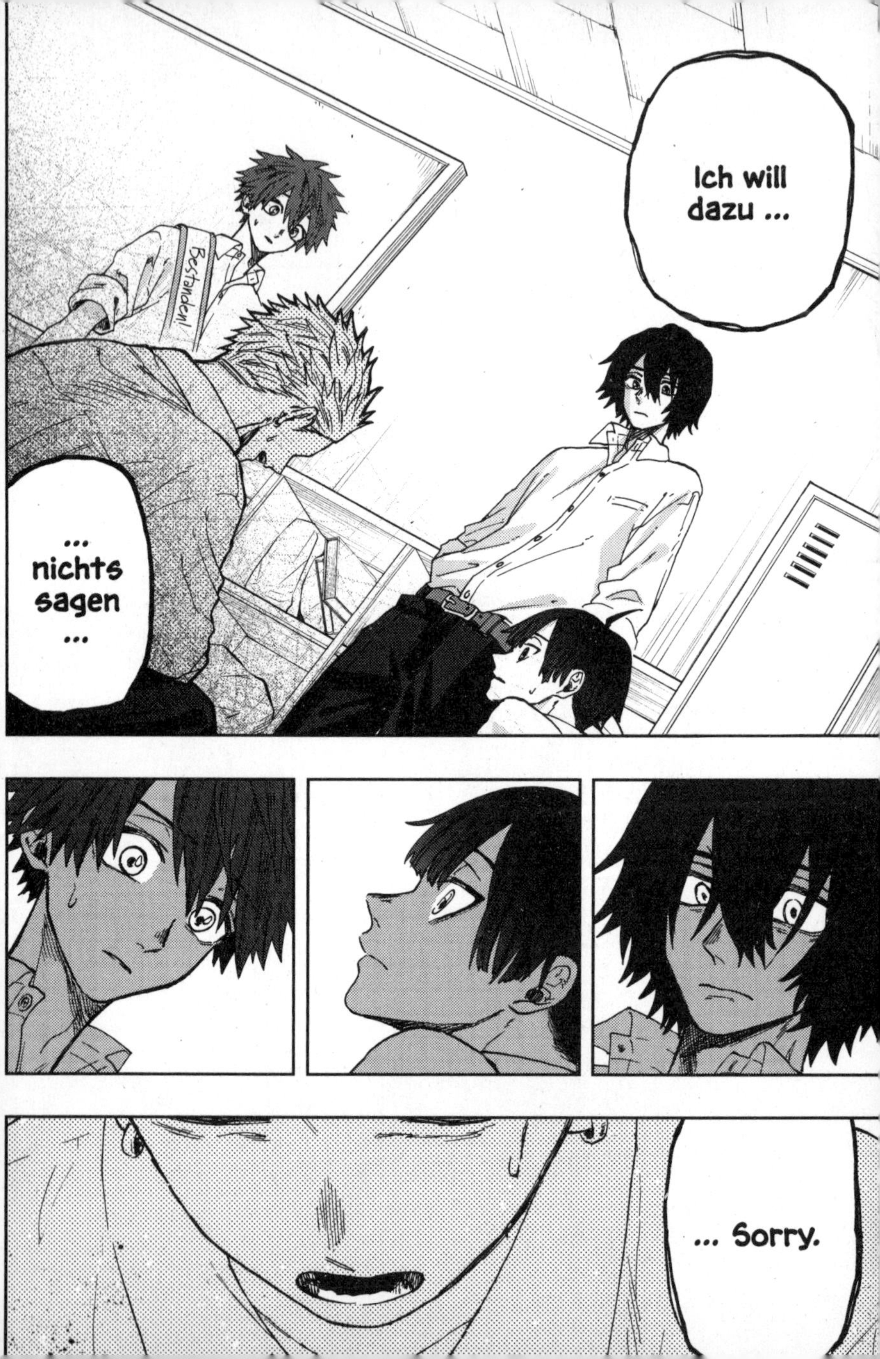
Ich will dazu ...
Bestanden!
... nichts sagen ...
... Sorry.

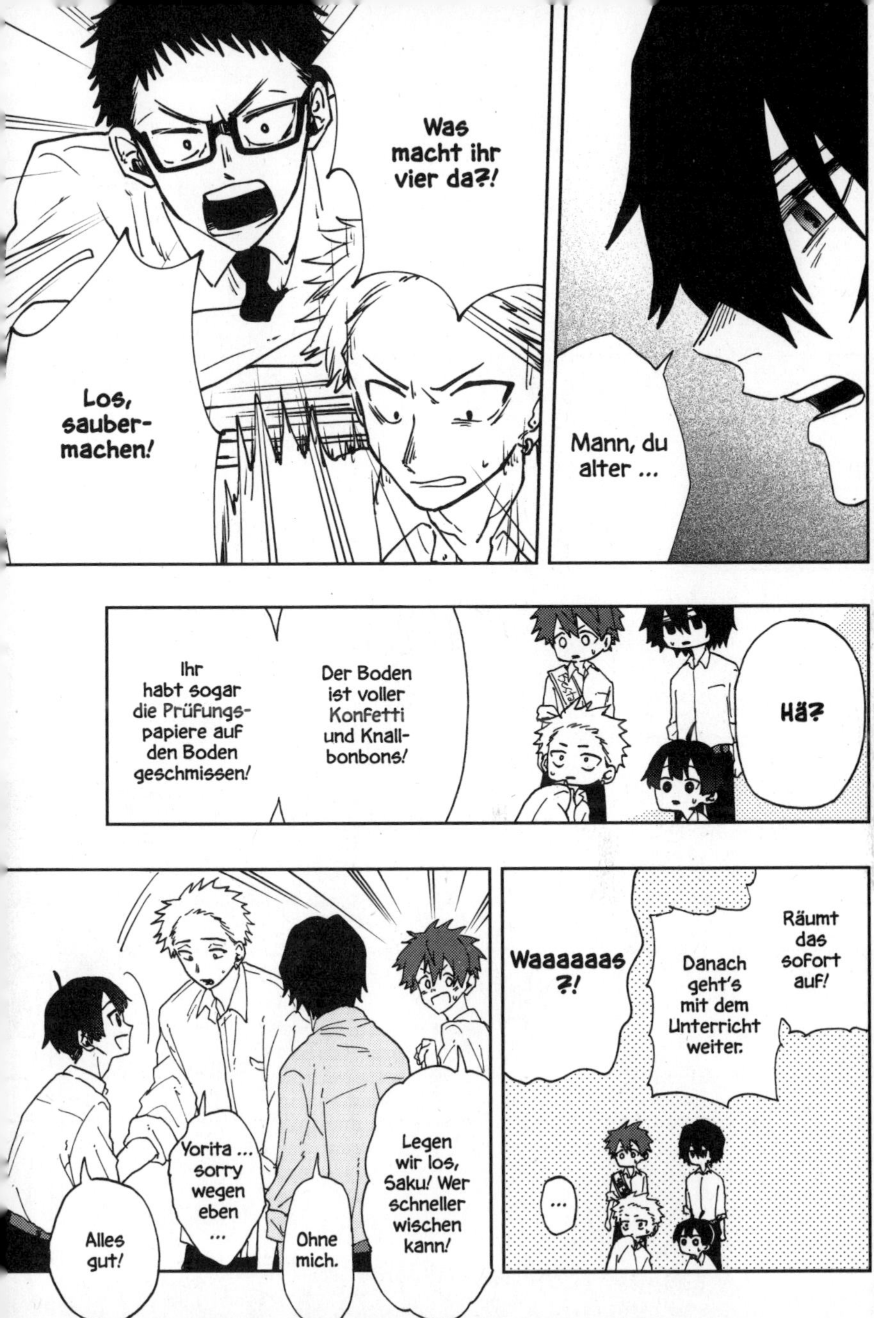

Mann, du alter ...
Was macht ihr vier da?!
Los, saubermachen!
Hä?
Der Boden ist voller Konfetti und Knallbonbons!
Ihr habt sogar die Prüfungspapiere auf den Boden geschmissen!
Räumt das sofort auf!
Danach geht's mit dem Unterricht weiter.
Waaaaaas?!
...
Legen wir los, Saku! Wer schneller wischen kann!
Ohne mich.
Yorita ... sorry wegen eben ...
Alles gut!

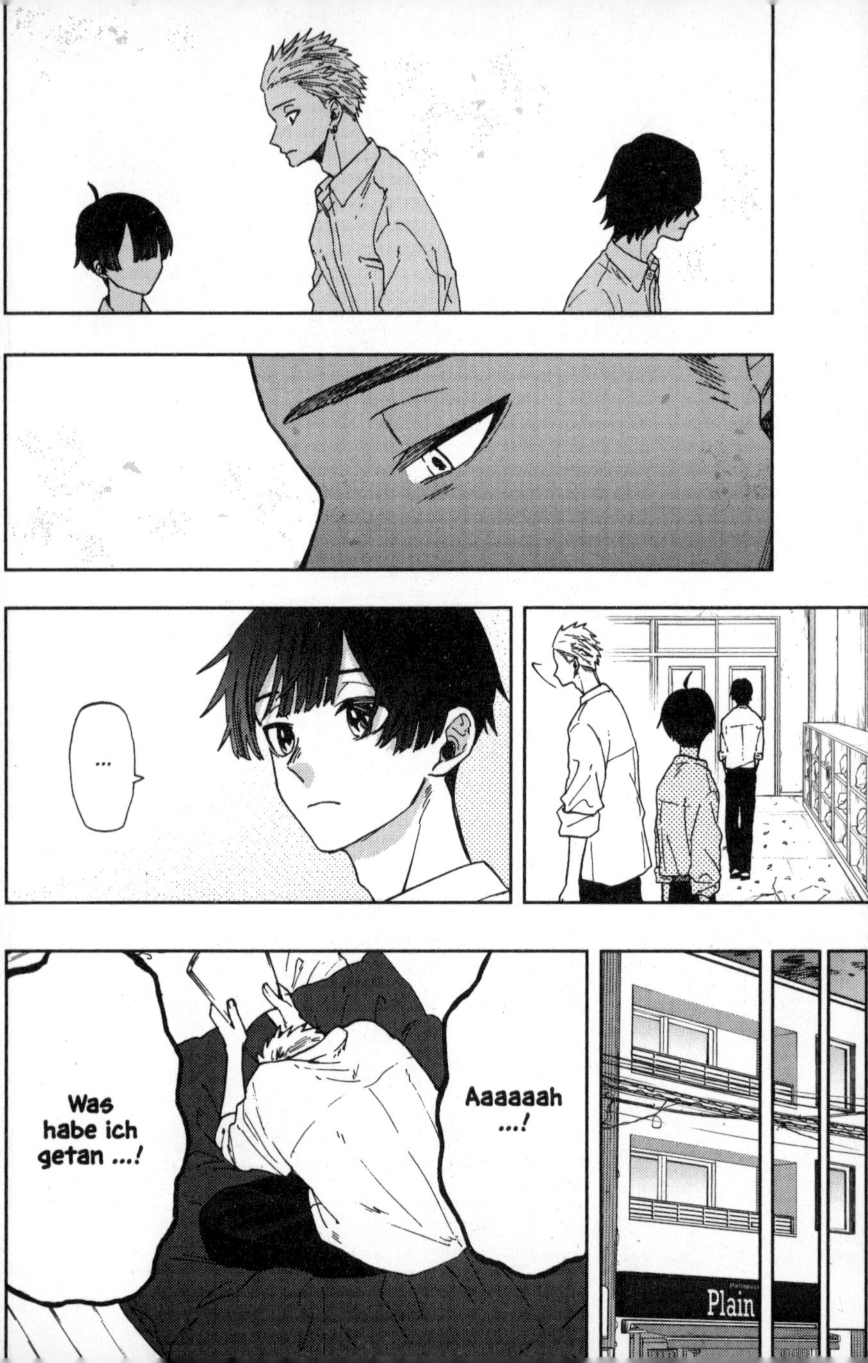
...
Aaaaaah ...!
Was habe ich getan ...!
Plain

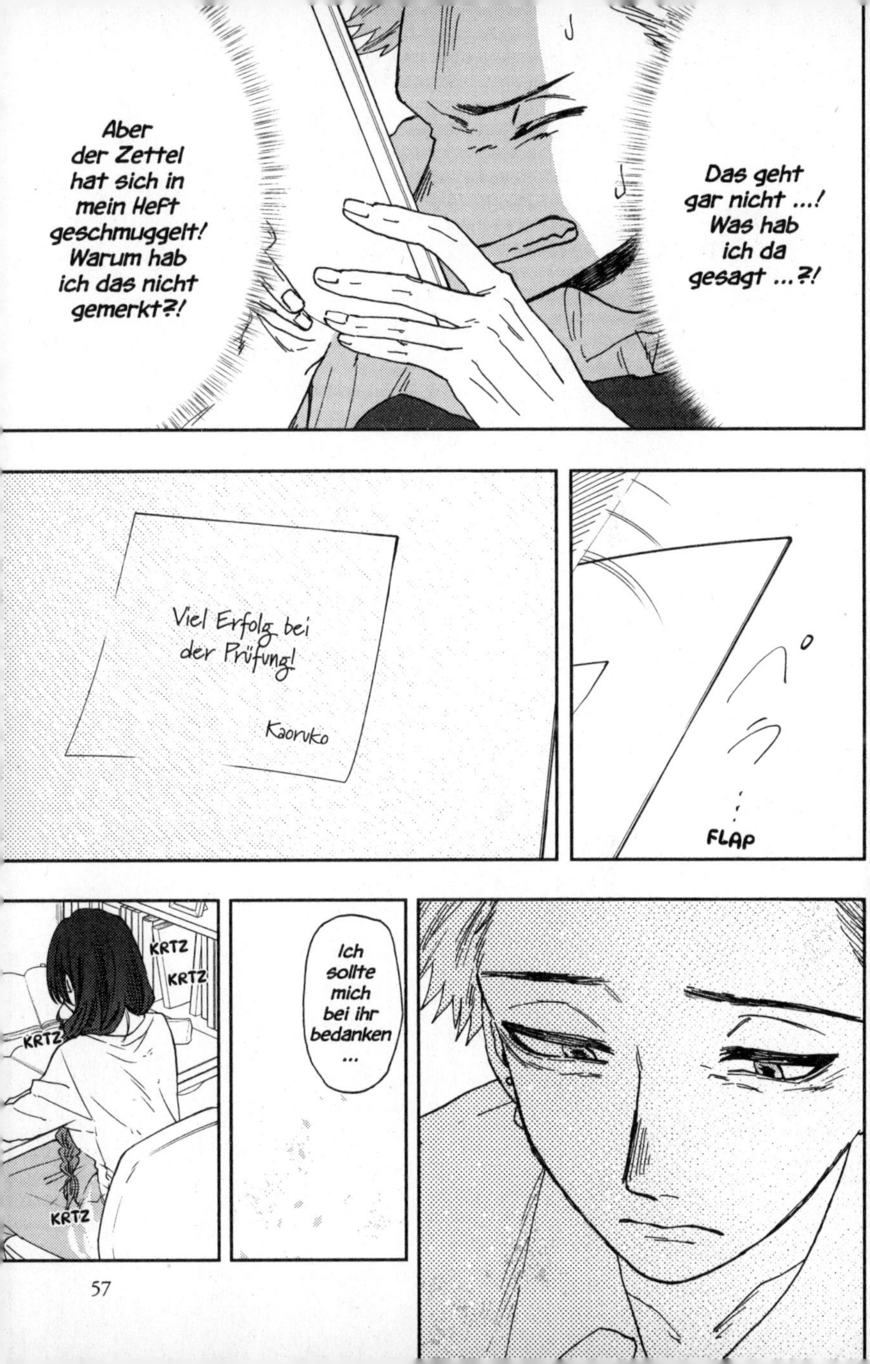
Das geht gar nicht ...! Was hab ich da gesagt ...?!
Aber der Zettel hat sich in mein Heft geschmuggelt! Warum hab ich das nicht gemerkt?!
FLAP
Viel Erfolg bei der Prüfung!
Kaoruko
Ich sollte mich bei ihr bedanken ...
KRTZ
KRTZ
KRTZ
KRTZ

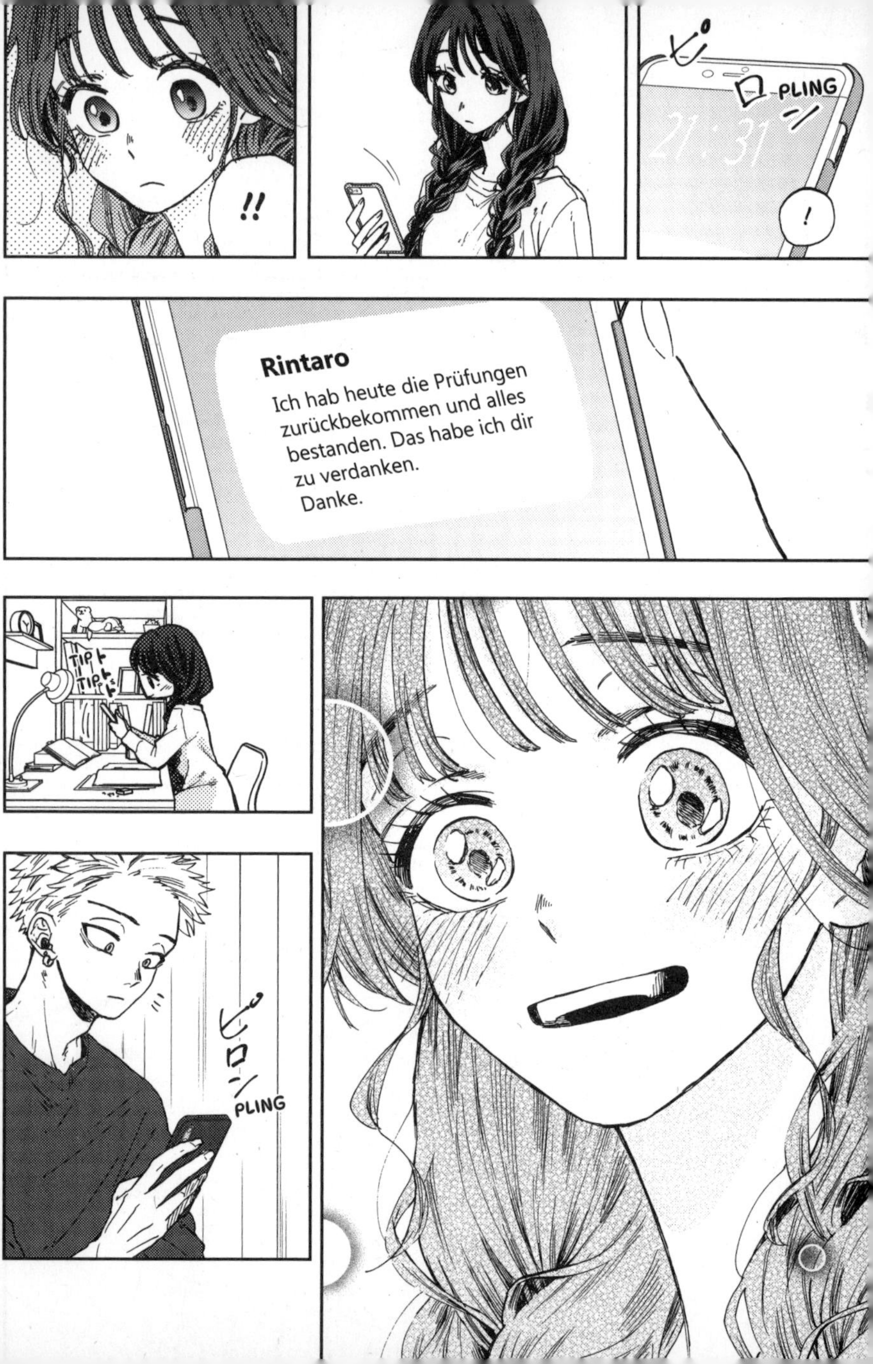
ピ
PLING
!
!!
Rintaro
Ich hab heute die Prüfungen zurückbekommen und alles bestanden. Das habe ich dir zu verdanken.
Danke.
TIP
TIP
ピロン
PLING

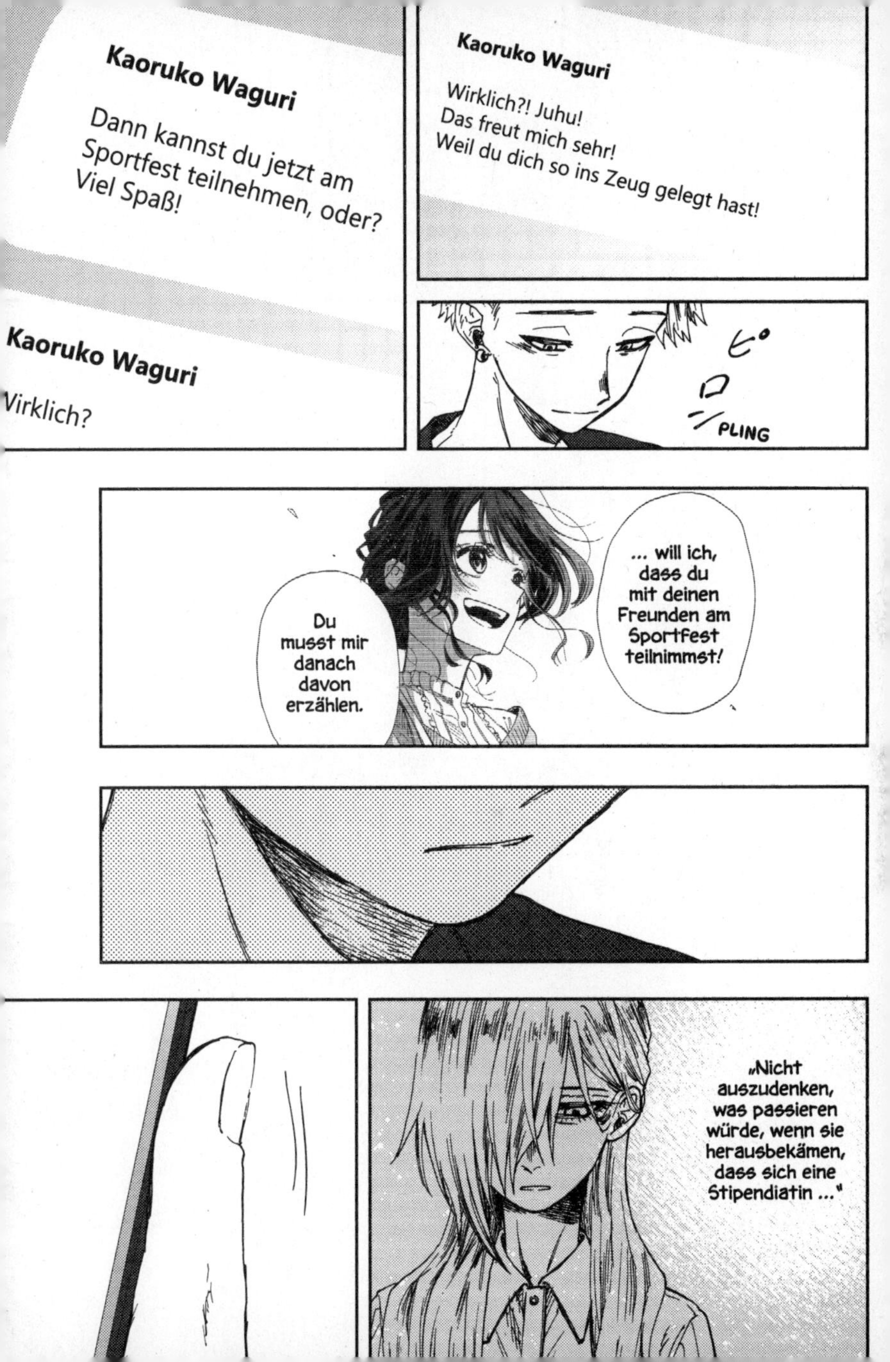
Kaoruko Waguri
Wirklich?! Juhu!
Das freut mich sehr!
Weil du dich so ins Zeug gelegt hast!
Kaoruko Waguri
Dann kannst du jetzt am Sportfest teilnehmen, oder? Viel Spaß!
Kaoruko Waguri
Wirklich?
PLING
... will ich, dass du mit deinen Freunden am Sportfest teilnimmst!
Du musst mir danach davon erzählen.
„Nicht auszudenken, was passieren würde, wenn sie herausbekämen, dass sich eine Stipendiatin ..."

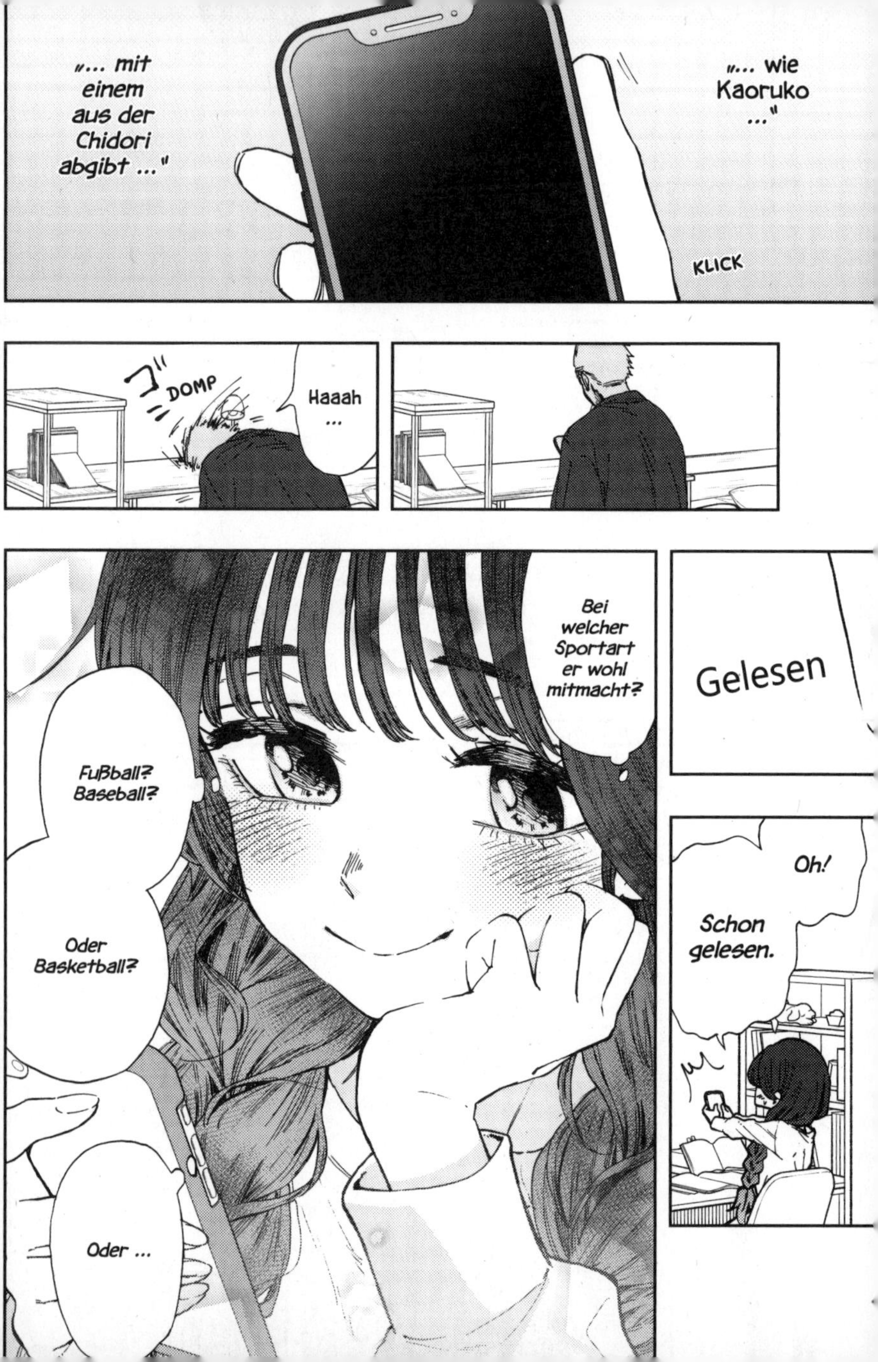
"... wie Kaoruko ..."
"... mit einem aus der Chidori abgibt ..."
KLICK
Haaah ...
DOMP
Gelesen
Oh!
Schon gelesen.
Bei welcher Sportart er wohl mitmacht?
Fußball? Baseball?
Oder Basketball?
Oder ...

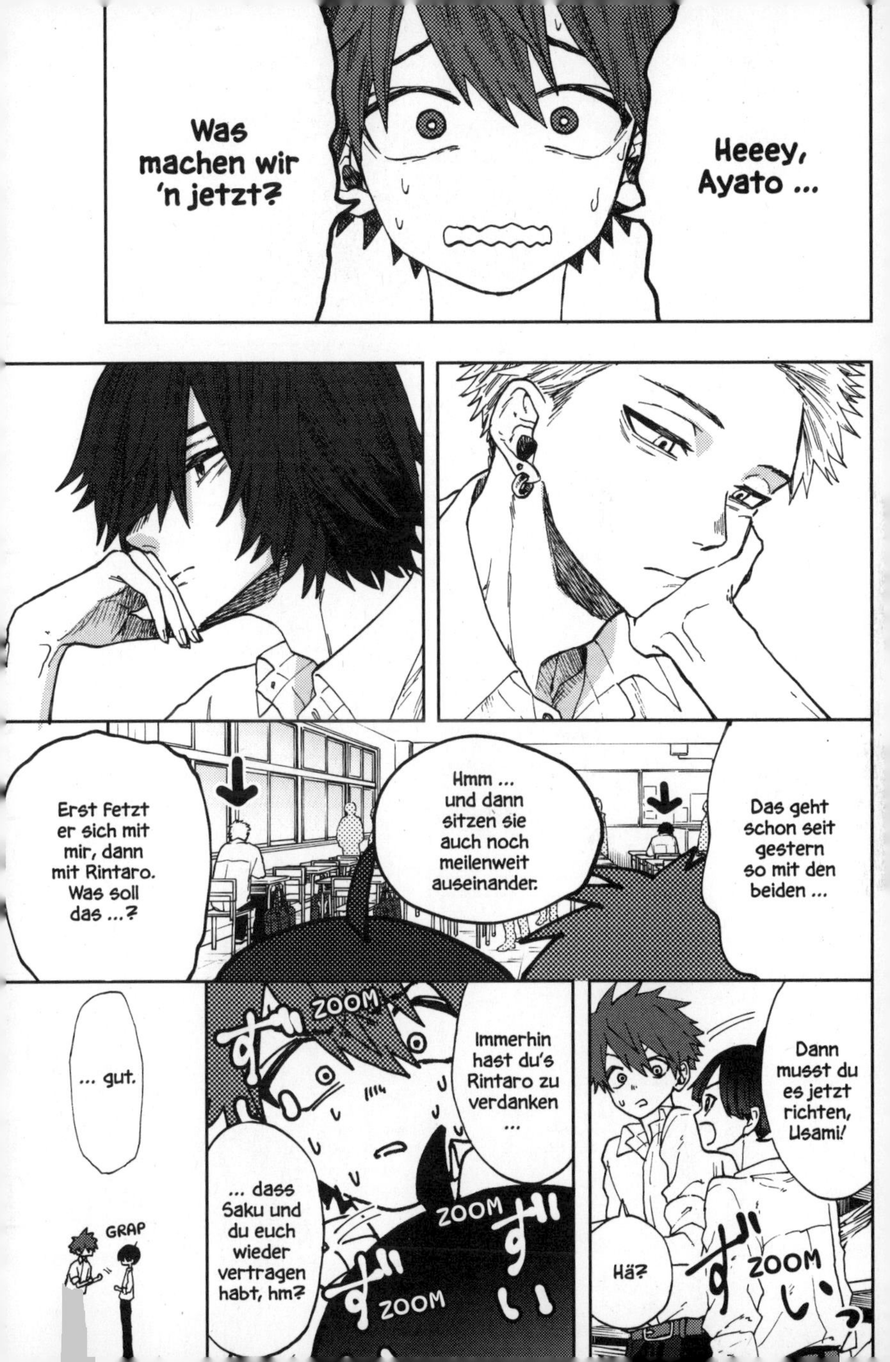
Heeey, Ayato ...
Was machen wir 'n jetzt?
Das geht schon seit gestern so mit den beiden ...
Hmm ... und dann sitzen sie auch noch meilenweit auseinander.
Erst fetzt er sich mit mir, dann mit Rintaro. Was soll das ...?
Dann musst du es jetzt richten, Usami!
ZOOM
Hä?
Immerhin hast du's Rintaro zu verdanken ...
ZOOM
ZOOM
... dass Saku und du euch wieder vertragen habt, hm?
ZOOM
... gut.
GRAP

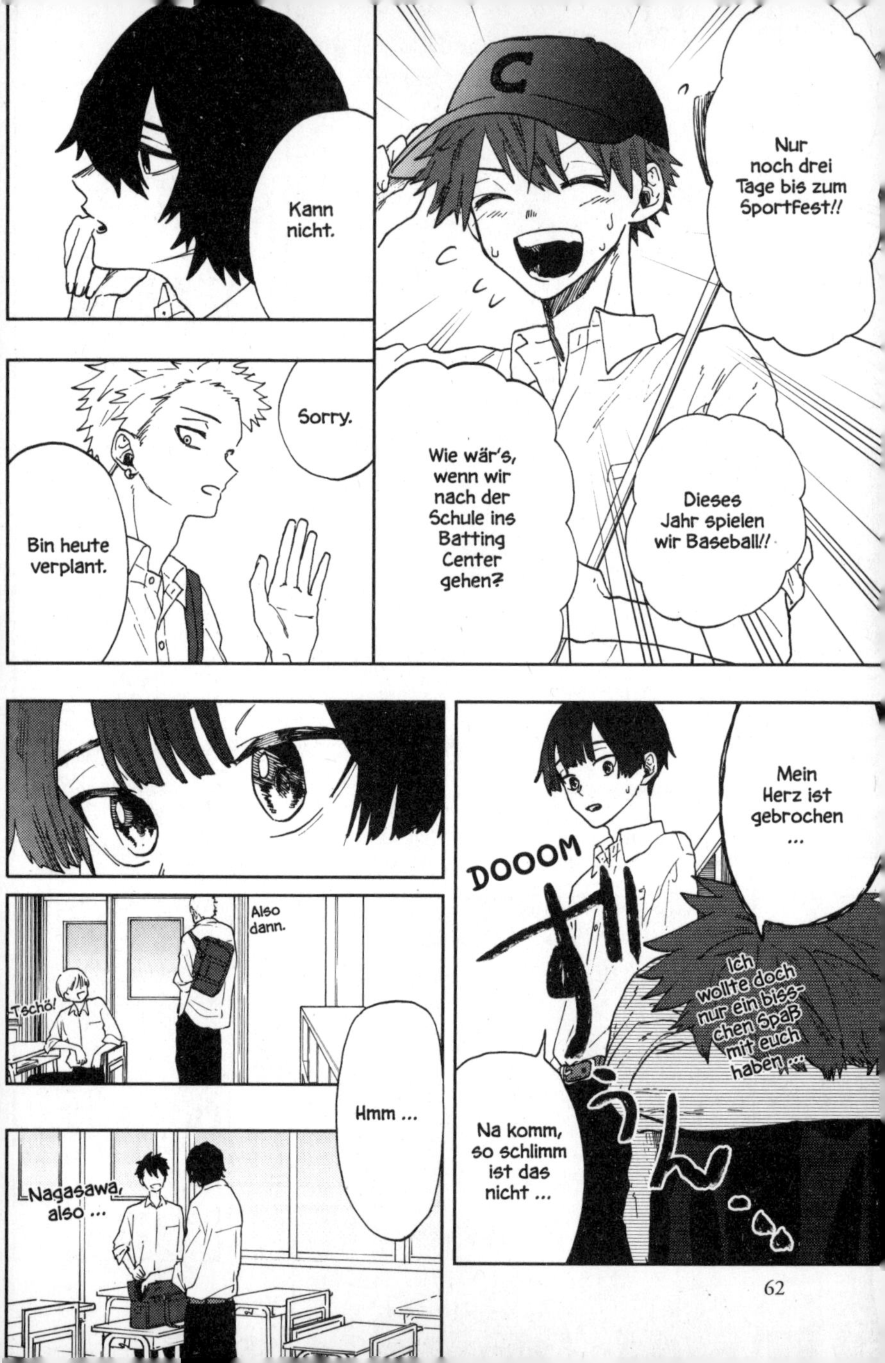
Nur noch drei Tage bis zum Sportfest!!
Dieses Jahr spielen wir Baseball!!
Wie wär's, wenn wir nach der Schule ins Batting Center gehen?
Kann nicht.
Sorry.
Bin heute verplant.
Mein Herz ist gebrochen ...
DOOOM
Ich wollte doch nur ein bisschen Spaß mit euch haben ...
Na komm, so schlimm ist das nicht ...
Also dann.
Tschö!
Hmm ...
Nagasawa, also ...

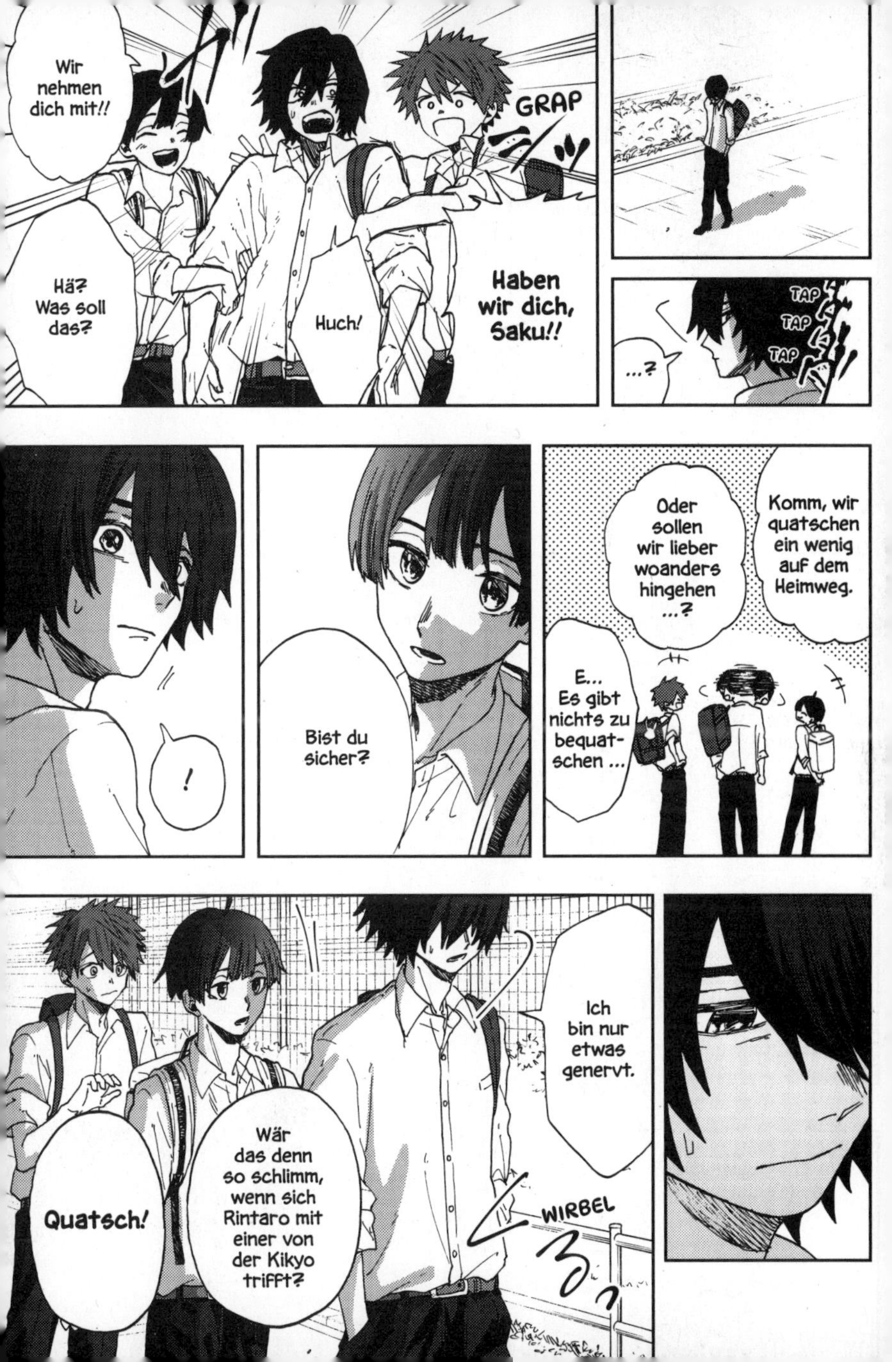
TAP
TAP
TAP
...?
Haben wir dich, Saku!!
GRAP
Huch!
Wir nehmen dich mit!!
Hä? Was soll das?
Komm, wir quatschen ein wenig auf dem Heimweg.
Oder sollen wir lieber woanders hingehen ...?
E... Es gibt nichts zu bequatschen ...
Bist du sicher?
!
Ich bin nur etwas genervt.
WIRBEL
Wär das denn so schlimm, wenn sich Rintaro mit einer von der Kikyo trifft?
Quatsch!

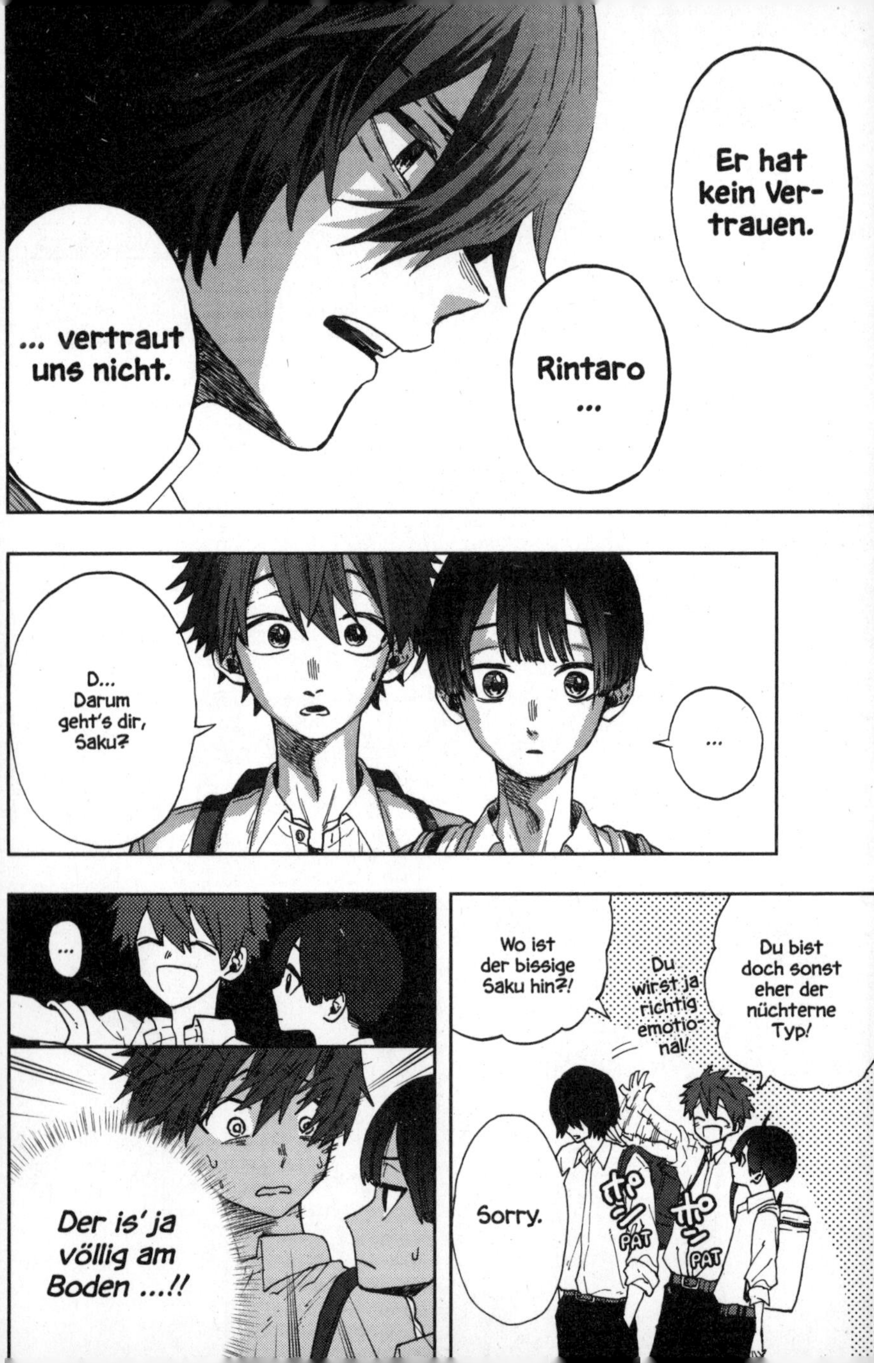

Er hat kein Vertrauen.
Rintaro ...
... vertraut uns nicht.
...
D... Darum geht's dir, Saku?
...
Der is' ja völlig am Boden ...!!
Du bist doch sonst eher der nüchterne Typ!
Du wirst ja richtig emotional!
Wo ist der bissige Saku hin?!
PAT
PAT
Sorry.

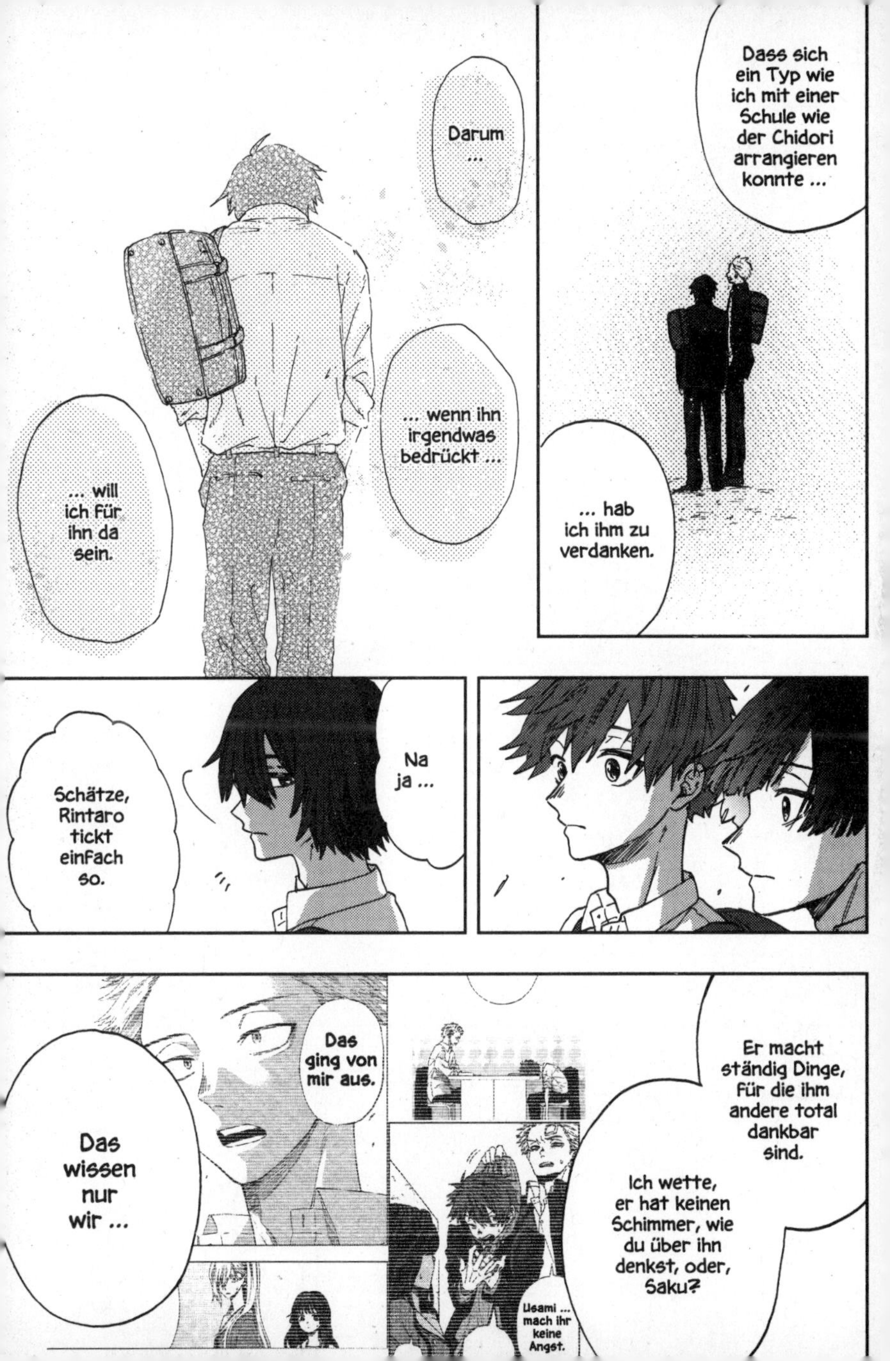
Dass sich ein Typ wie ich mit einer Schule wie der Chidori arrangieren konnte ...
... hab ich ihm zu verdanken.
Darum ...
... wenn ihn irgendwas bedrückt ...
... will ich für ihn da sein.
Na ja ...
Schätze, Rintaro tickt einfach so.
Er macht ständig Dinge, für die ihm andere total dankbar sind.
Ich wette, er hat keinen Schimmer, wie du über ihn denkst, oder, Saku?
Usami ... mach ihr keine Angst.
Das ging von mir aus.
Das wissen nur wir ...

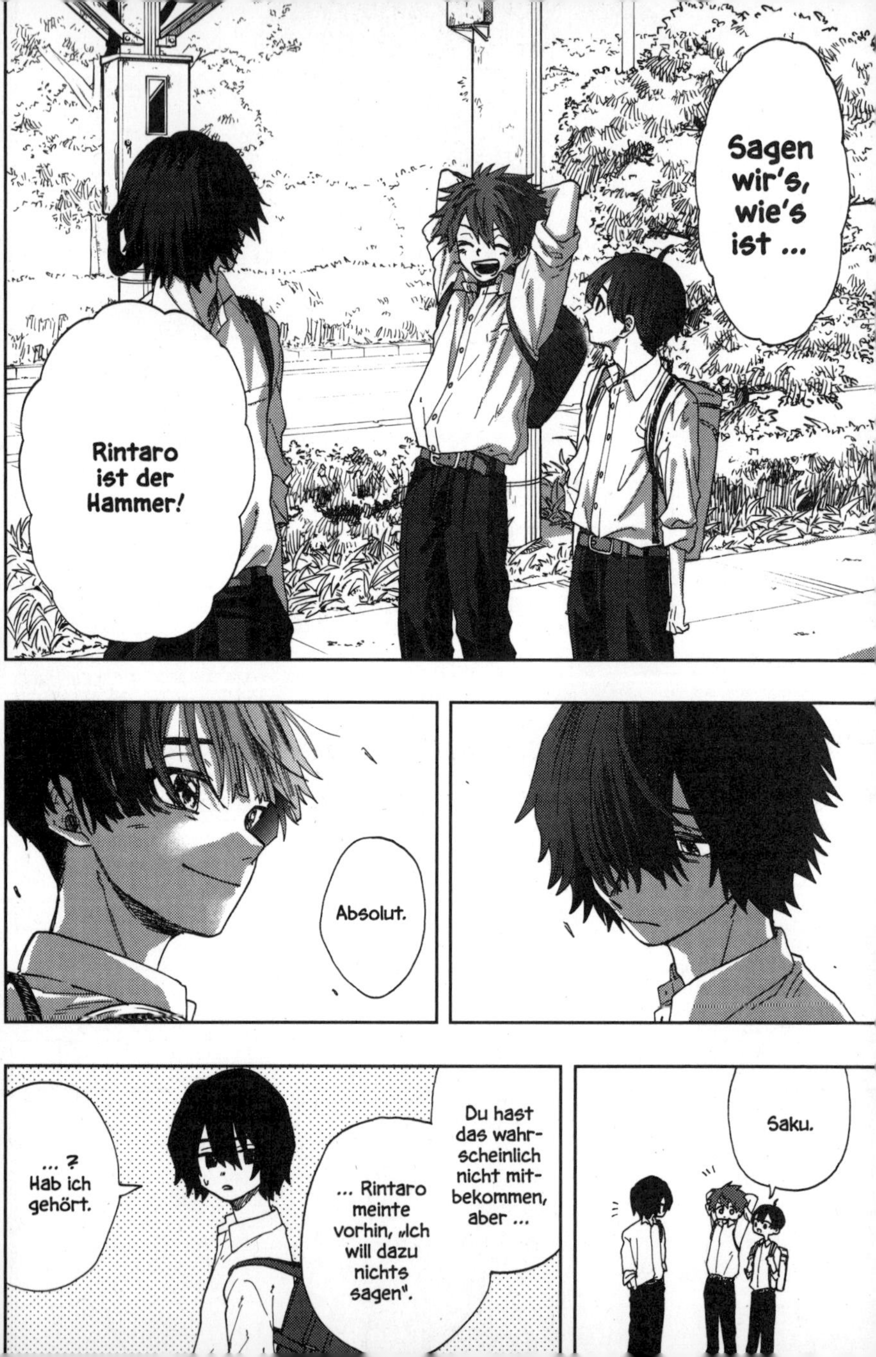
Sagen wir's, wie's ist ...
Rintaro ist der Hammer!
Absolut.
Saku.
Du hast das wahrscheinlich nicht mitbekommen, aber ...
... Rintaro meinte vorhin, „Ich will dazu nichts sagen".
... ? Hab ich gehört.

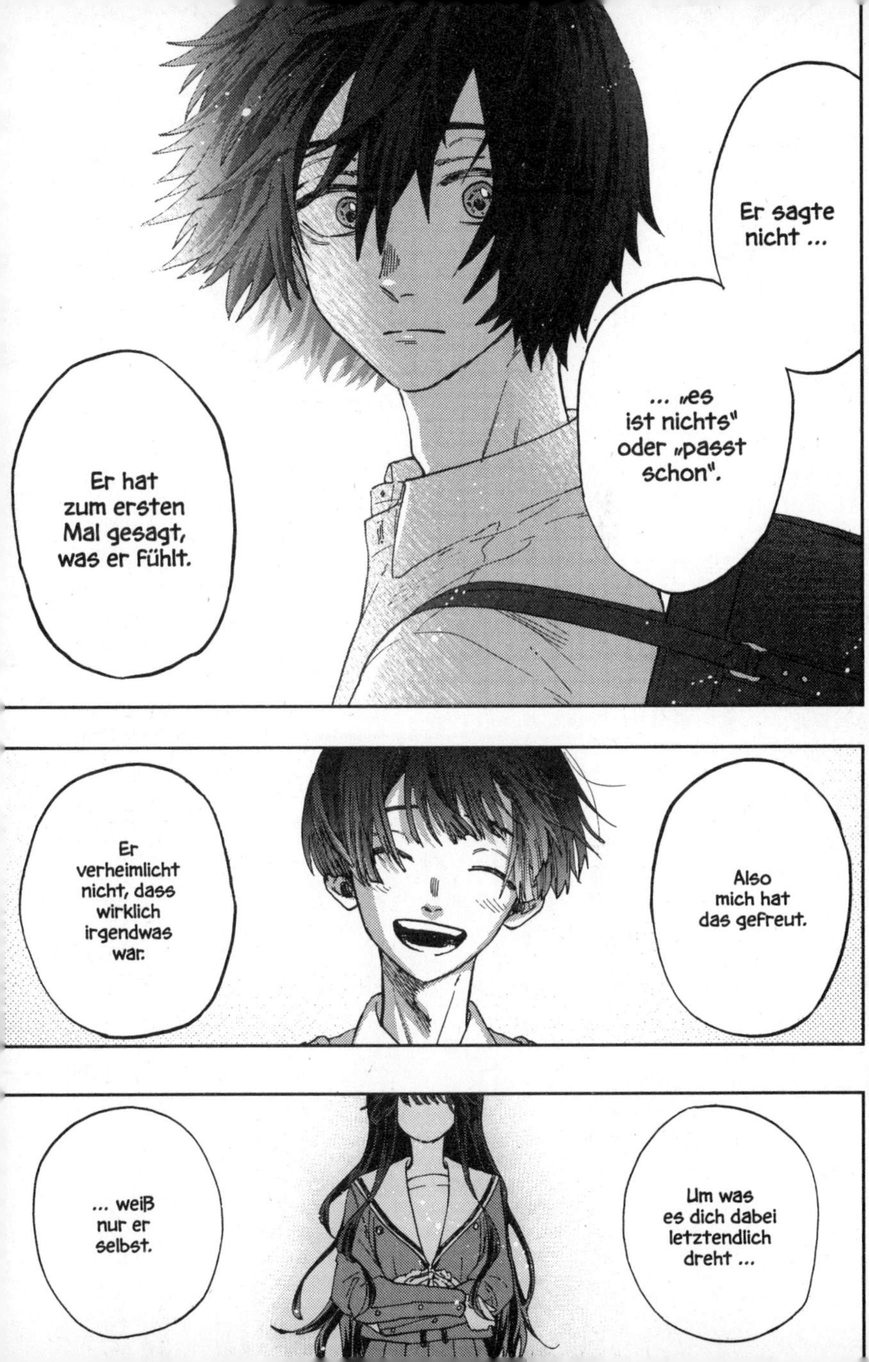
Er sagte nicht ...
... „es ist nichts" oder „passt schon".
Er hat zum ersten Mal gesagt, was er fühlt.
Also mich hat das gefreut.
Er verheimlicht nicht, dass wirklich irgendwas war.
Um was es dich dabei letztendlich dreht ...
... weiß nur er selbst.

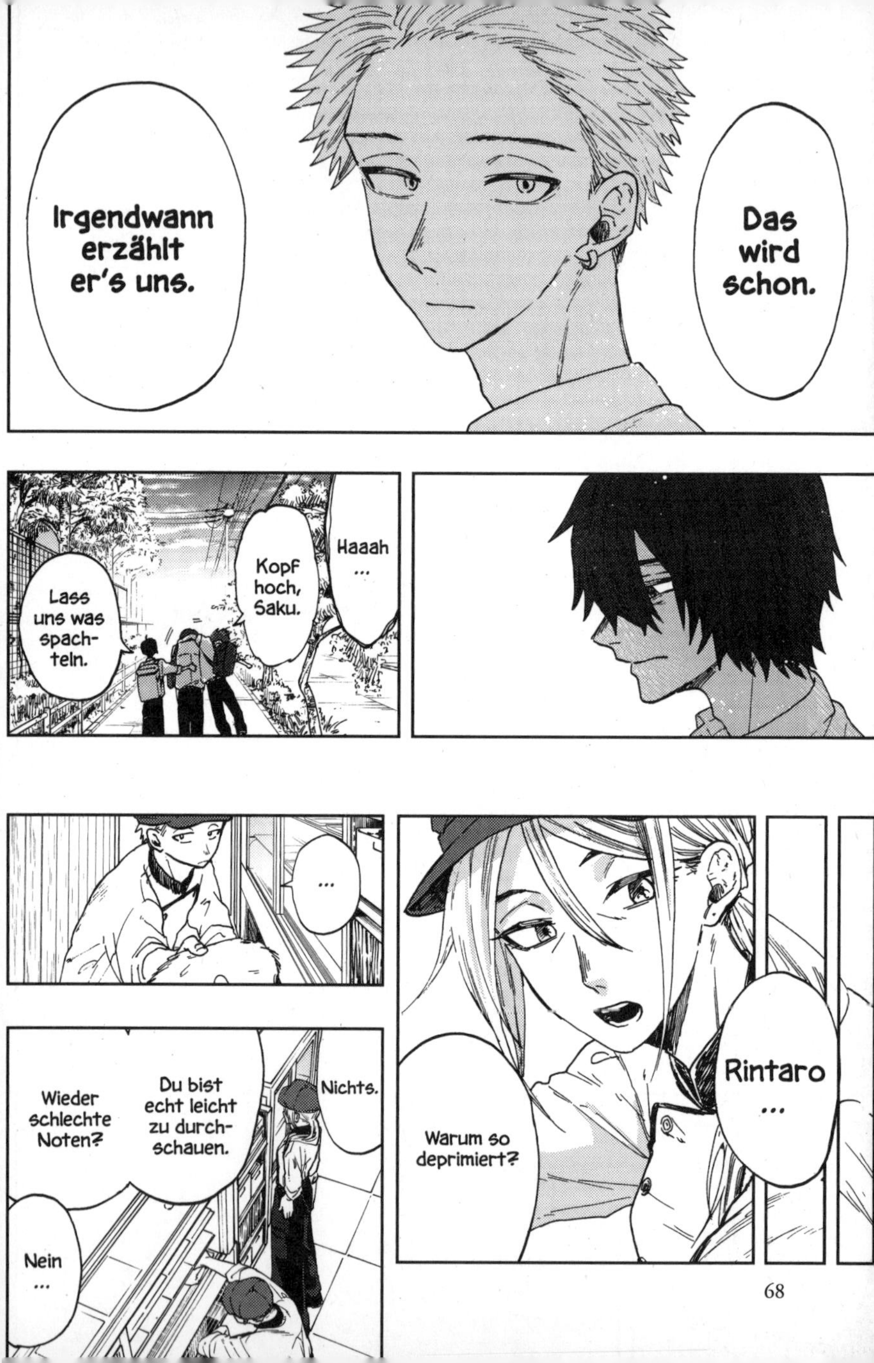
Das wird schon.
Irgendwann erzählt er's uns.
Haaah ...
Kopf hoch, Saku.
Lass uns was spachteln.
Rintaro ...
Warum so deprimiert?
...
Nichts.
Du bist echt leicht zu durchschauen.
Wieder schlechte Noten?
Nein ...

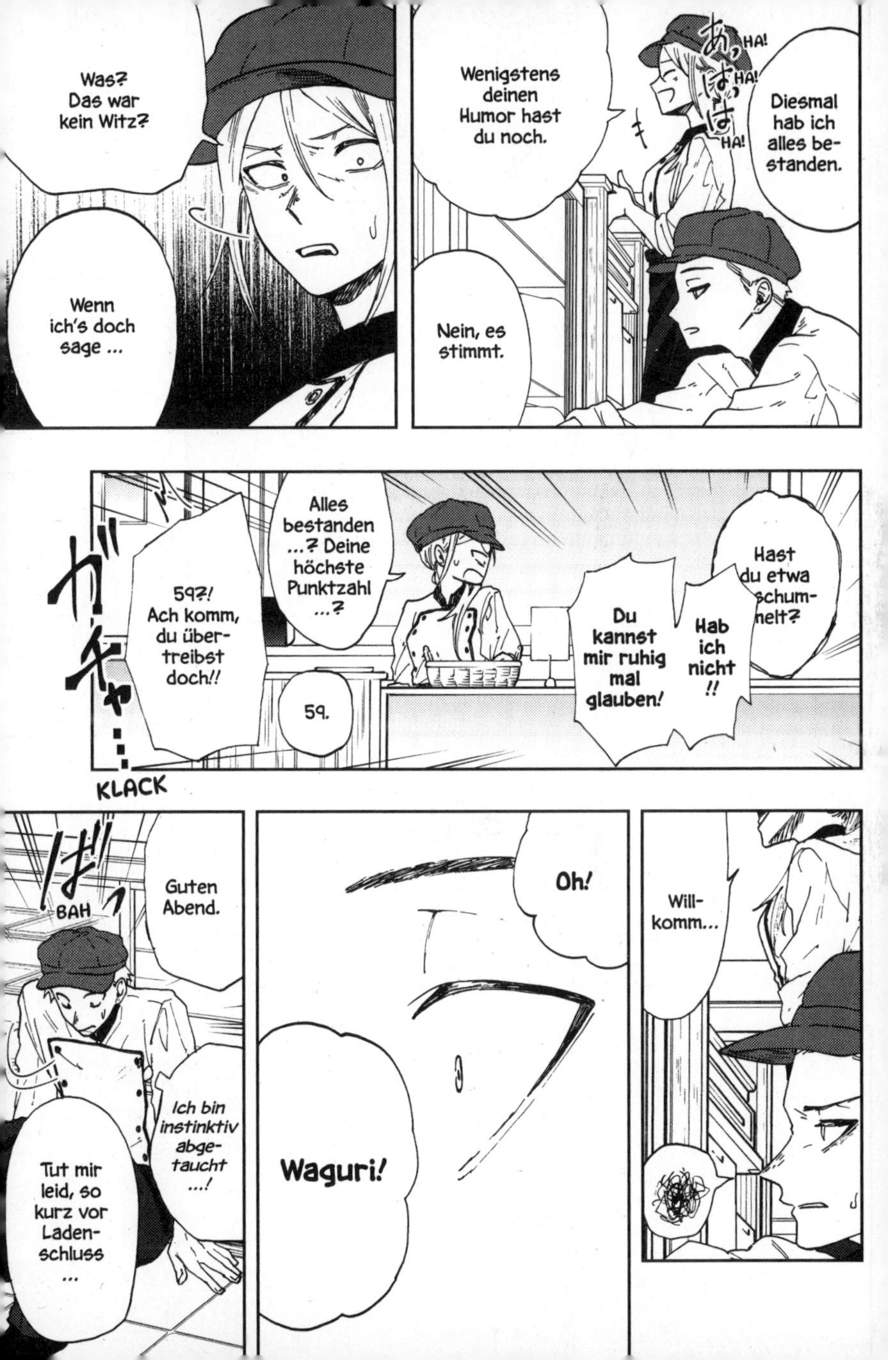
Diesmal hab ich alles bestanden.
あははは HA! HA! HA!
Wenigstens deinen Humor hast du noch.
Nein, es stimmt.
Was? Das war kein Witz?
Wenn ich's doch sage ...
Hast du etwa schummelt?
Hab ich nicht!!
Du kannst mir ruhig mal glauben!
Alles bestanden ...? Deine höchste Punktzahl ...?
59.
59?! Ach komm, du übertreibst doch!!
ガチャ... KLACK
Willkomm...
Oh!
Waguri!
ば BAH
Guten Abend.
Ich bin instinktiv abgetaucht ...!
Tut mir leid, so kurz vor Ladenschluss ...

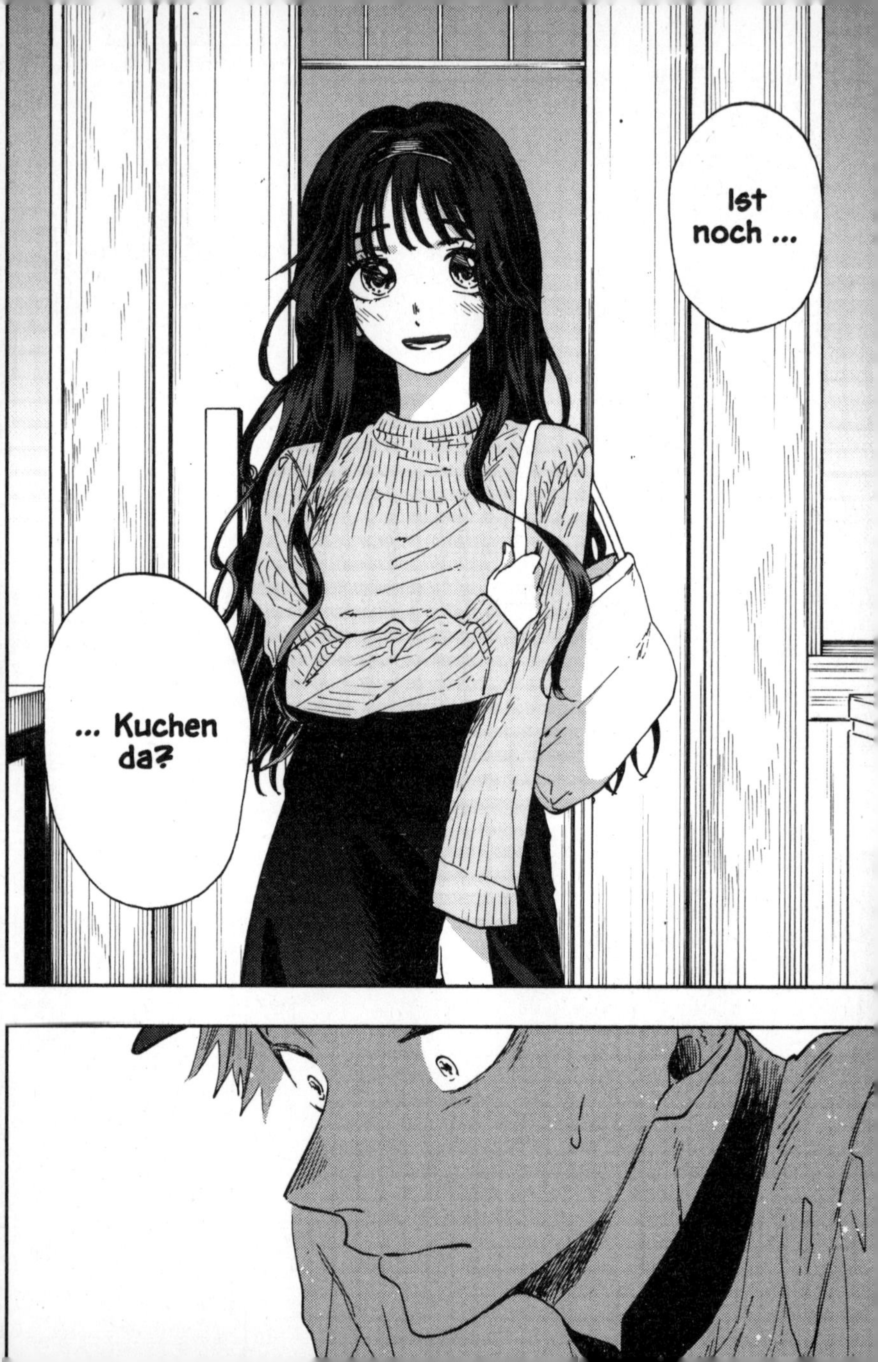
Ist noch ...
... Kuchen da?

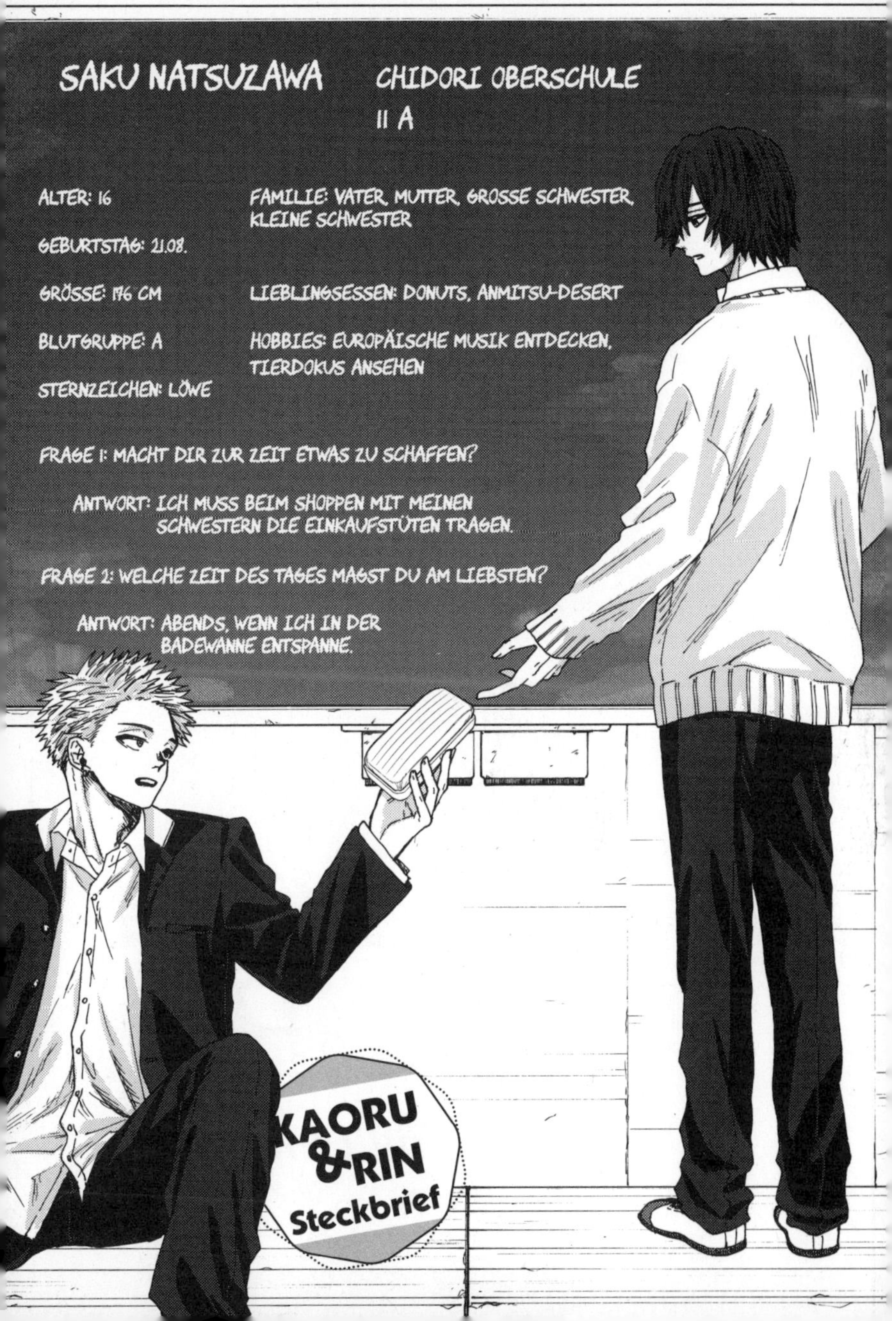
SAKU NATSUZAWA
CHIDORI OBERSCHULE
II A
ALTER: 16
FAMILIE: VATER, MUTTER, GROSSE SCHWESTER, KLEINE SCHWESTER
GEBURTSTAG: 21.08.
GRÖSSE: 176 CM
LIEBLINGSESSEN: DONUTS, ANMITSU-DESERT
BLUTGRUPPE: A
HOBBIES: EUROPÄISCHE MUSIK ENTDECKEN, TIERDOKUS ANSEHEN
STERNZEICHEN: LÖWE
FRAGE 1: MACHT DIR ZUR ZEIT ETWAS ZU SCHAFFEN?
ANTWORT: ICH MUSS BEIM SHOPPEN MIT MEINEN SCHWESTERN DIE EINKAUFSTÜTEN TRAGEN.
FRAGE 2: WELCHE ZEIT DES TAGES MAGST DU AM LIEBSTEN?
ANTWORT: ABENDS, WENN ICH IN DER BADEWANNE ENTSPANNE.
KAORU & RIN
Steckbrief

Kaoru & Rin

so nah und doch so fern

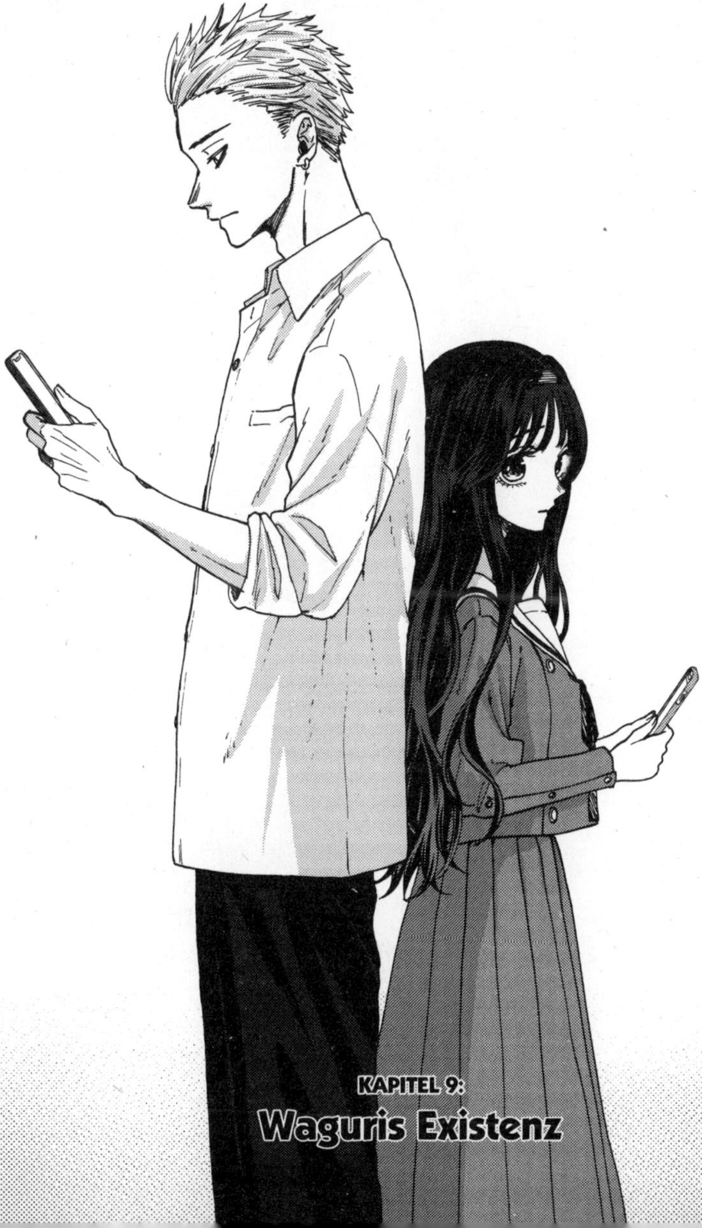

KAPITEL 9: Waguris Existenz

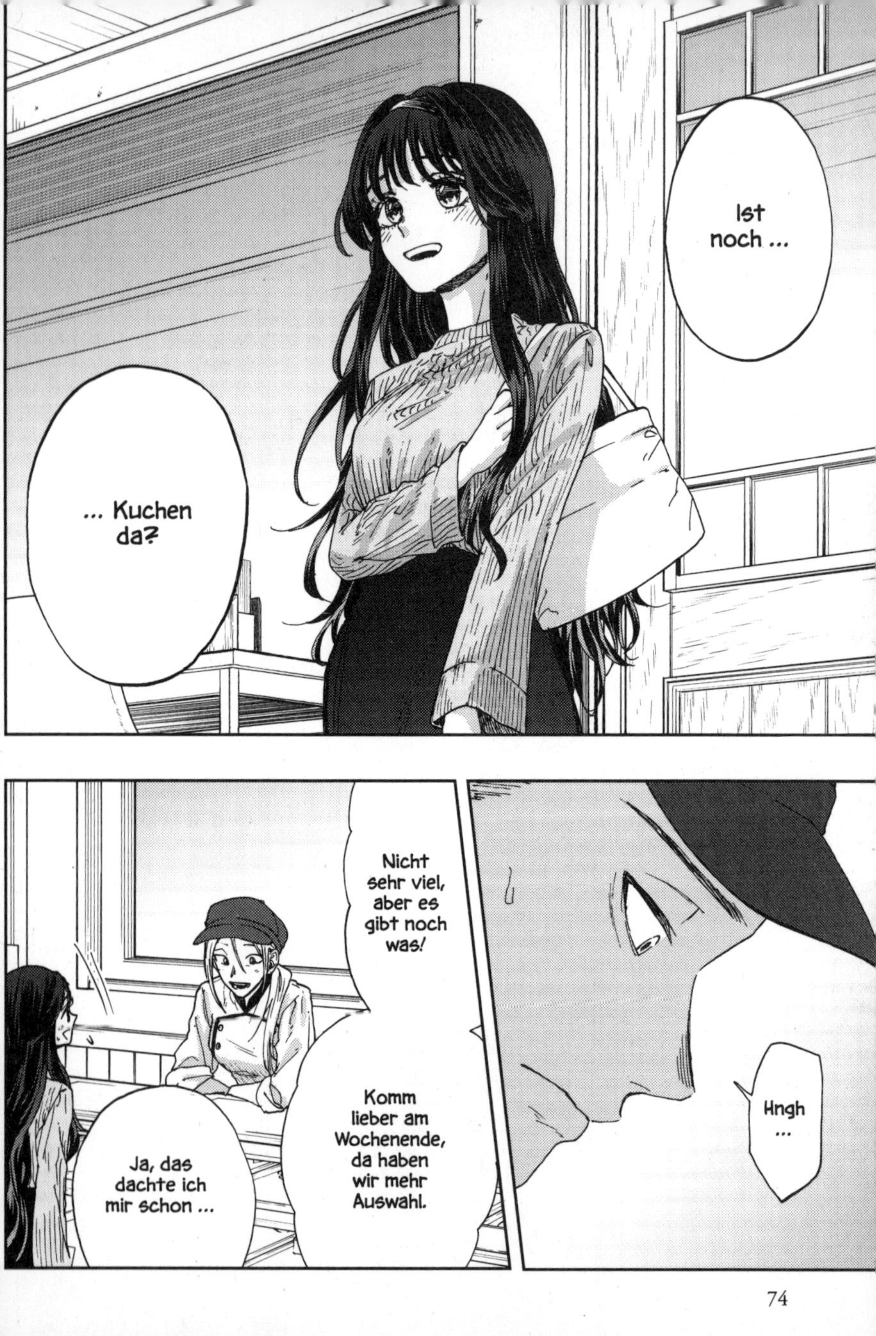
Ist noch ...
... Kuchen da?
Hngh ...
Nicht sehr viel, aber es gibt noch was!
Komm lieber am Wochenende, da haben wir mehr Auswahl.
Ja, das dachte ich mir schon ...

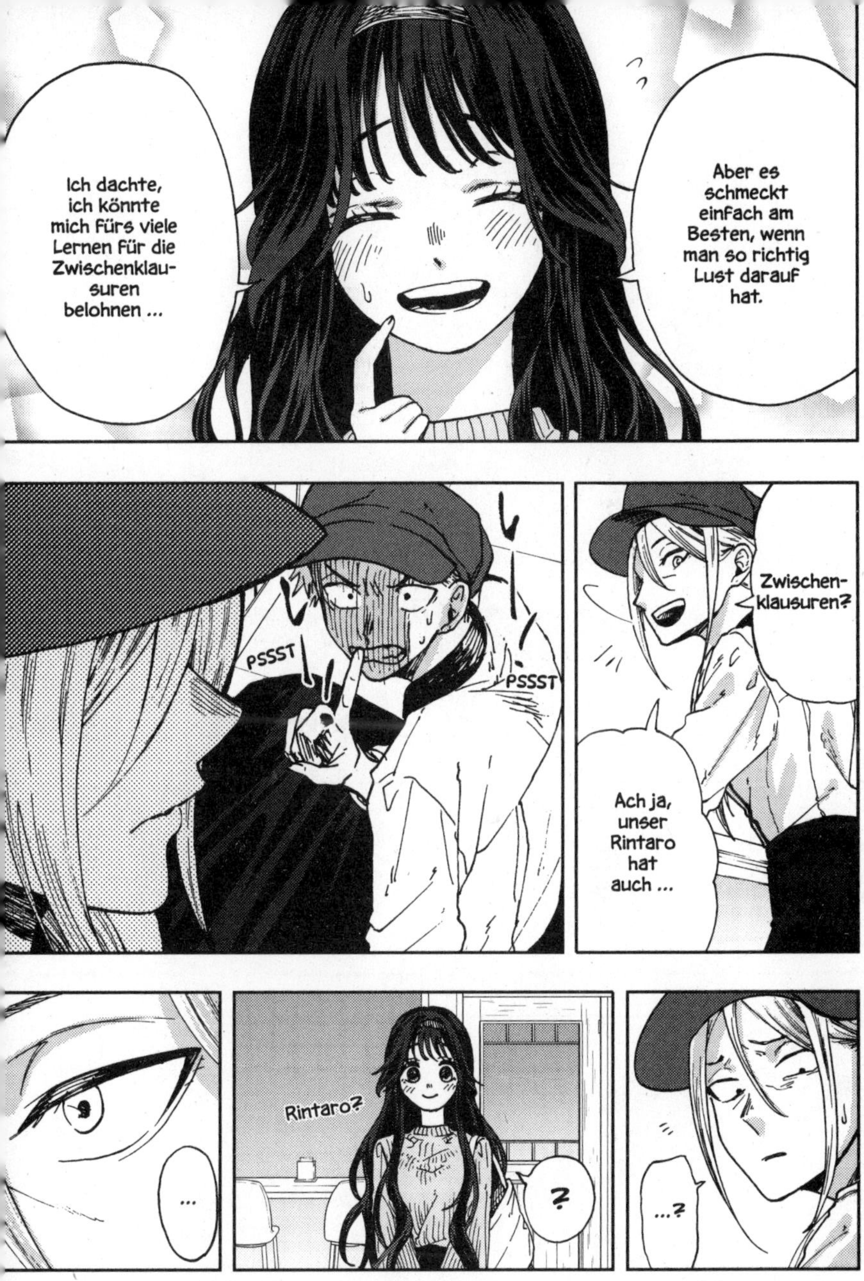
Aber es schmeckt einfach am Besten, wenn man so richtig Lust darauf hat.
Ich dachte, ich könnte mich fürs viele Lernen für die Zwischenklausuren belohnen …
Zwischenklausuren?
Ach ja, unser Rintaro hat auch …
PSSST
PSSST
…?
Rintaro?
?
…

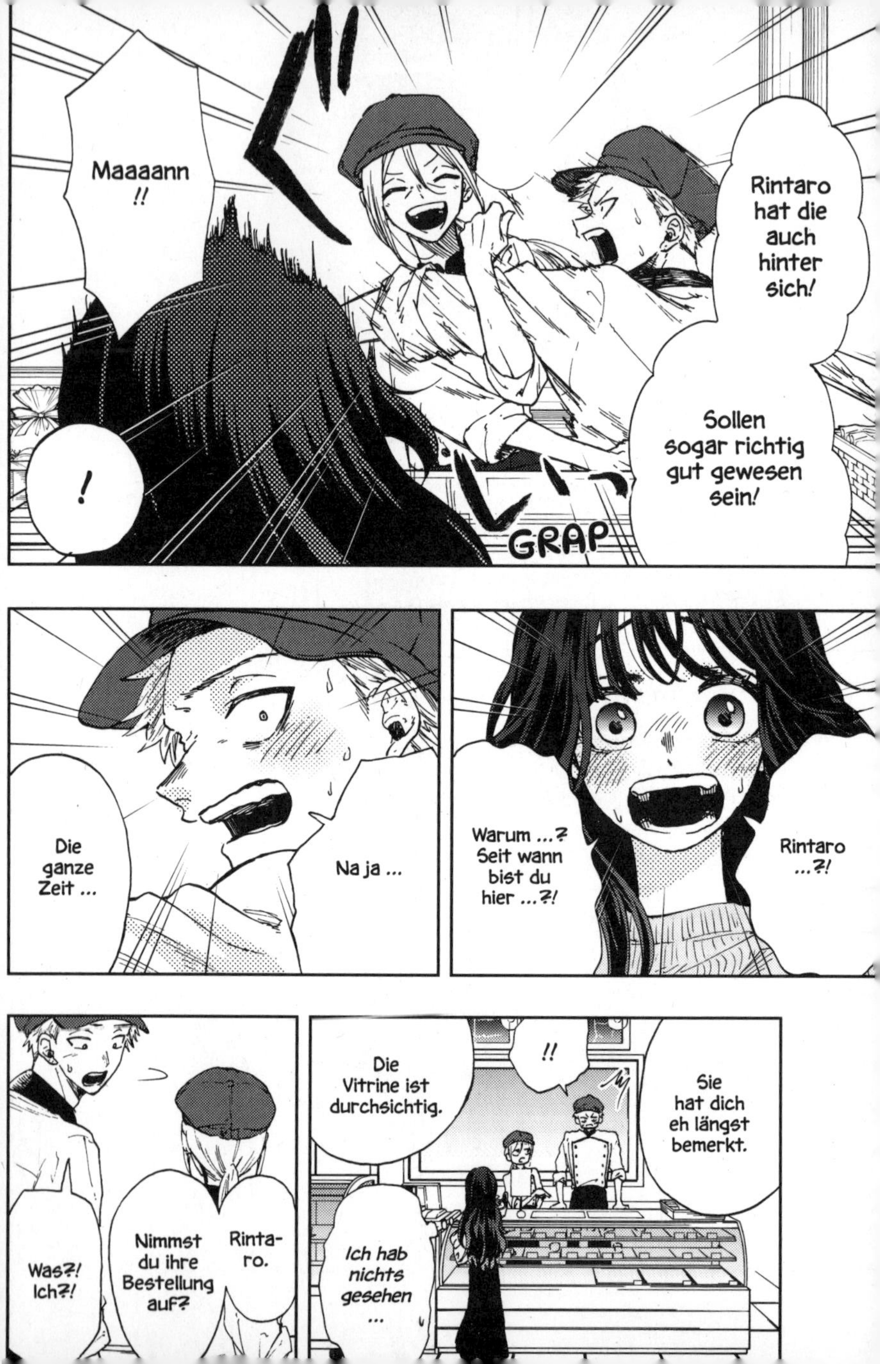
Rintaro hat die auch hinter sich!
Sollen sogar richtig gut gewesen sein!
GRAP
Maaaann!!
!
Rintaro …?!
Warum …?! Seit wann bist du hier …?!
Na ja …
Die ganze Zeit …
Sie hat dich eh längst bemerkt.
!!
Die Vitrine ist durchsichtig.
Ich hab nichts gesehen …
Rinta-ro.
Nimmst du ihre Bestellung auf?
Was?! Ich?!

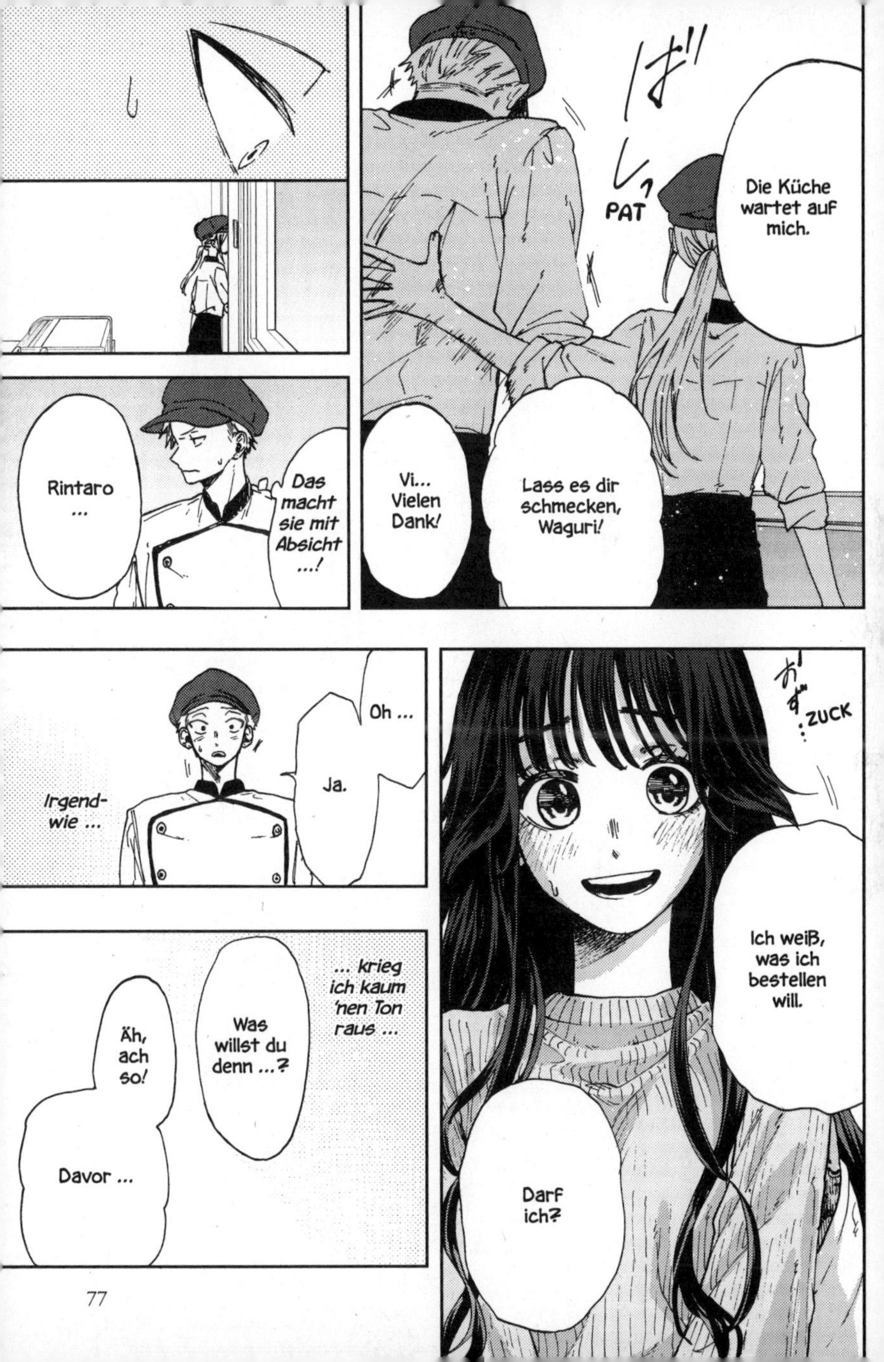
PAT
Die Küche wartet auf mich.
Lass es dir schmecken, Waguri!
Vi... Vielen Dank!
Das macht sie mit Absicht ...!
Rintaro ...
ZUCK
Ich weiß, was ich bestellen will.
Darf ich?
Oh ...
Ja.
Irgend- wie ...
... krieg ich kaum 'nen Ton raus ...
Was willst du denn ...?
Äh, ach so!
Davor ...

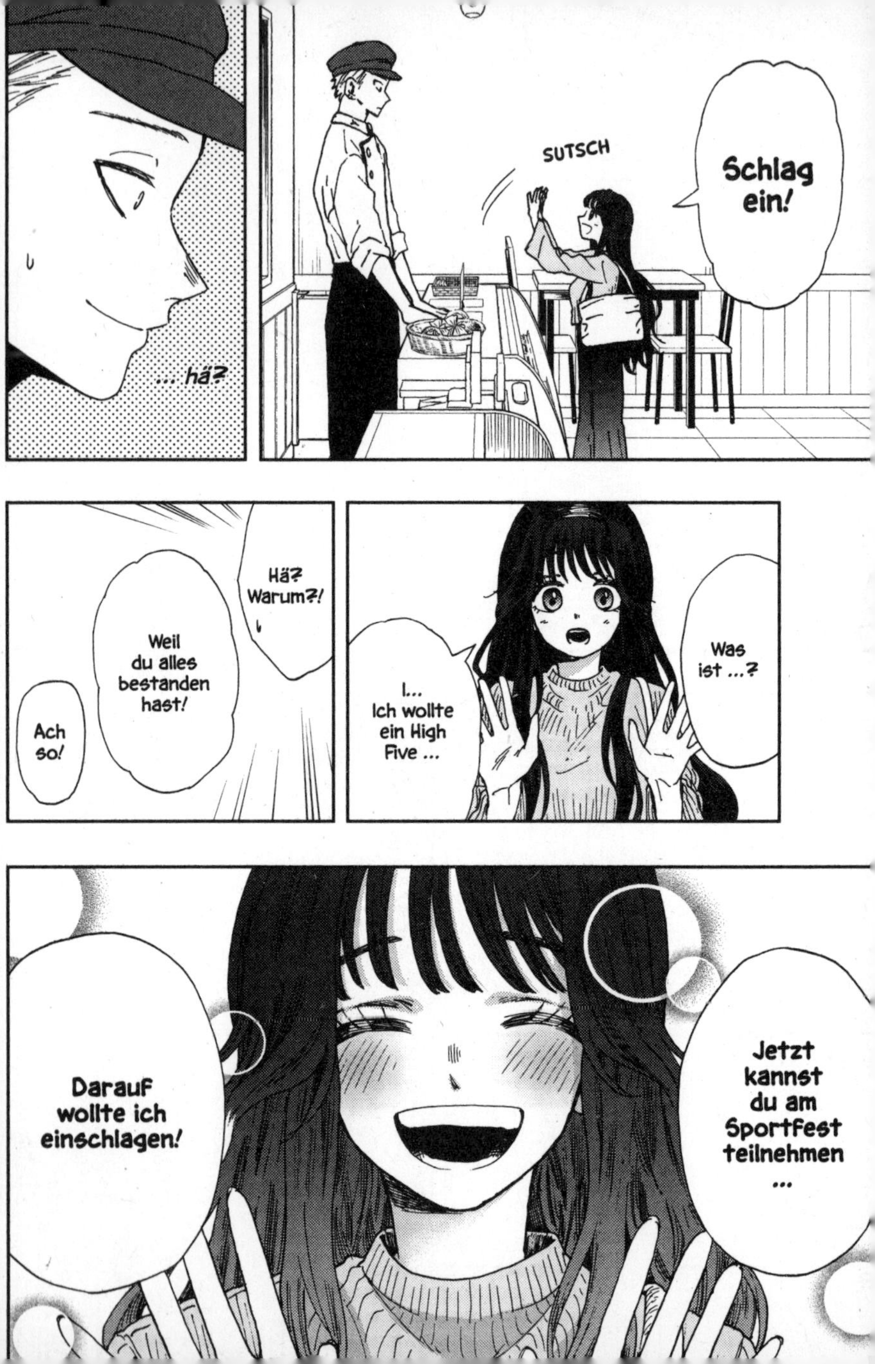

Schlag ein!
SUTSCH
... hä?
Was ist ...?
I... Ich wollte ein High Five ...
Hä? Warum?!
Weil du alles bestanden hast!
Ach so!
Jetzt kannst du am Sportfest teilnehmen ...
Darauf wollte ich einschlagen!

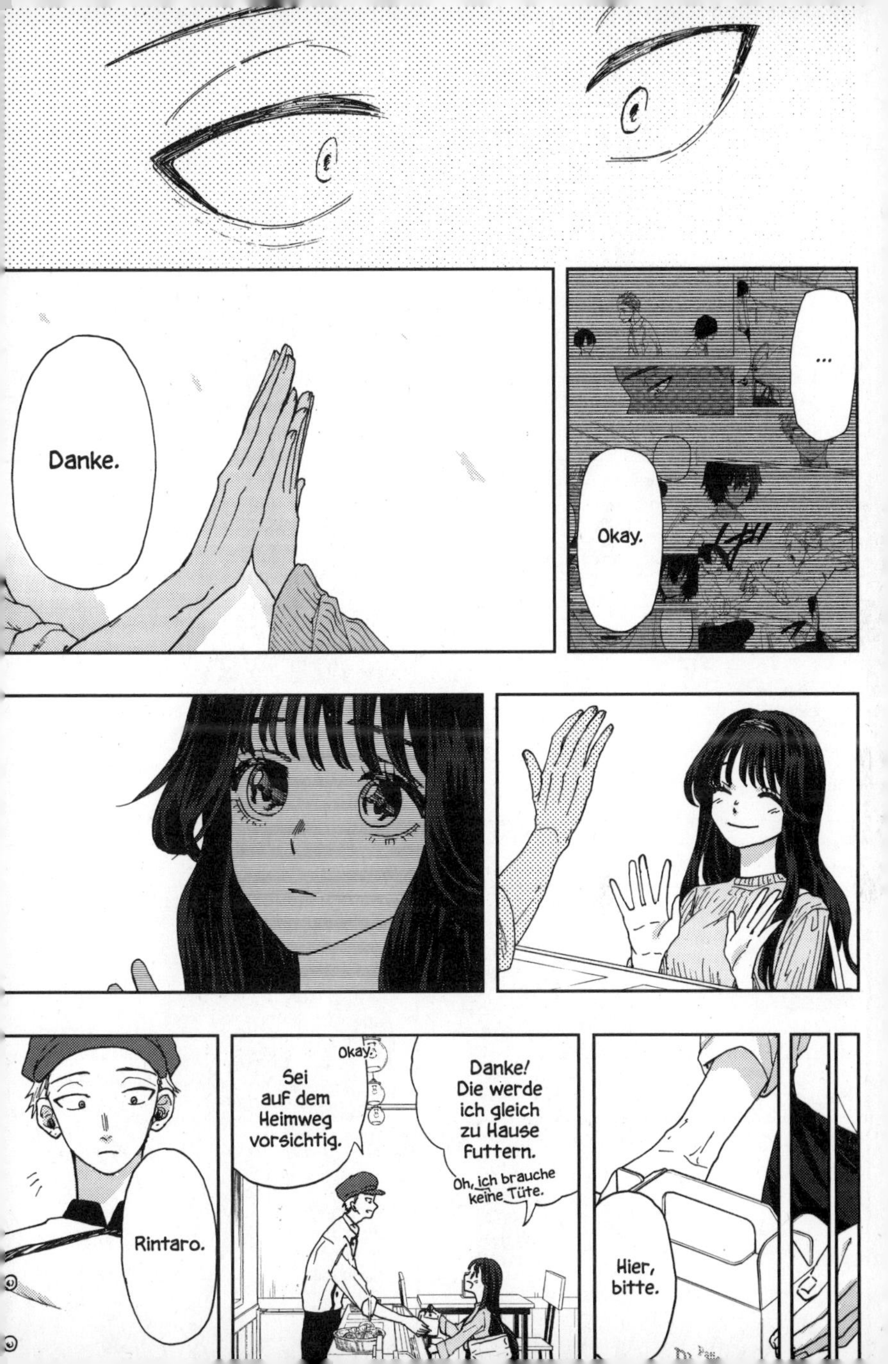
...
Okay.
Danke.
Hier, bitte.
Danke! Die werde ich gleich zu Hause futtern.
Oh, ich brauche keine Tüte.
Sei auf dem Heimweg vorsichtig.
Okay.
Rintaro.

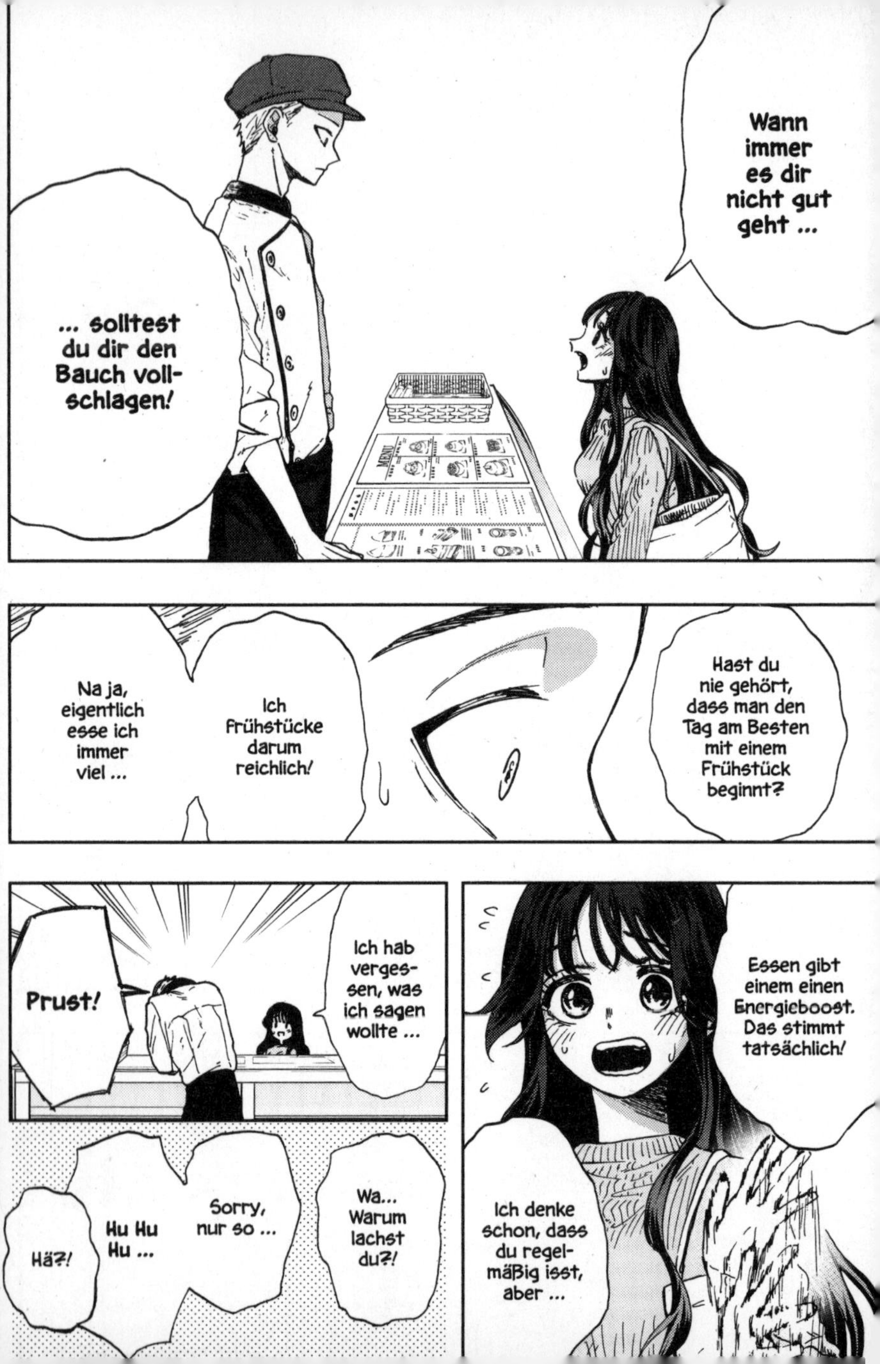
Wann immer es dir nicht gut geht ...
... solltest du dir den Bauch vollschlagen!
Hast du nie gehört, dass man den Tag am Besten mit einem Frühstück beginnt?
Ich frühstücke darum reichlich!
Na ja, eigentlich esse ich immer viel ...
Essen gibt einem einen Energieboost. Das stimmt tatsächlich!
Ich denke schon, dass du regelmäßig isst, aber ...
Ich hab vergessen, was ich sagen wollte ...
Prust!
Wa... Warum lachst du?!
Sorry, nur so ...
Hu Hu Hu ...
Hä?!

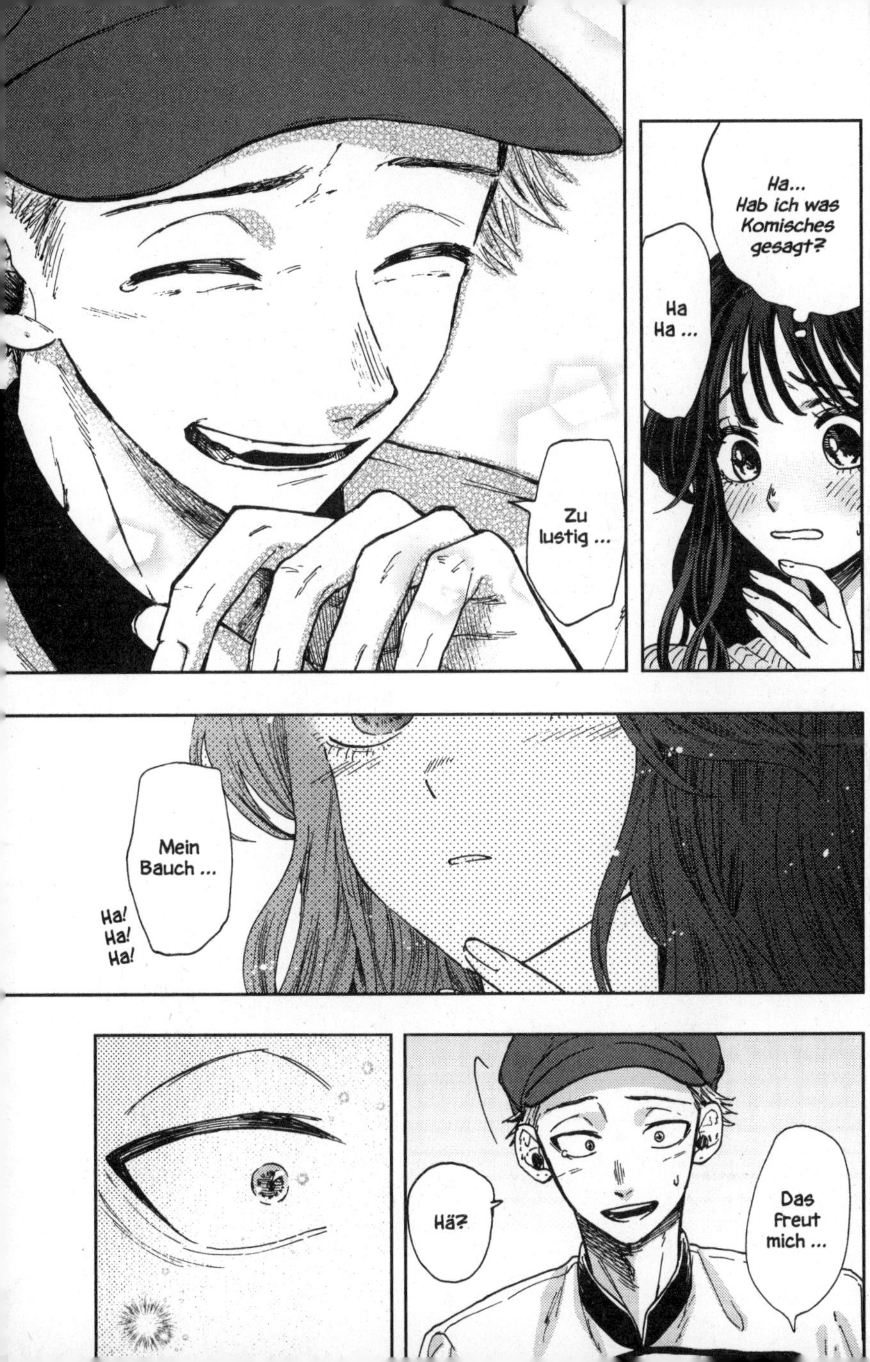

Ha...
Hab ich was
Komisches
gesagt?
Ha
Ha ...
Zu
lustig ...
Mein
Bauch ...
Ha!
Ha!
Ha!
Das
freut
mich ...
Hä?

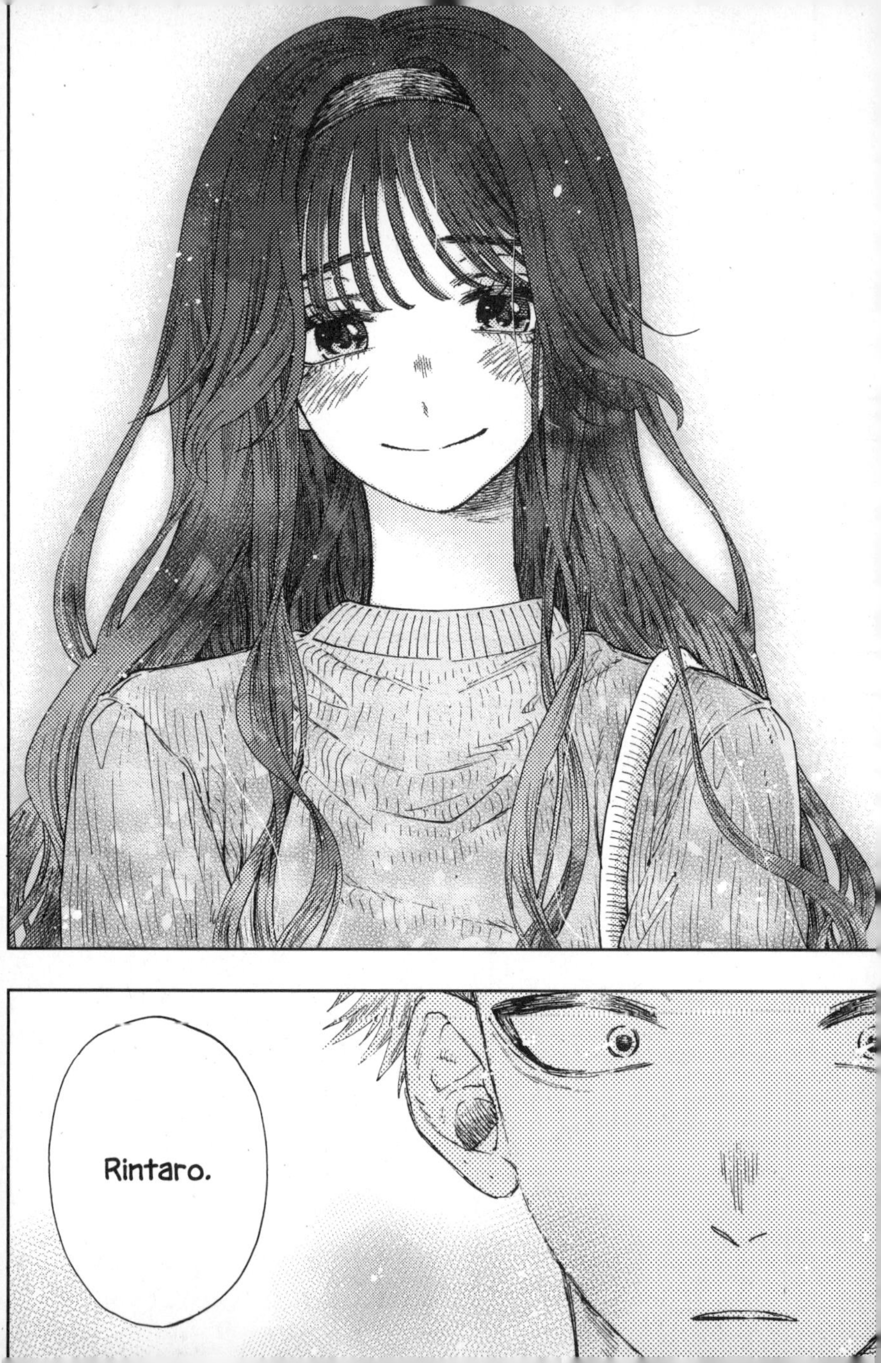
Rintaro.

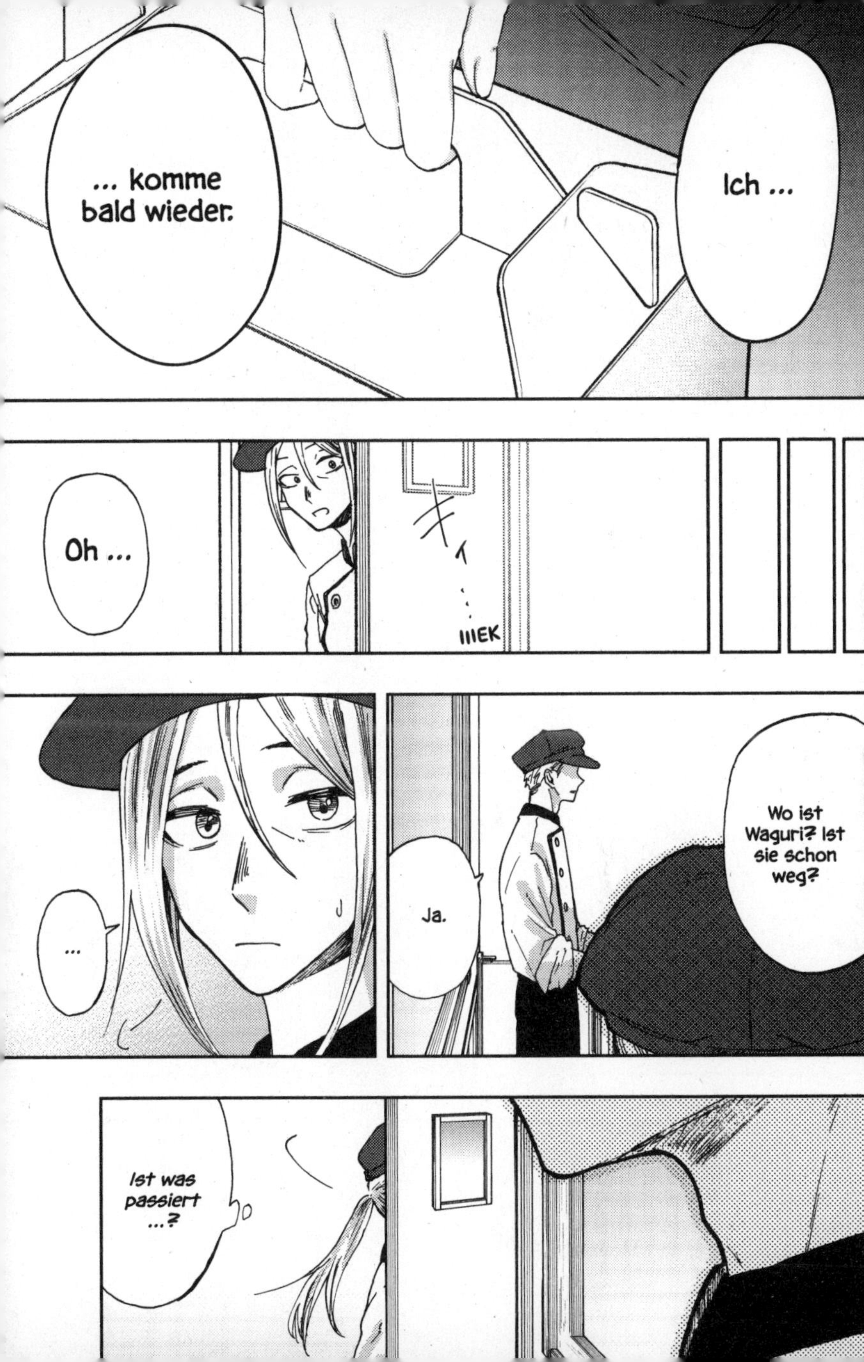
Ich ...
... komme bald wieder.
Oh ...
IIIEK
Wo ist Waguri? Ist sie schon weg?
Ja.
...
Ist was passiert ...?

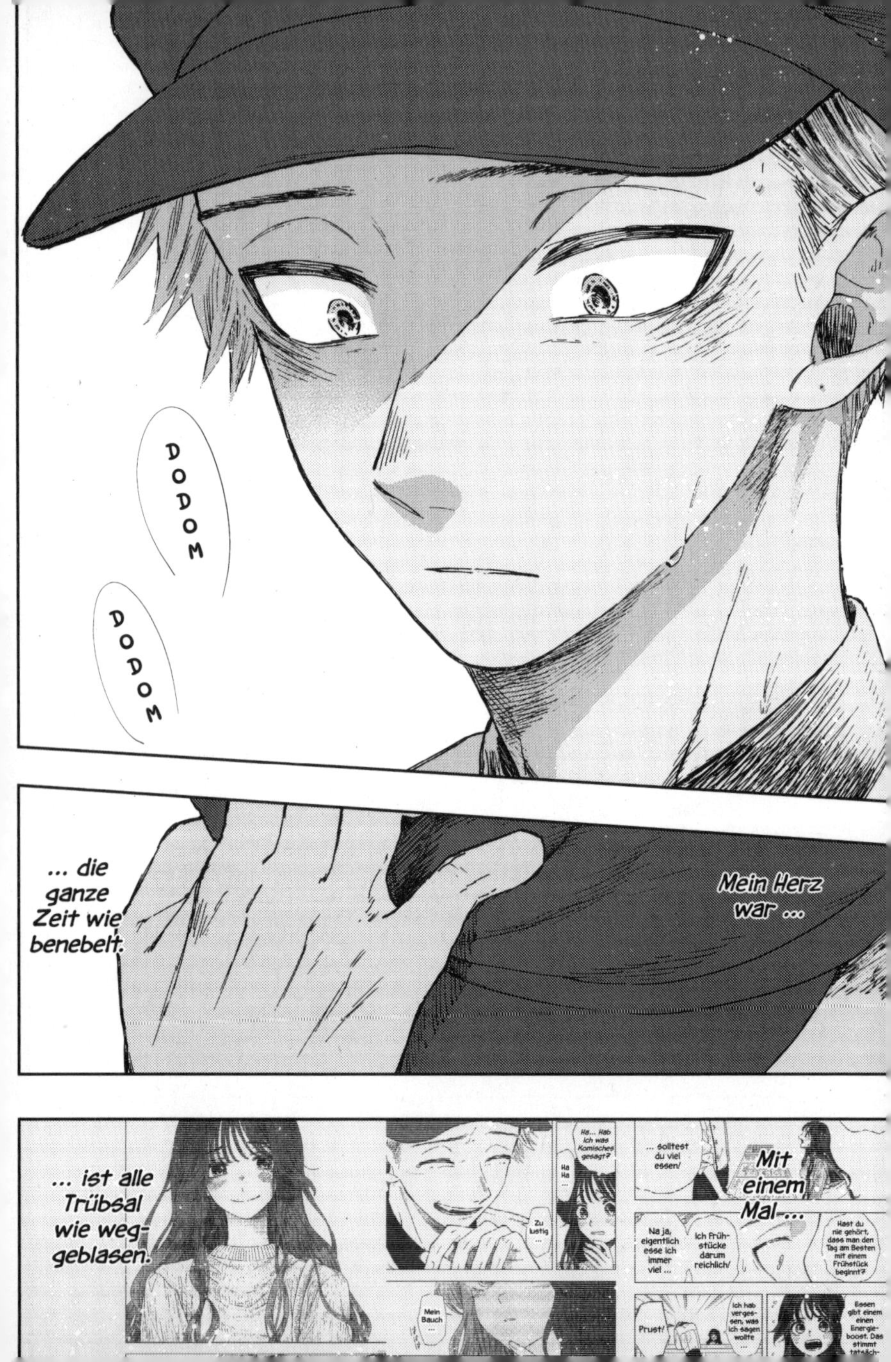
DODOM
DODOM
Mein Herz war ...
... die ganze Zeit wie benebelt.
Mit einem Mal ...
... solltest du viel essen!
Hast du nie gehört, dass man den Tag am Besten mit einem Frühstück beginnt?
Ich frühstücke darum reichlich!
Na ja, eigentlich esse ich immer viel ...
Essen gibt einem einen Energieboost. Das stimmt tatsäch-
Ich hab vergessen, was ich sagen wollte ...
Prust!
Ha... Hab ich was Komisches gesagt?
Ha Ha ...
Zu lustig ...
Mein Bauch ...
... ist alle Trübsal wie weggeblasen.

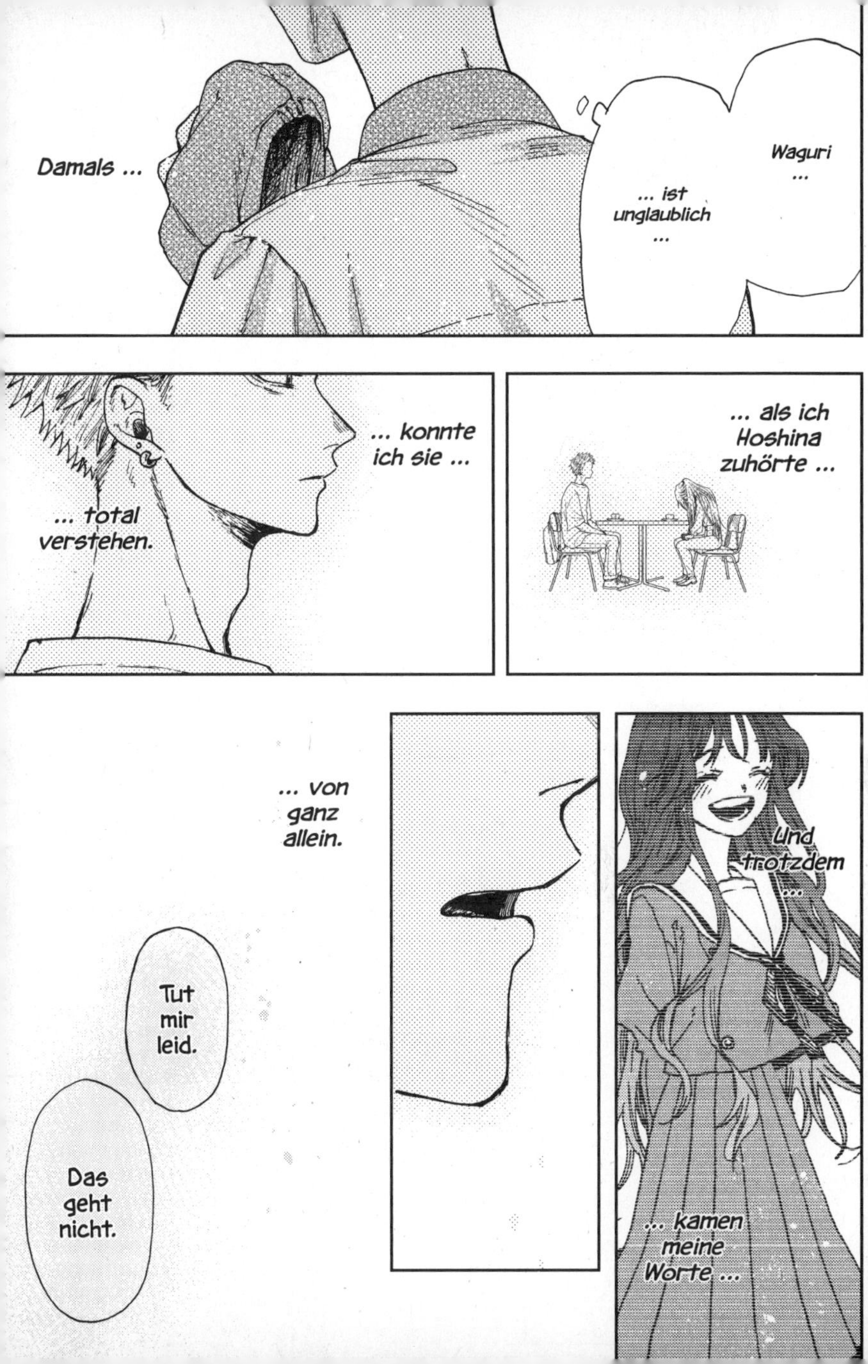
Waguri ...
... ist unglaublich ...
Damals ...
... als ich Hoshina zuhörte ...
... konnte ich sie ...
... total verstehen.
Und trotzdem ...
... kamen meine Worte ...
... von ganz allein.
Tut mir leid.
Das geht nicht.

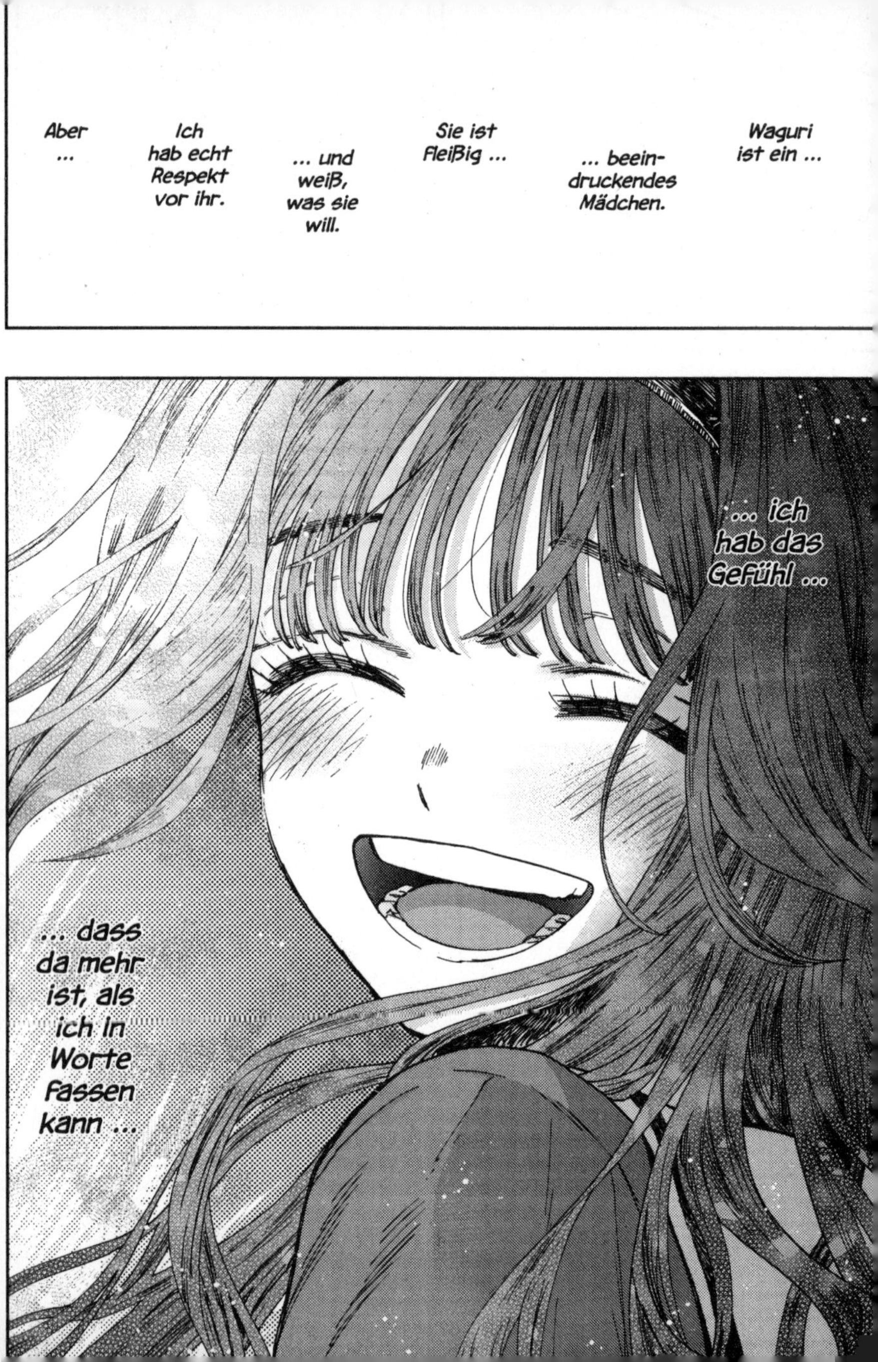
Waguri ist ein ...
... beein-druckendes Mädchen.
Sie ist fleißig ...
... und weiß, was sie will.
Ich hab echt Respekt vor ihr.
Aber ...
... ich hab das Gefühl ...
... dass da mehr ist, als ich in Worte fassen kann ...

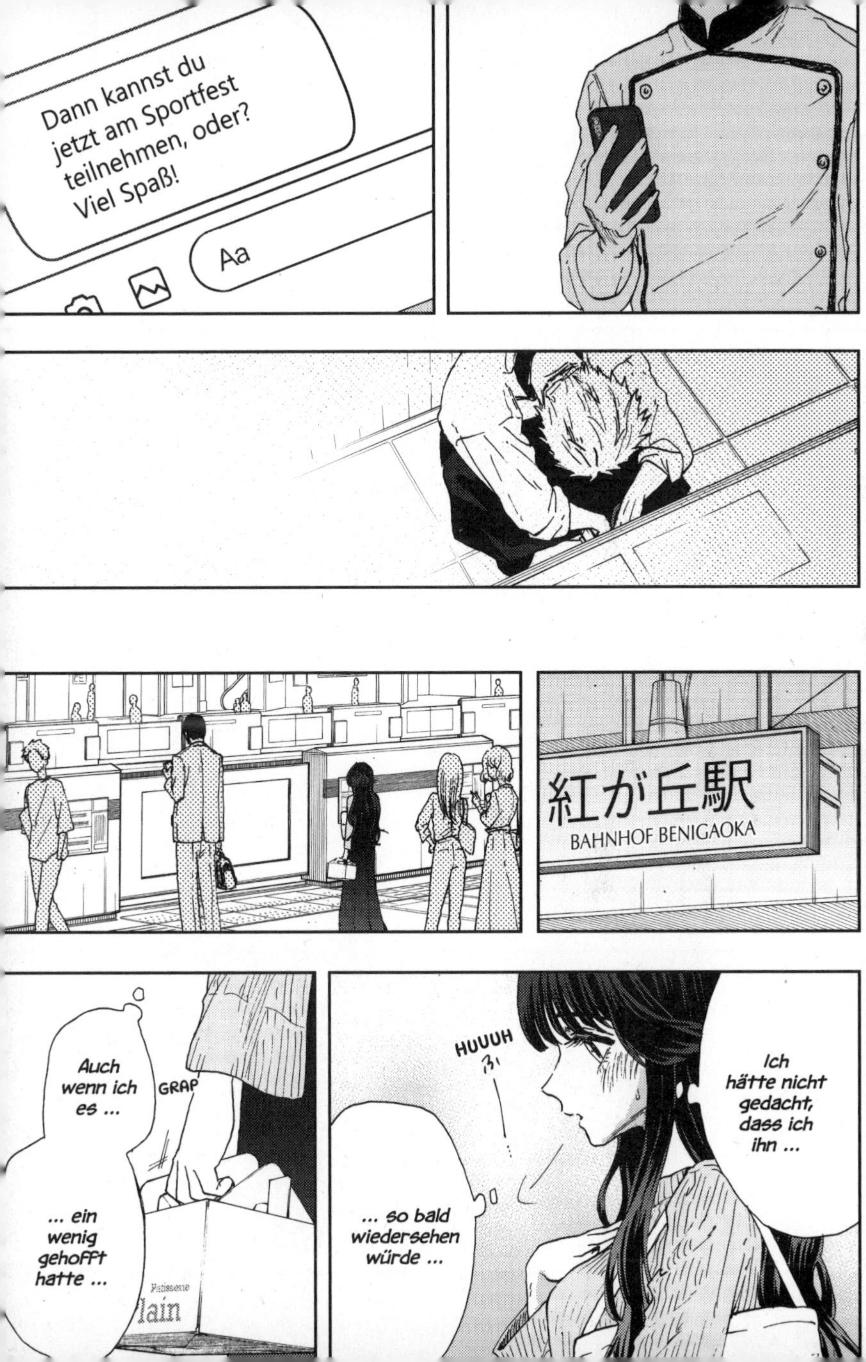
Dann kannst du jetzt am Sportfest teilnehmen, oder? Viel Spaß!
Aa
紅が丘駅
BAHNHOF BENIGAOKA
Ich hätte nicht gedacht, dass ich ihn ...
HUUUH
... so bald wiedersehen würde ...
Auch wenn ich es ...
GRAP
... ein wenig gehofft hatte ...
Patisserie
lain

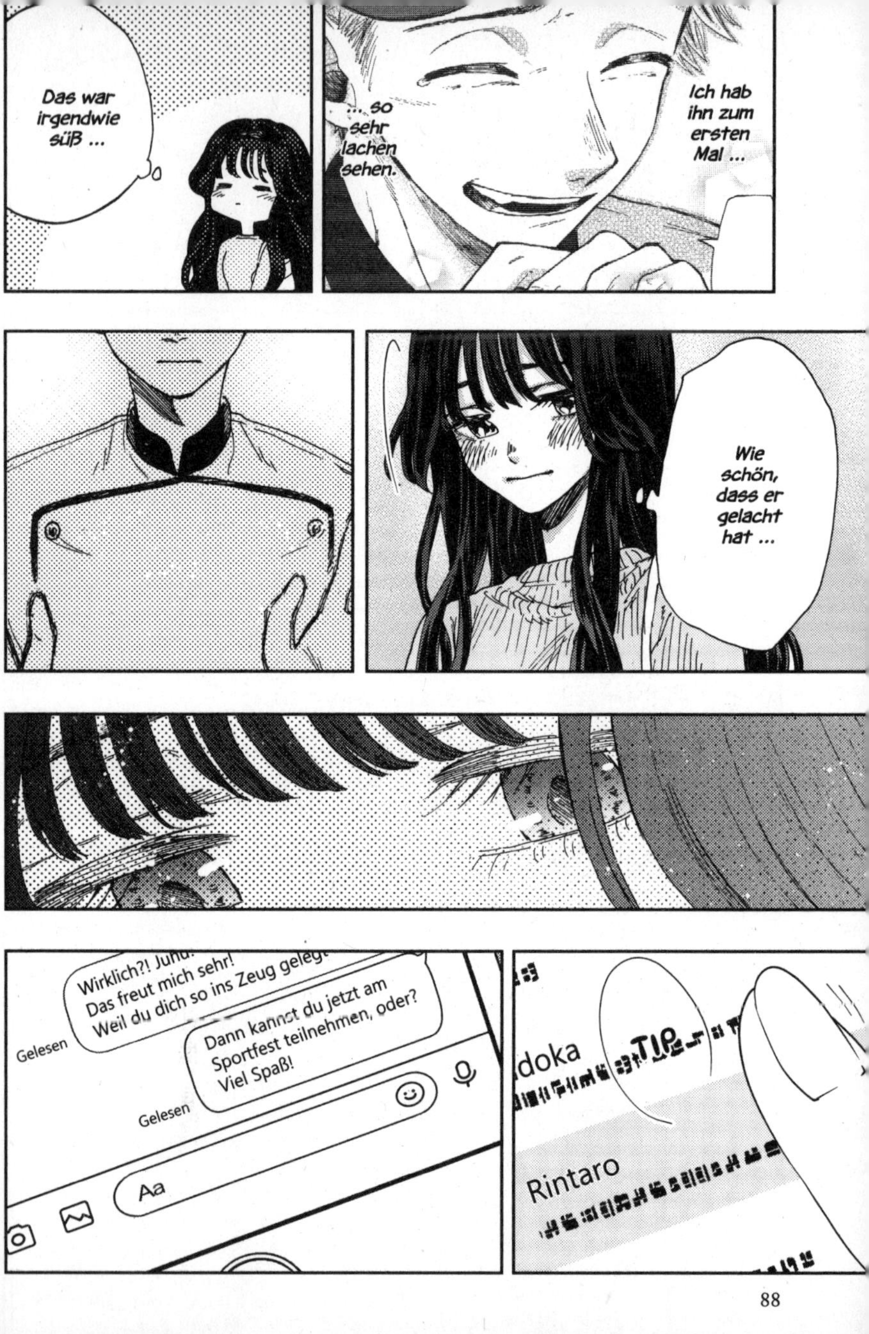
Ich hab ihn zum ersten Mal ...
... so sehr lachen sehen.
Das war irgendwie süß ...
Wie schön, dass er gelacht hat ...
TIP
doka
Rintaro
Wirklich?!
Das freut mich sehr!
Weil du dich so ins Zeug
Gelesen
Dann kannst du jetzt am Sportfest teilnehmen, oder? Viel Spaß!
Gelesen
Aa

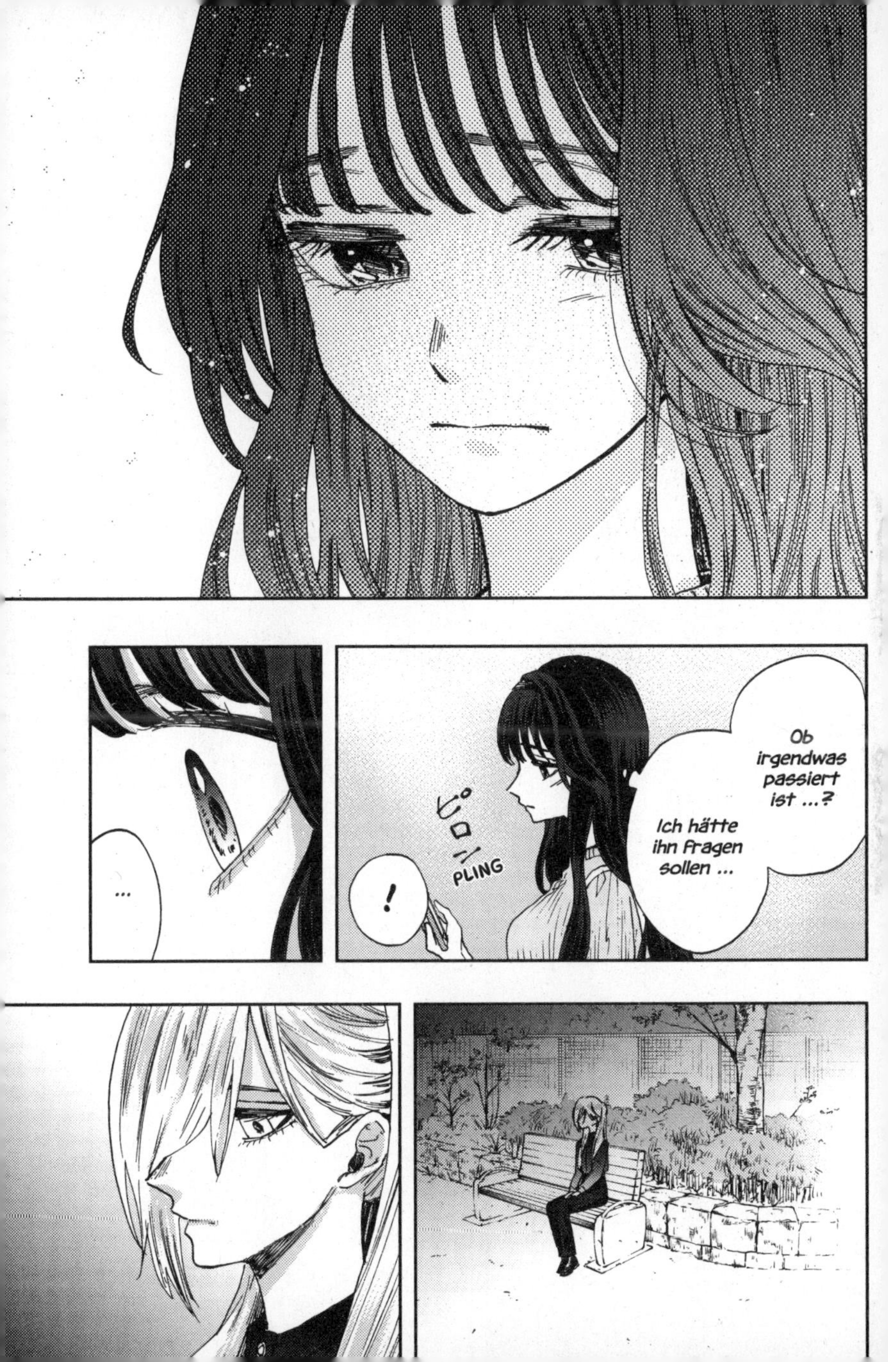
Ob irgendwas passiert ist ...?
Ich hätte ihn fragen sollen ...
ピロン
PLING
!
...

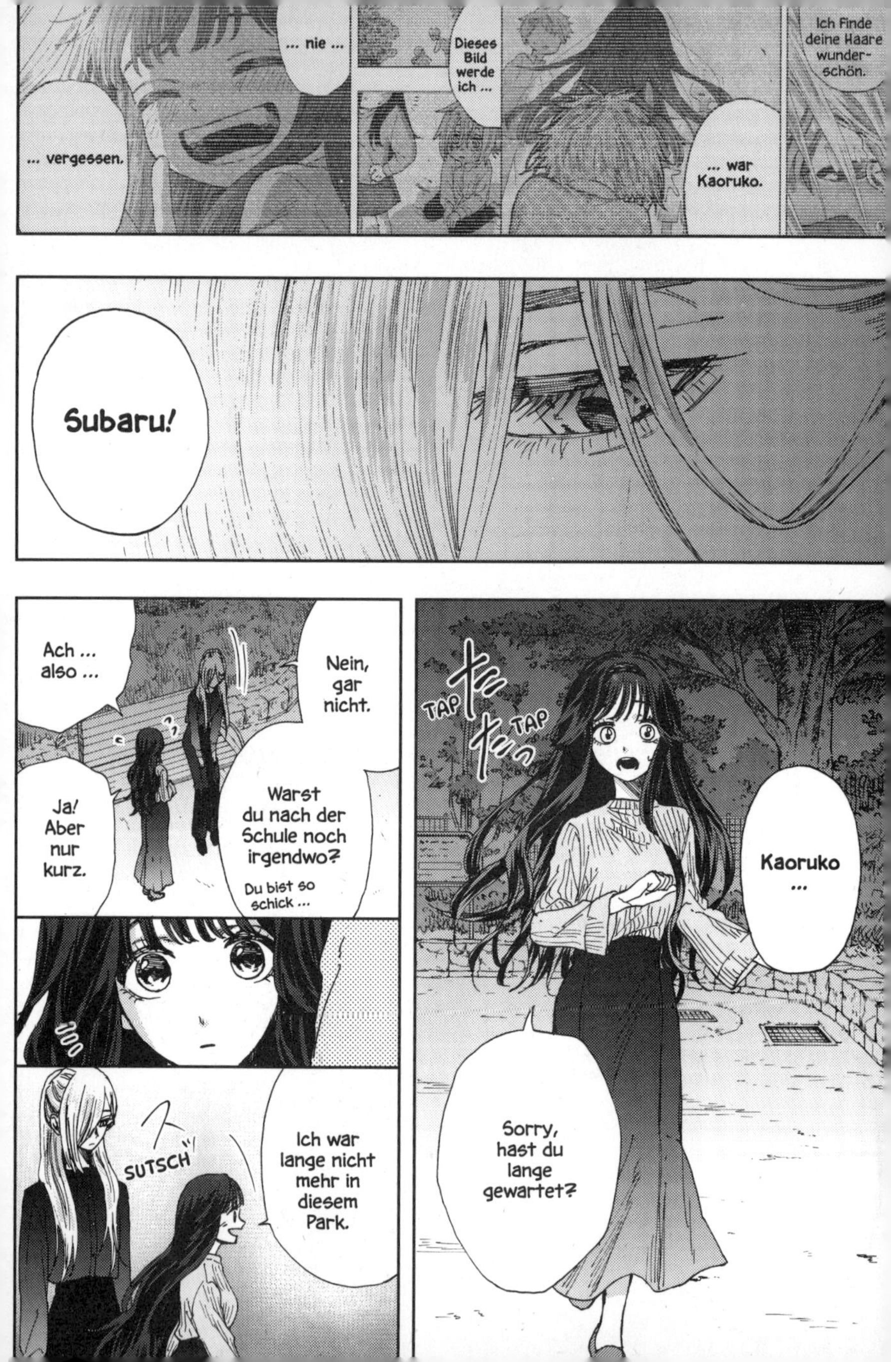

Ich finde deine Haare wunderschön.
... war Kaoruko.
Dieses Bild werde ich ...
... nie ...
... vergessen.
Subaru!
TAP
TAP
Kaoruko ...
Sorry, hast du lange gewartet?
Nein, gar nicht.
Ach ... also ...
Warst du nach der Schule noch irgendwo?
Du bist so schick ...
Ja! Aber nur kurz.
SUTSCH
Ich war lange nicht mehr in diesem Park.

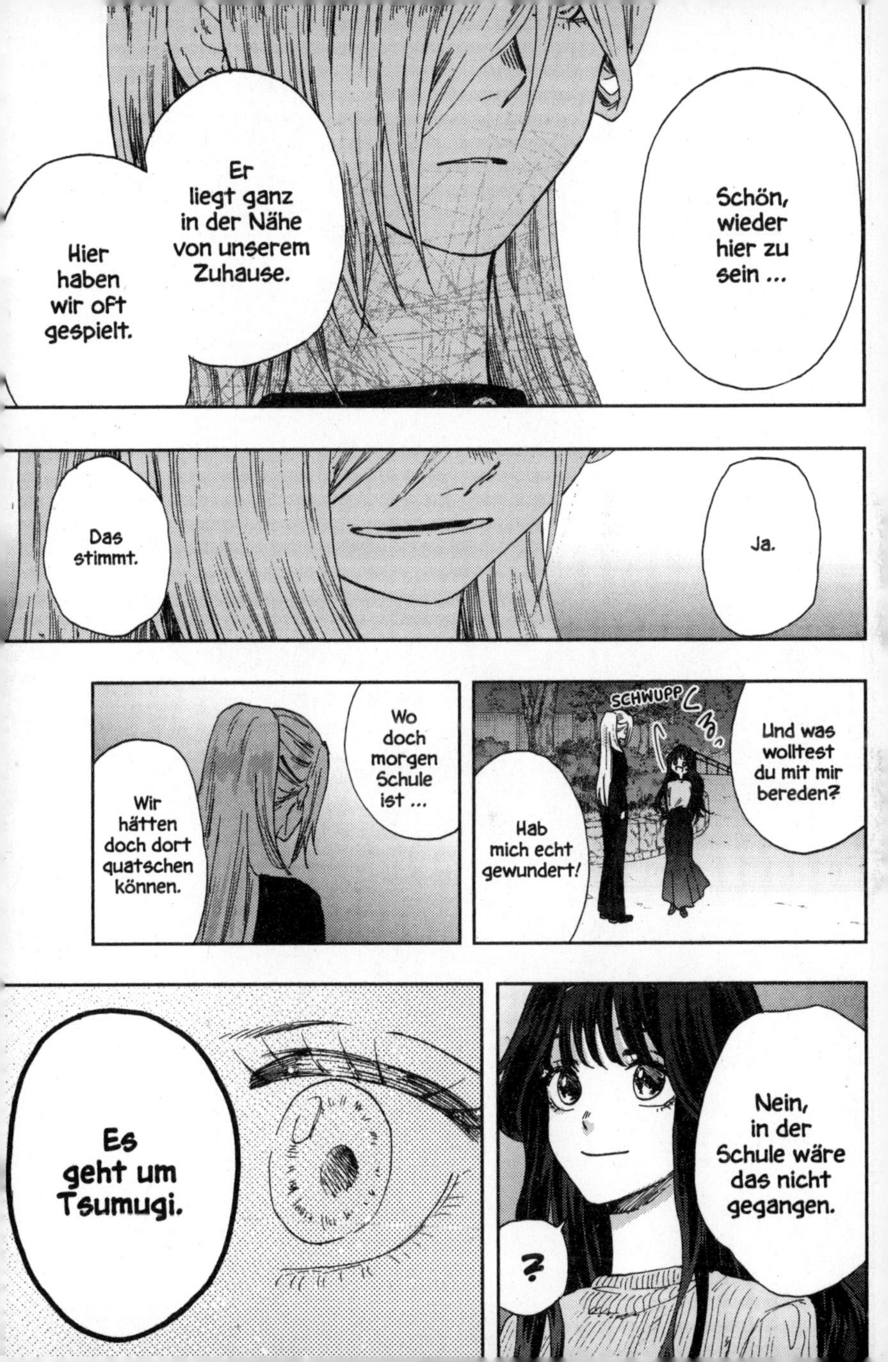
Schön, wieder hier zu sein ...
Er liegt ganz in der Nähe von unserem Zuhause.
Hier haben wir oft gespielt.
Ja.
Das stimmt.
SCHWUPP
Und was wolltest du mit mir bereden?
Hab mich echt gewundert!
Wo doch morgen Schule ist ...
Wir hätten doch dort quatschen können.
Nein, in der Schule wäre das nicht gegangen.
?
Es geht um Tsumugi.

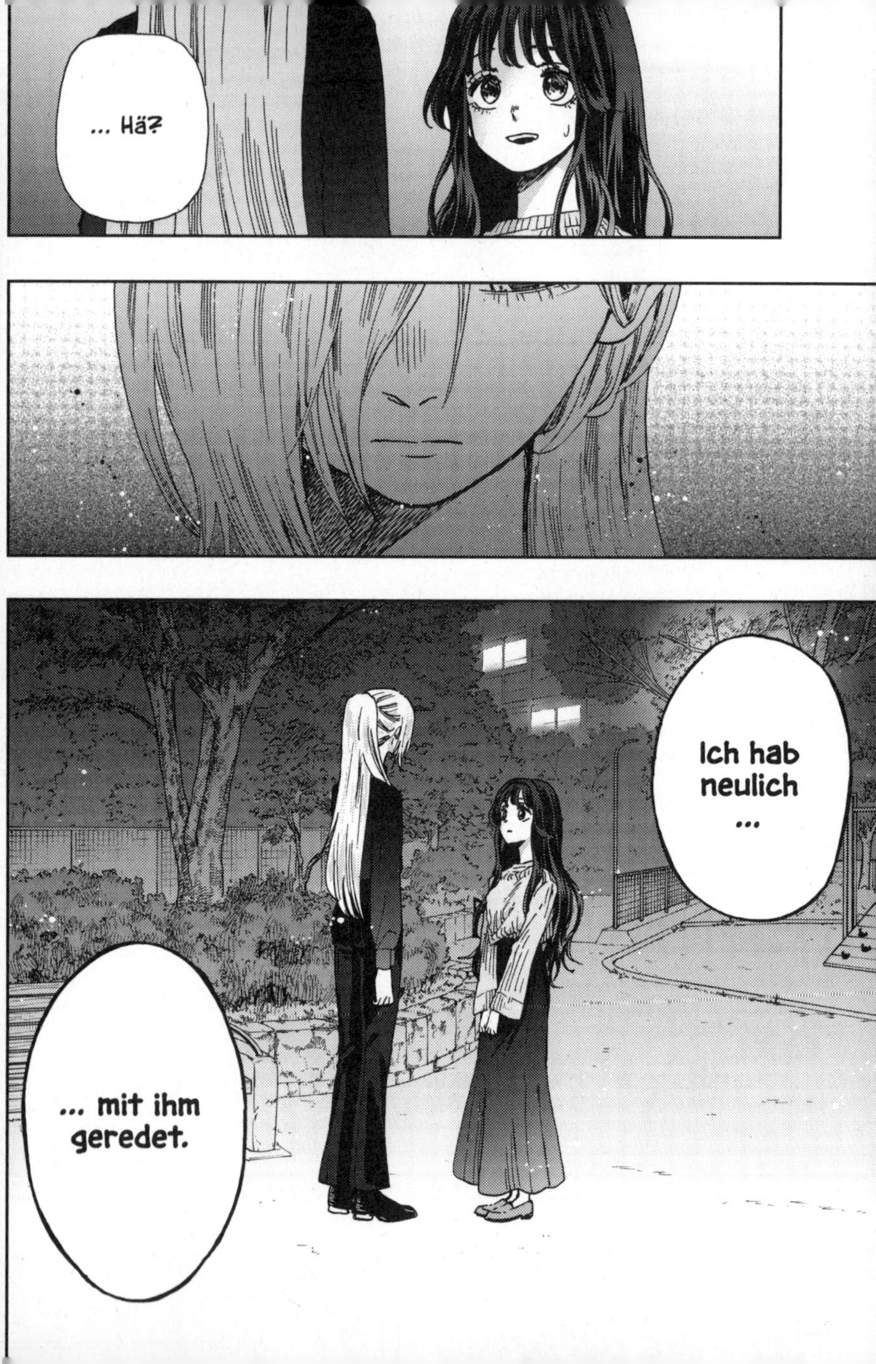
... Hä?
Ich hab neulich ...
... mit ihm geredet.

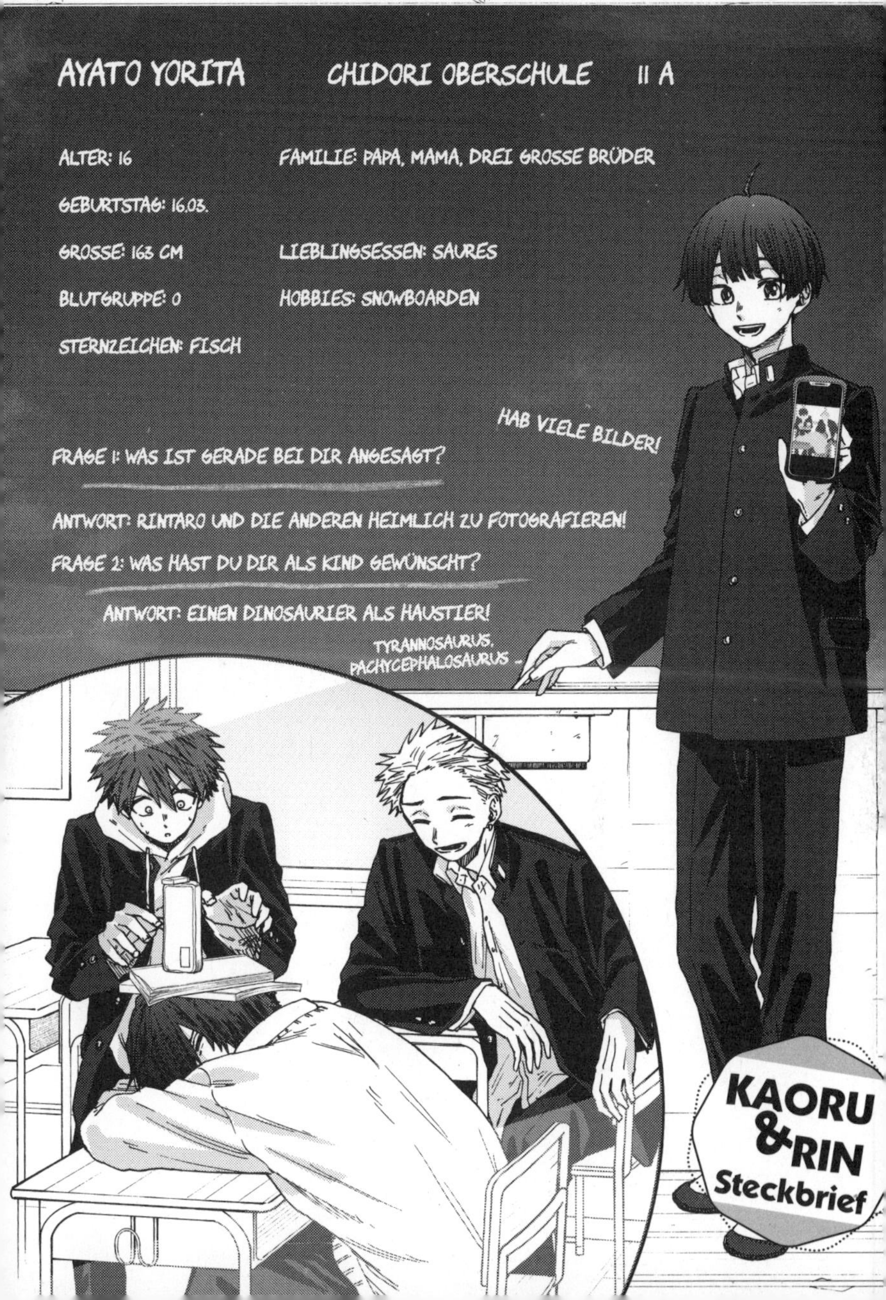
AYATO YORITA
CHIDORI OBERSCHULE II A
ALTER: 16
FAMILIE: PAPA, MAMA, DREI GROSSE BRÜDER
GEBURTSTAG: 16.03.
GROSSE: 163 CM
LIEBLINGSESSEN: SAURES
BLUTGRUPPE: 0
HOBBIES: SNOWBOARDEN
STERNZEICHEN: FISCH
HAB VIELE BILDER!
FRAGE 1: WAS IST GERADE BEI DIR ANGESAGT?
ANTWORT: RINTARO UND DIE ANDEREN HEIMLICH ZU FOTOGRAFIEREN!
FRAGE 2: WAS HAST DU DIR ALS KIND GEWÜNSCHT?
ANTWORT: EINEN DINOSAURIER ALS HAUSTIER!
TYRANNOSAURUS, PACHYCEPHALOSAURUS ...
KAORU &RIN Steckbrief

Kaoru & Rin

so nah und doch so fern

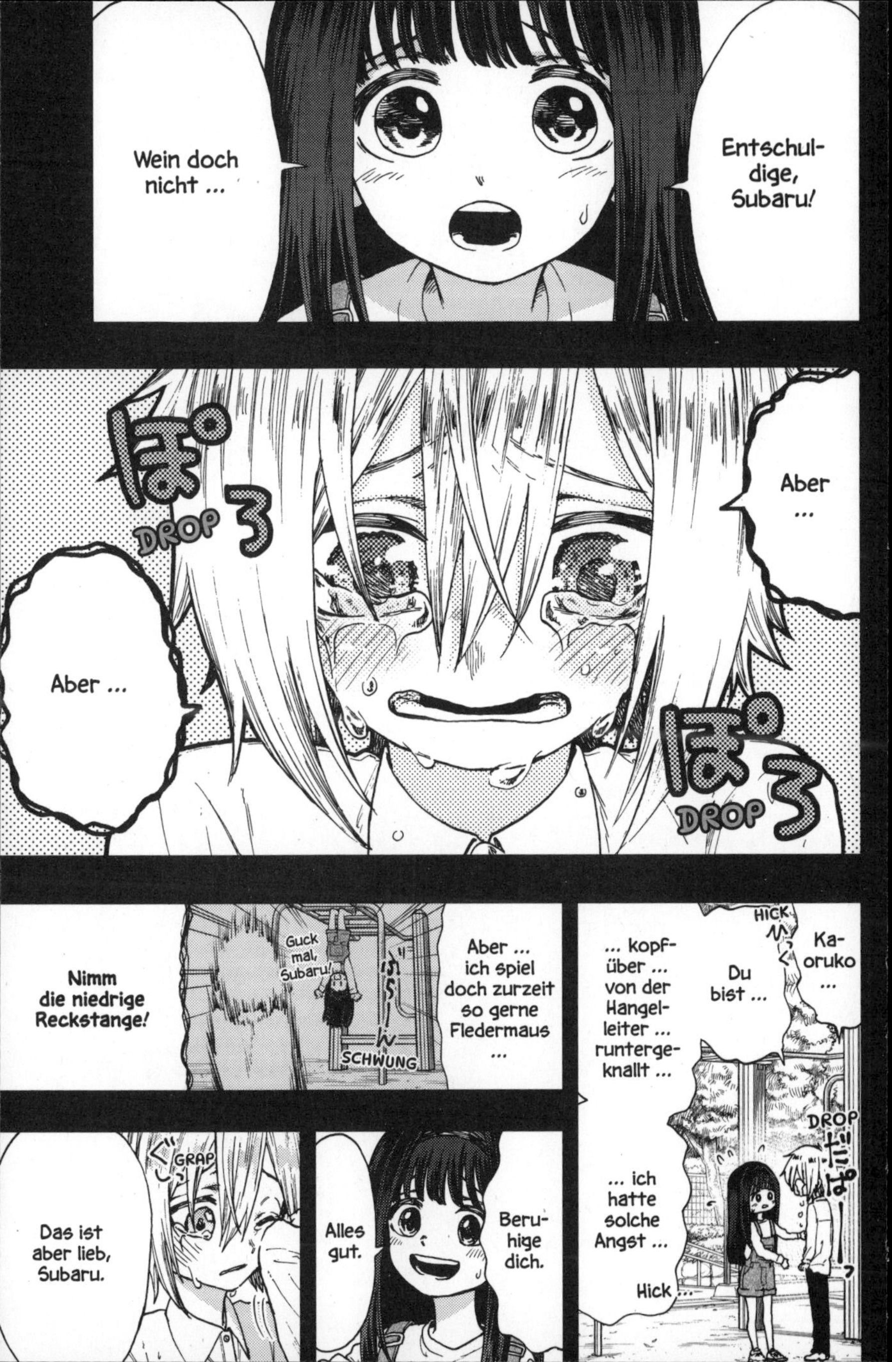
Entschul-dige, Subaru!
Wein doch nicht ...
Aber ...
ぽ DROP
ぽ DROP
Aber ...
Aber ... ich spiel doch zurzeit so gerne Fledermaus ...
Guck mal, Subaru!
SCHWUNG
Nimm die niedrige Reckstange!
Ka-oruko ...
HICK
Du bist ...
... kopf-über ... von der Hangel-leiter ... runterge-knallt ...
... ich hatte solche Angst ...
Hick ...
DROP
Beru-hige dich.
Alles gut.
GRAP
Das ist aber lieb, Subaru.

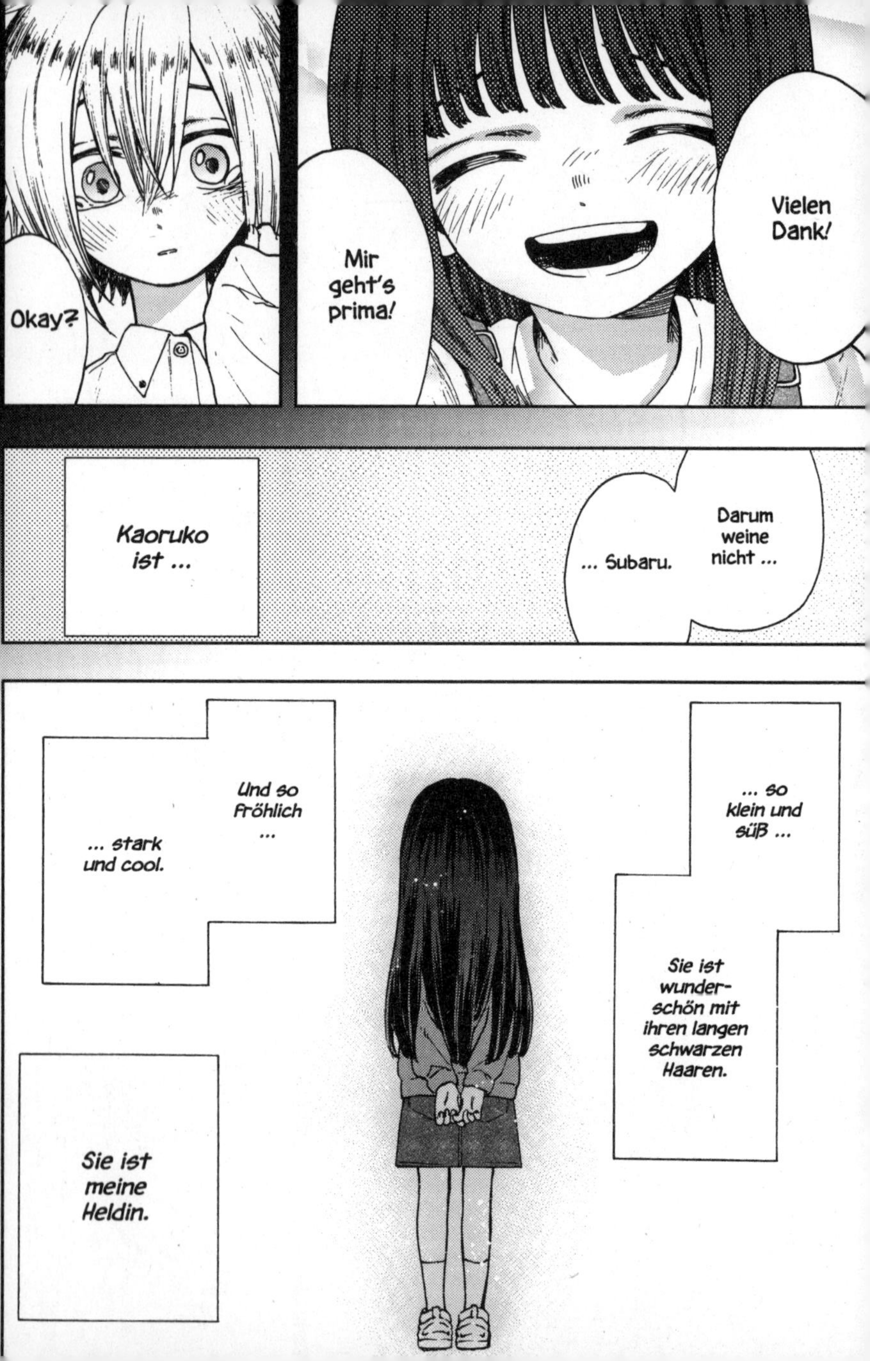
Vielen Dank!
Mir geht's prima!
Okay?
Darum weine nicht ...
... Subaru.
Kaoruko ist ...
... so klein und süß ...
Und so fröhlich ...
... stark und cool.
Sie ist wunder-schön mit ihren langen schwarzen Haaren.
Sie ist meine Heldin.

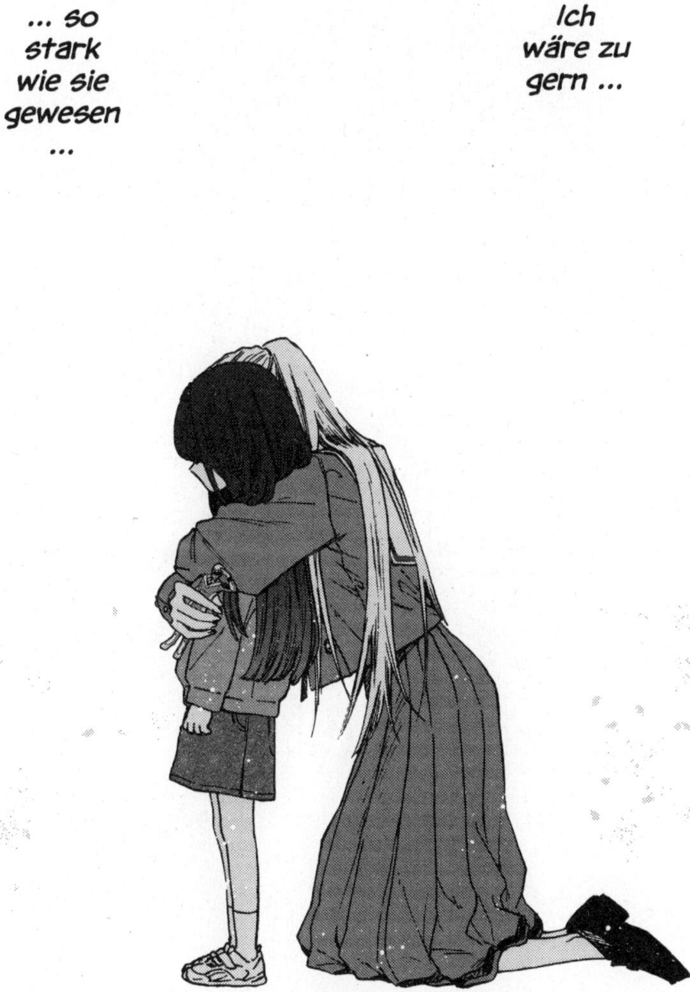

KAPITEL 10:

Großer Hass

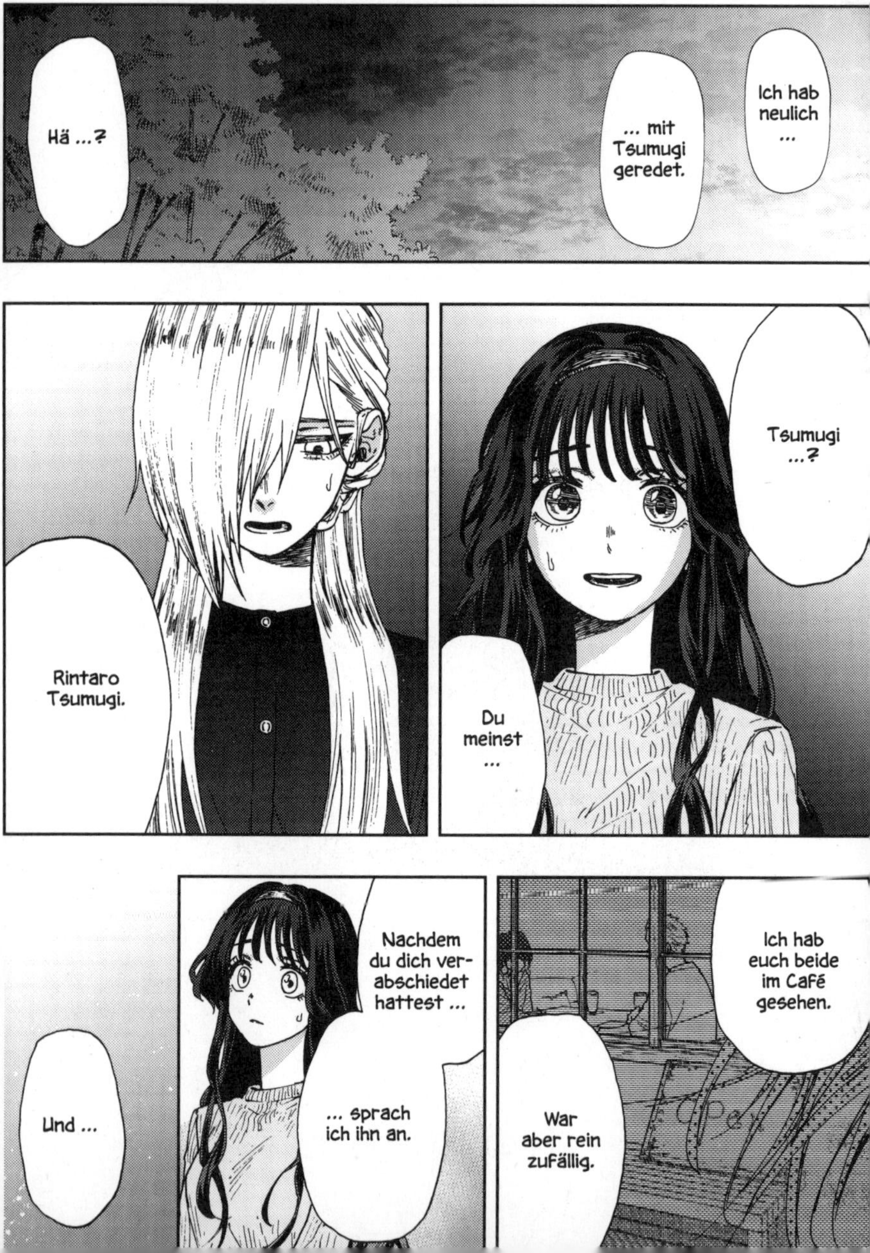
Ich hab neulich ...
... mit Tsumugi geredet.
Hä ...?
Tsumugi ...?
Du meinst ...
Rintaro Tsumugi.
Ich hab euch beide im Café gesehen.
War aber rein zufällig.
Nachdem du dich verabschiedet hattest ...
... sprach ich ihn an.
Und ...

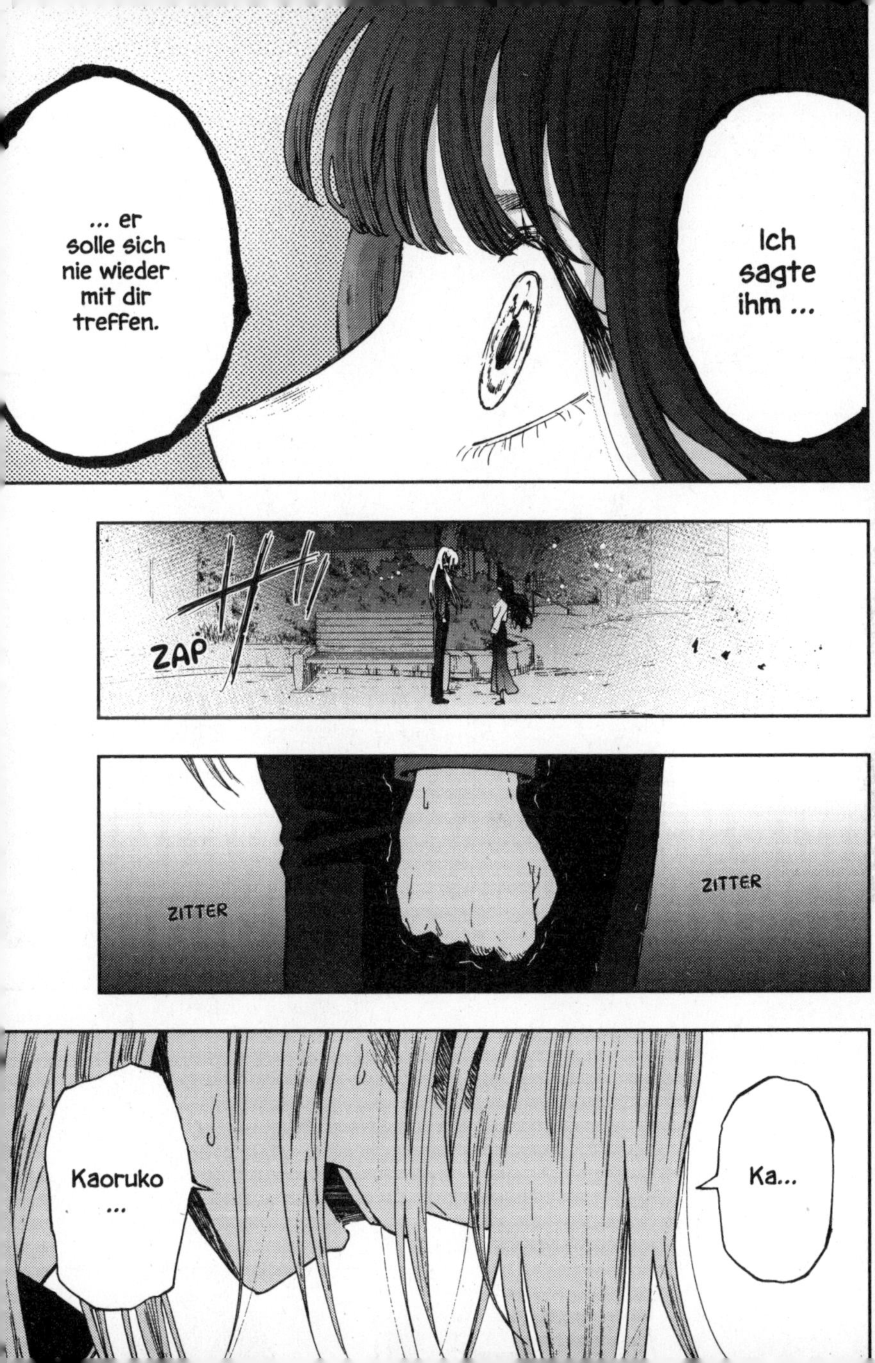
Ich sagte ihm ...
... er solle sich nie wieder mit dir treffen.
ZAP
ZITTER
ZITTER
Ka...
Kaoruko ...

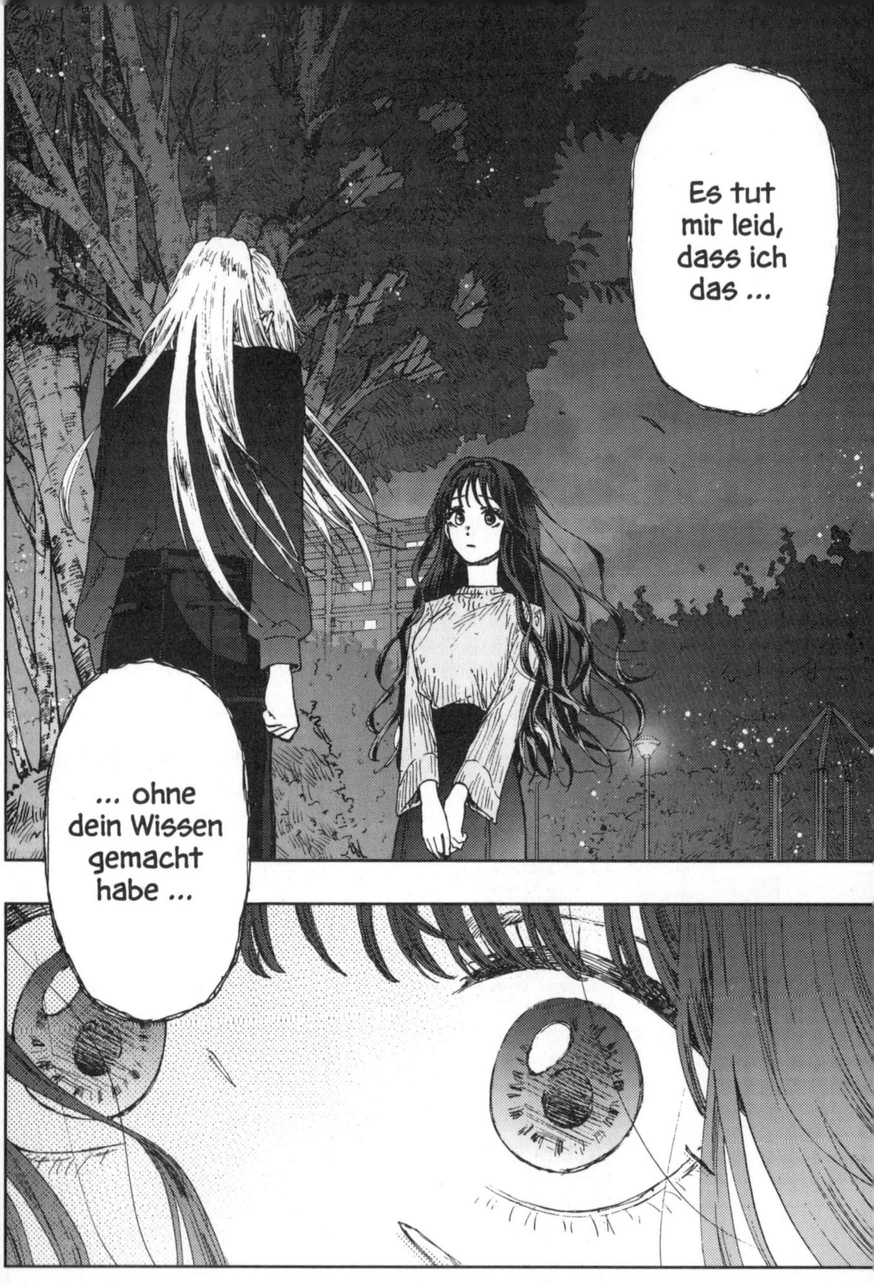
Es tut mir leid, dass ich das ...
... ohne dein Wissen gemacht habe ...

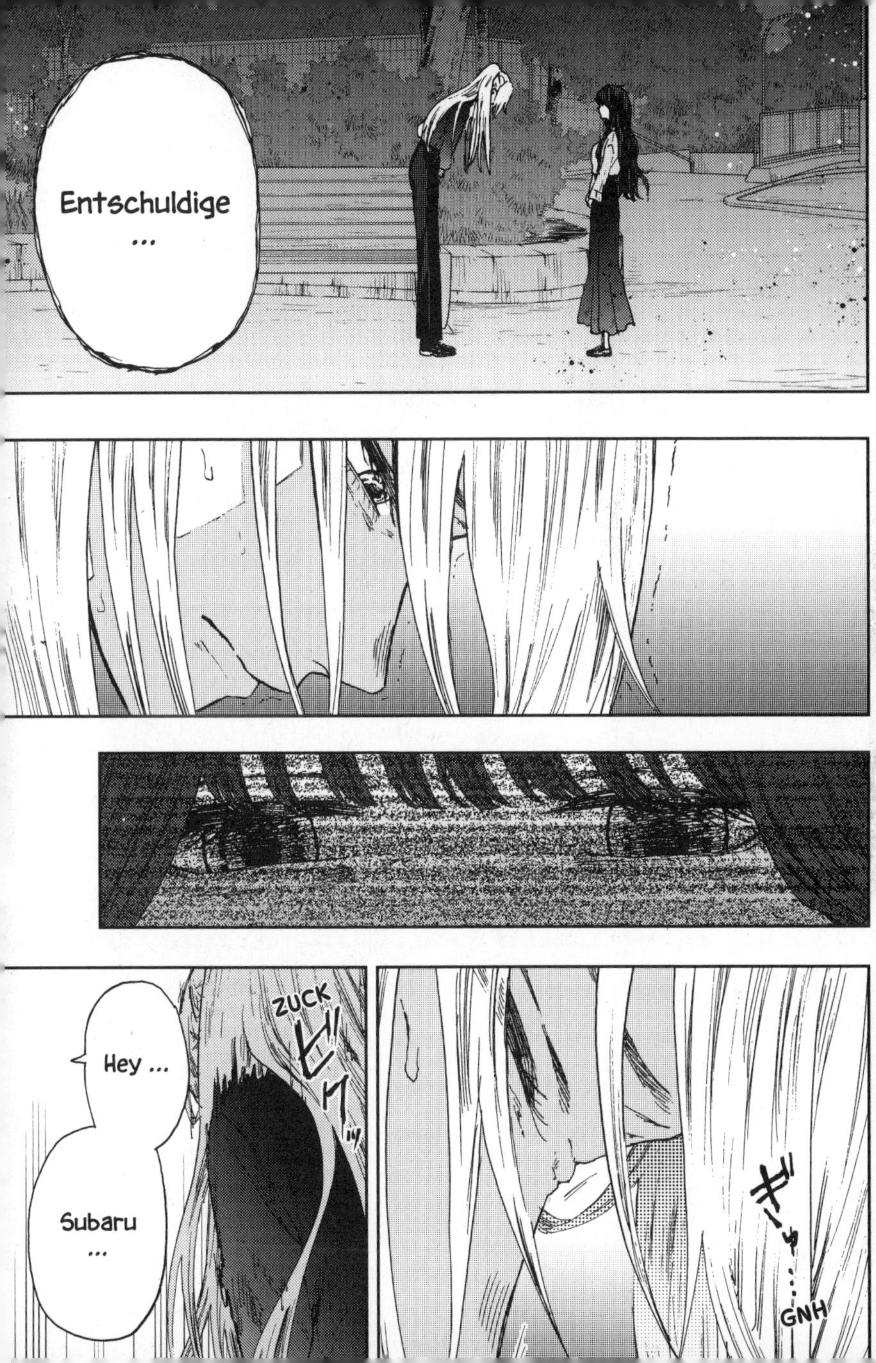

Entschuldige ...
GNH
ZUCK
Hey ...
Subaru ...

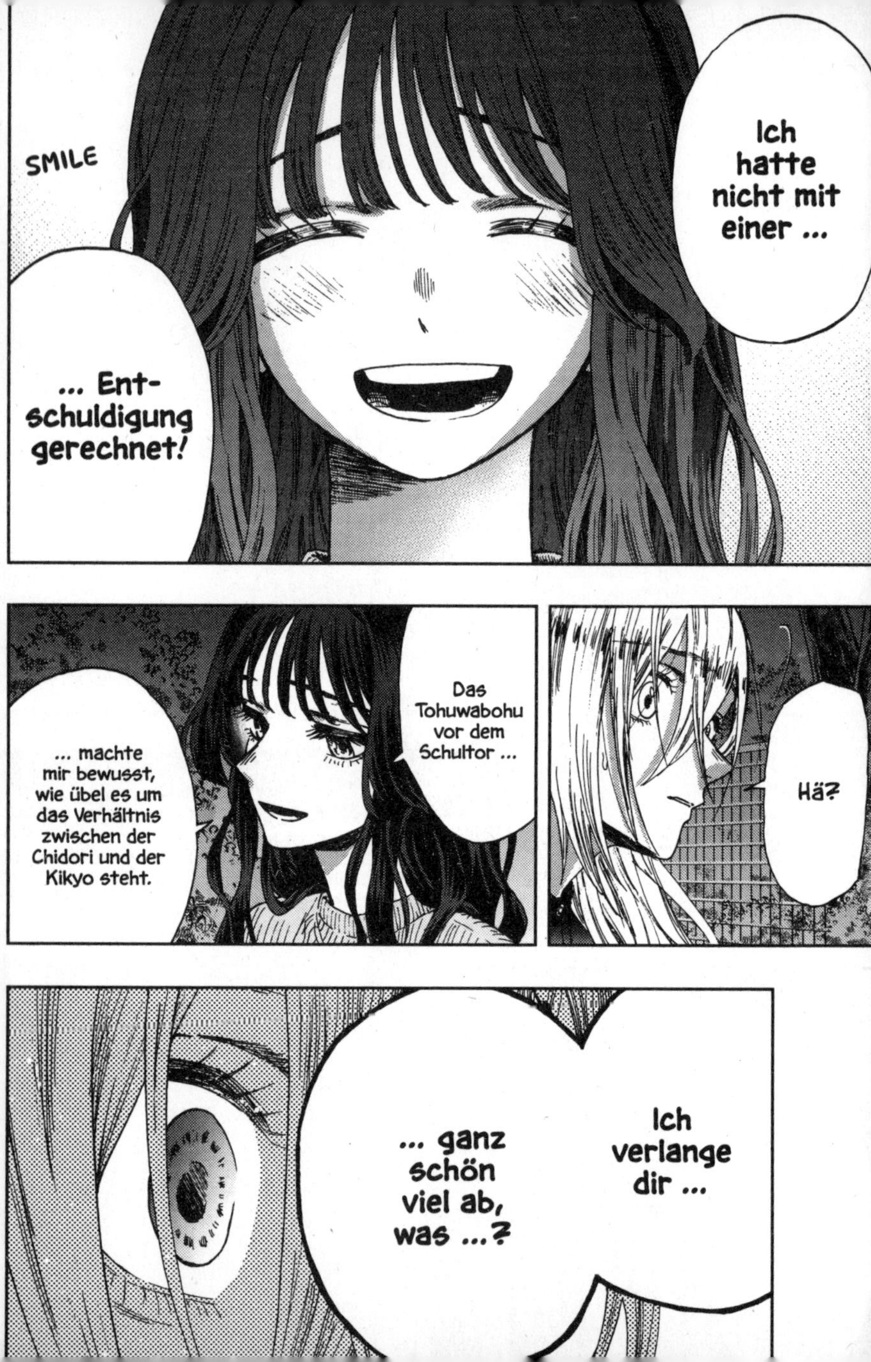
Ich hatte nicht mit einer ...
SMILE
... Ent-schuldigung gerechnet!
Hä?
Das Tohuwabohu vor dem Schultor ...
... machte mir bewusst, wie übel es um das Verhältnis zwischen der Chidori und der Kikyo steht.
Ich verlange dir ...
... ganz schön viel ab, was ...?

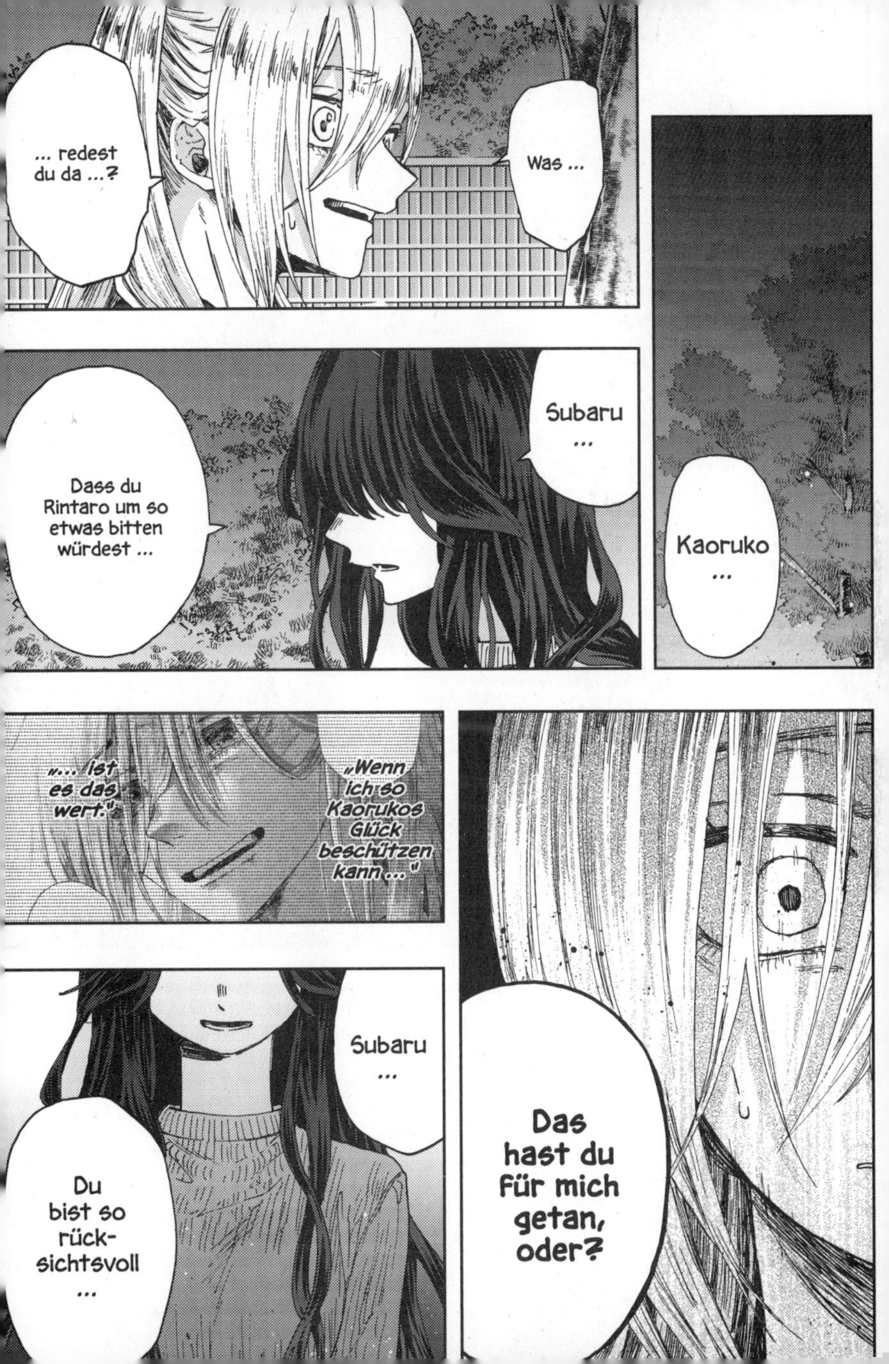
Was ...
... redest du da ...?
Kaoruko ...
Subaru ...
Dass du Rintaro um so etwas bitten würdest ...
Das hast du für mich getan, oder?
„Wenn ich so Kaorukos Glück beschützen kann ..."
„... ist es das wert."
Subaru ...
Du bist so rück-sichtsvoll ...

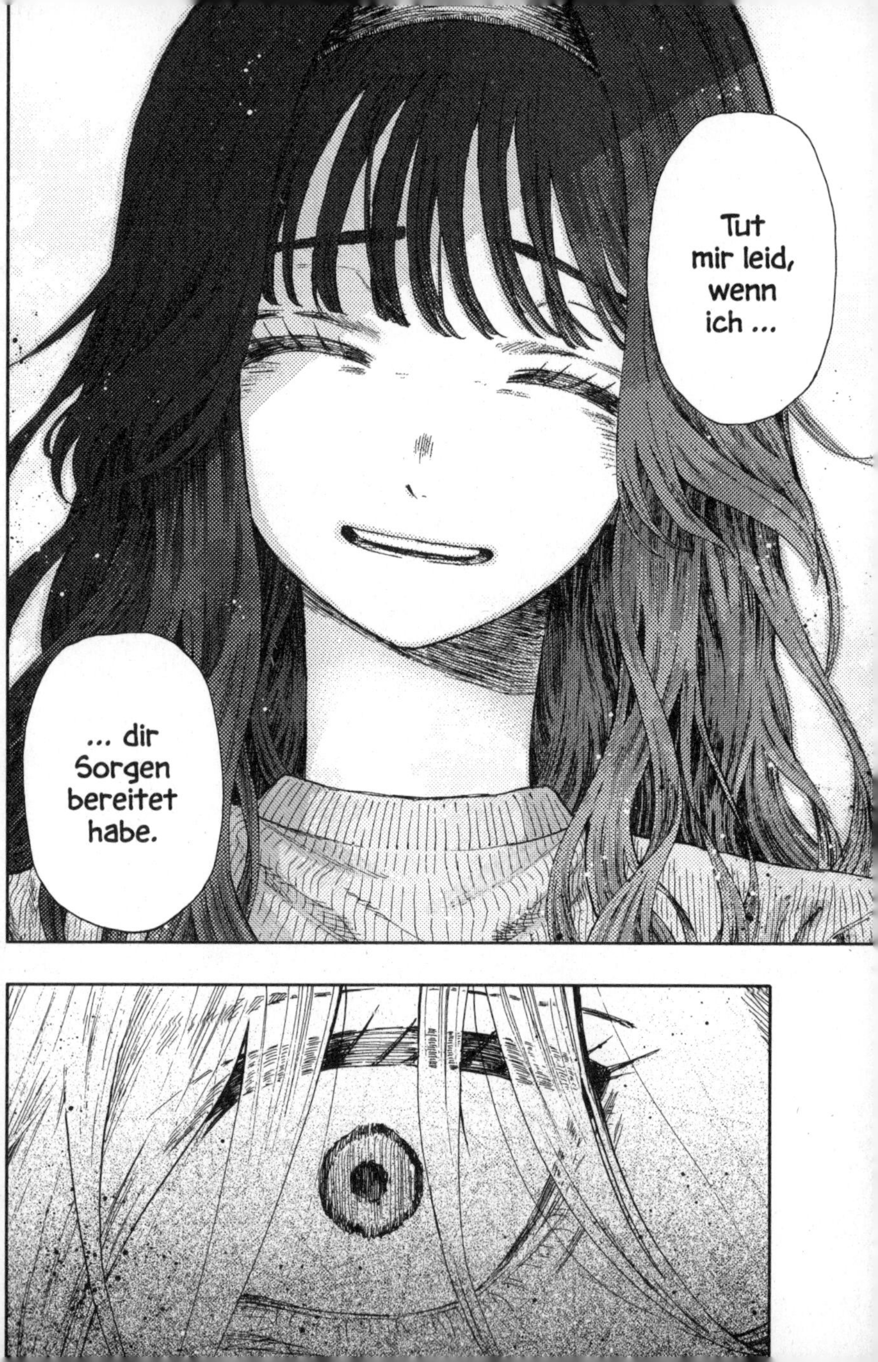
Tut mir leid, wenn ich ...
... dir Sorgen bereitet habe.

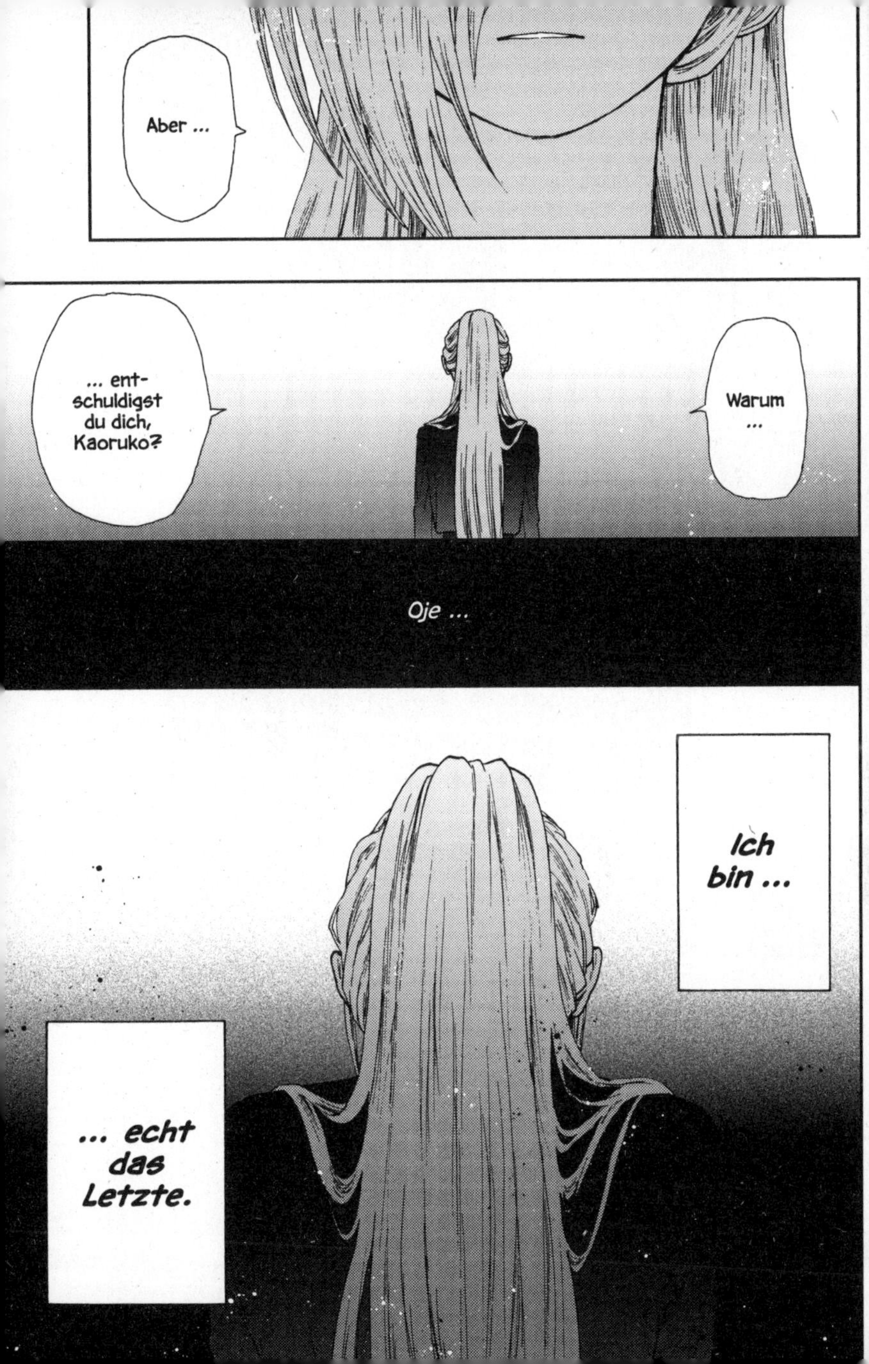
Aber ...
Warum ...
... ent-schuldigst du dich, Kaoruko?
Oje ...
Ich bin ...
... echt das Letzte.

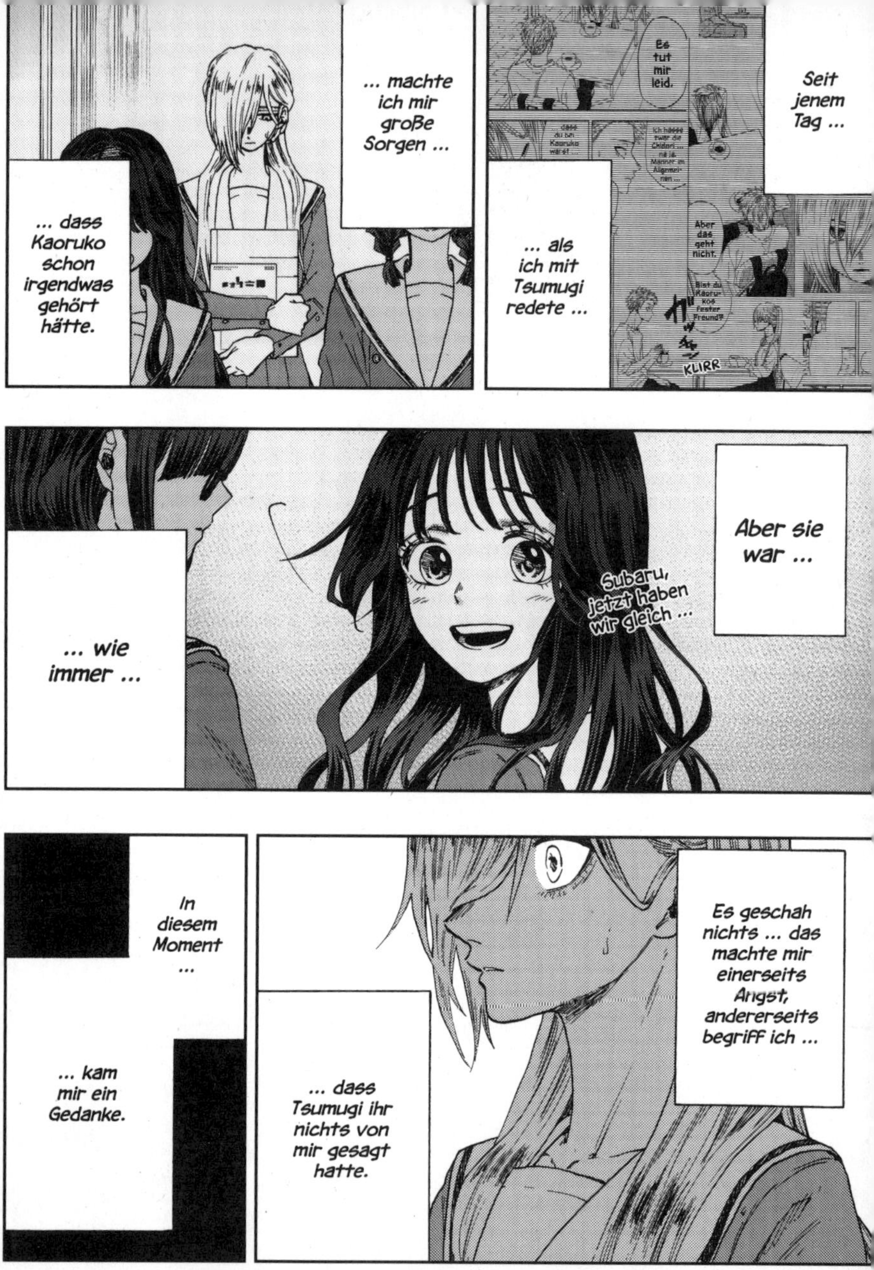
Seit jenem Tag ...
Es tut mir leid.
Aber das geht nicht.
Bist du Kaorukos fester Freund?
KLIRR
... als ich mit Tsumugi redete ...
... machte ich mir große Sorgen ...
... dass Kaoruko schon irgendwas gehört hätte.
Aber sie war ...
Subaru, jetzt haben wir gleich ...
... wie immer ...
Es geschah nichts ... das machte mir einerseits Angst, andererseits begriff ich ...
... dass Tsumugi ihr nichts von mir gesagt hatte.
In diesem Moment ...
... kam mir ein Gedanke.

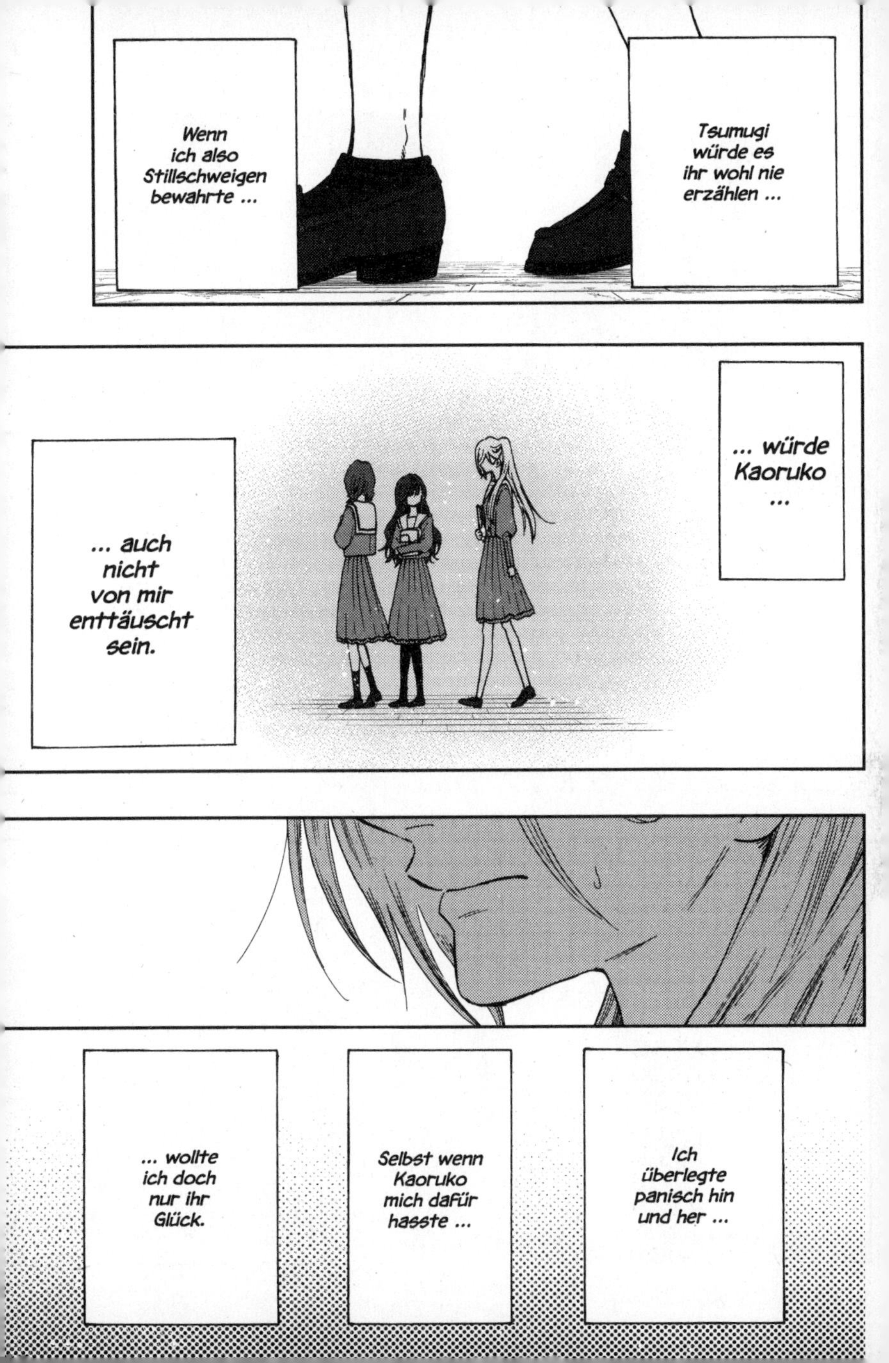
Tsumugi würde es ihr wohl nie erzählen ...
Wenn ich also Stillschweigen bewahrte ...
... würde Kaoruko ...
... auch nicht von mir enttäuscht sein.
Ich überlegte panisch hin und her ...
Selbst wenn Kaoruko mich dafür hasste ...
... wollte ich doch nur ihr Glück.

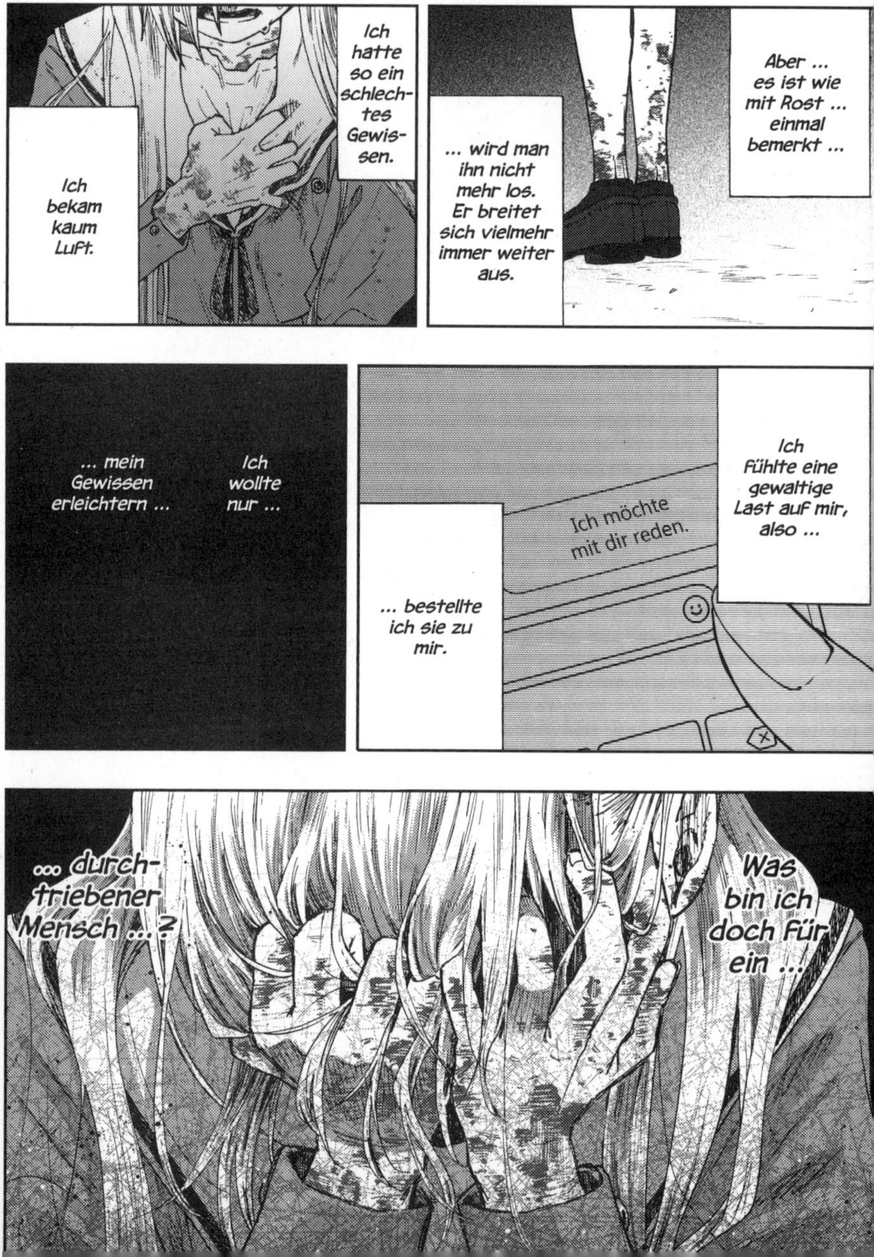
Aber ... es ist wie mit Rost ... einmal bemerkt ...
... wird man ihn nicht mehr los. Er breitet sich vielmehr immer weiter aus.
Ich hatte so ein schlechtes Gewissen.
Ich bekam kaum Luft.
Ich fühlte eine gewaltige Last auf mir, also ...
Ich möchte mit dir reden.
... bestellte ich sie zu mir.
Ich wollte nur ...
... mein Gewissen erleichtern ...
Was bin ich doch für ein ...
... durchtriebener Mensch ... ?

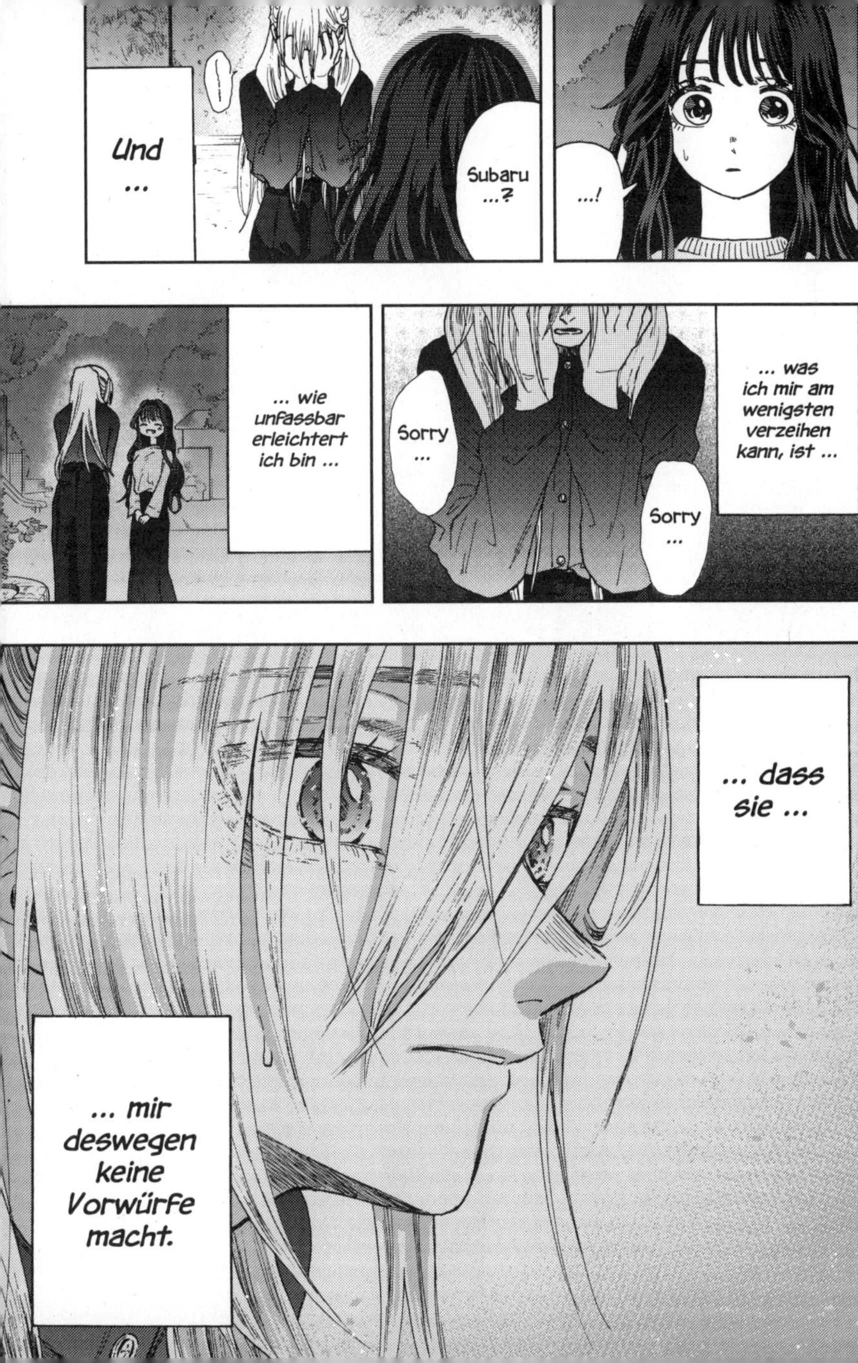
...!
Subaru ...?
Und ...
... was ich mir am wenigsten verzeihen kann, ist ...
Sorry ...
Sorry ...
... wie unfassbar erleichtert ich bin ...
... dass sie ...
... mir deswegen keine Vorwürfe macht.

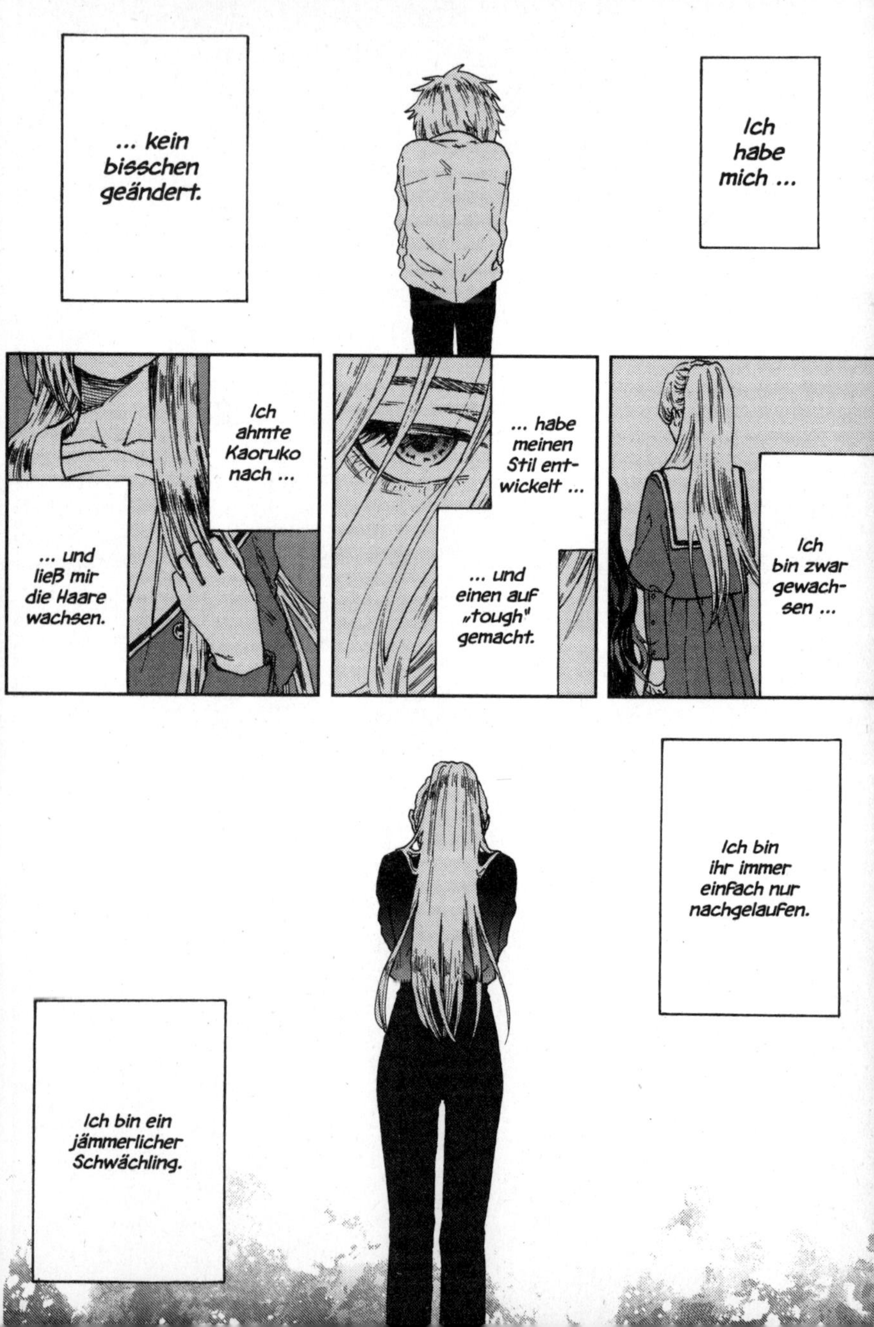
Ich habe mich ...
... kein bisschen geändert.
Ich bin zwar gewachsen ...
... habe meinen Stil entwickelt ...
... und einen auf „tough" gemacht.
Ich ahmte Kaoruko nach ...
... und ließ mir die Haare wachsen.
Ich bin ihr immer einfach nur nachgelaufen.
Ich bin ein jämmerlicher Schwächling.

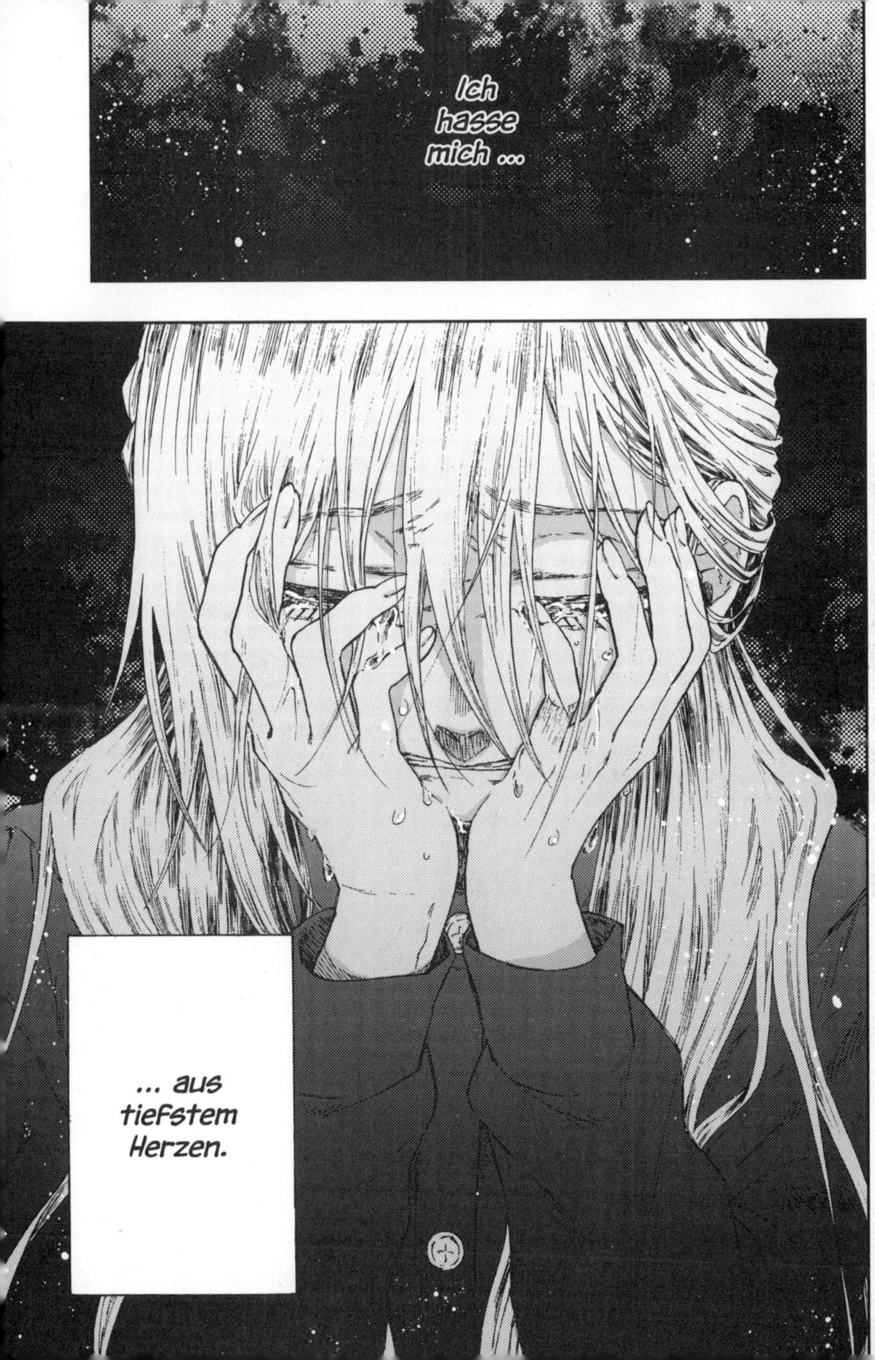
Ich hasse mich ...
... aus tiefstem Herzen.

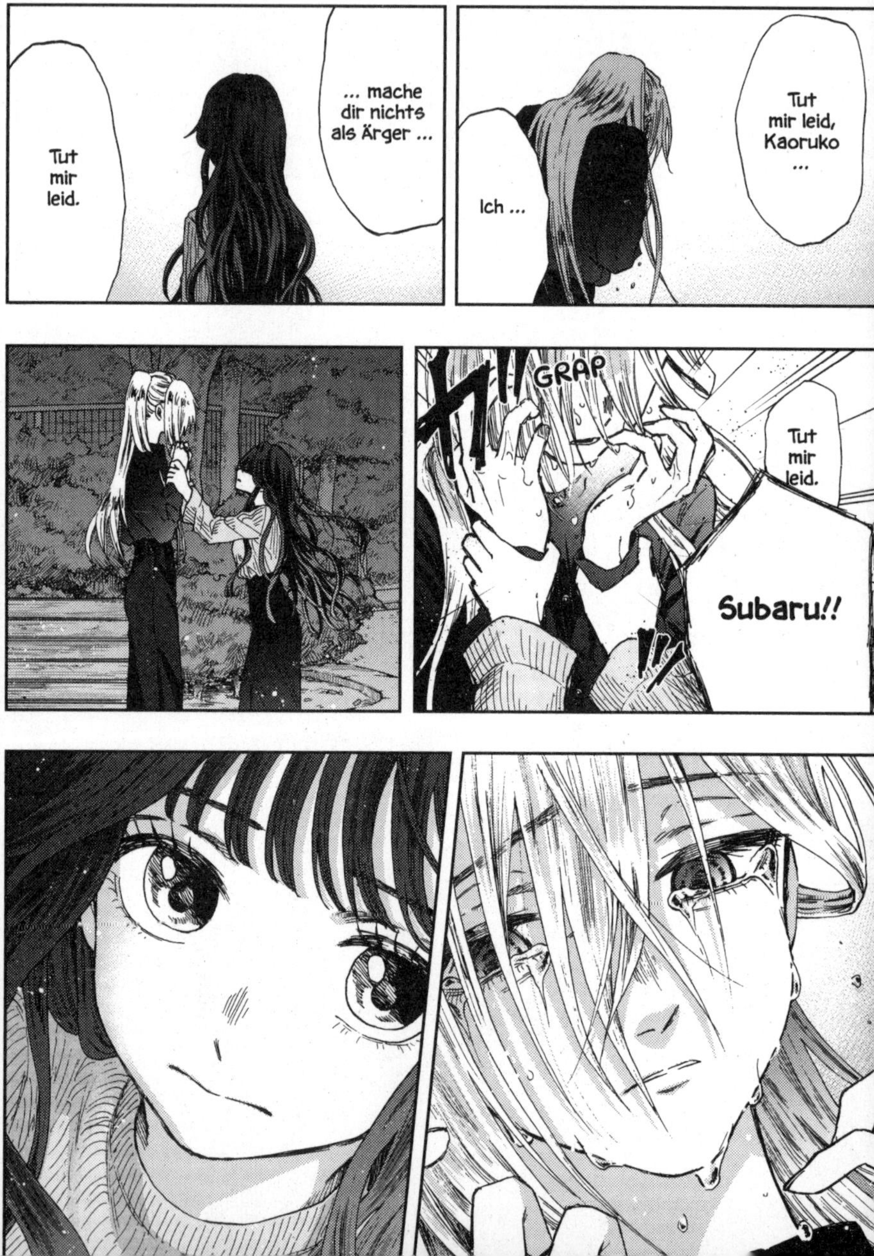
Tut mir leid, Kaoruko ...
Ich ...
... mache dir nichts als Ärger ...
Tut mir leid.
GRAP
Tut mir leid.
Subaru!!

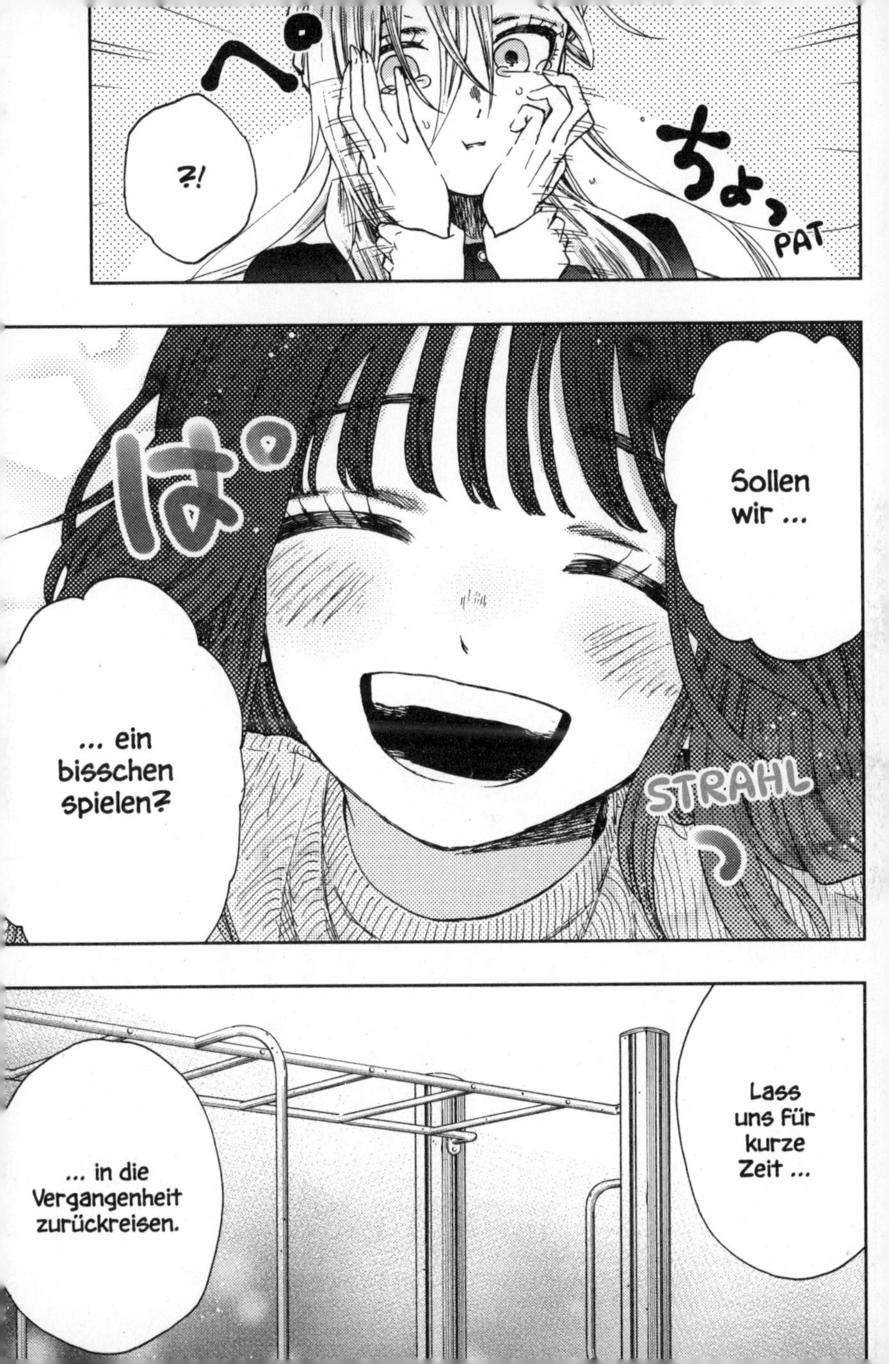
PAT
?!
Sollen wir ...
... ein bisschen spielen?
STRAHL
Lass uns für kurze Zeit ...
... in die Vergangenheit zurückreisen.

Kaoru & Rin

so nah und doch so fern

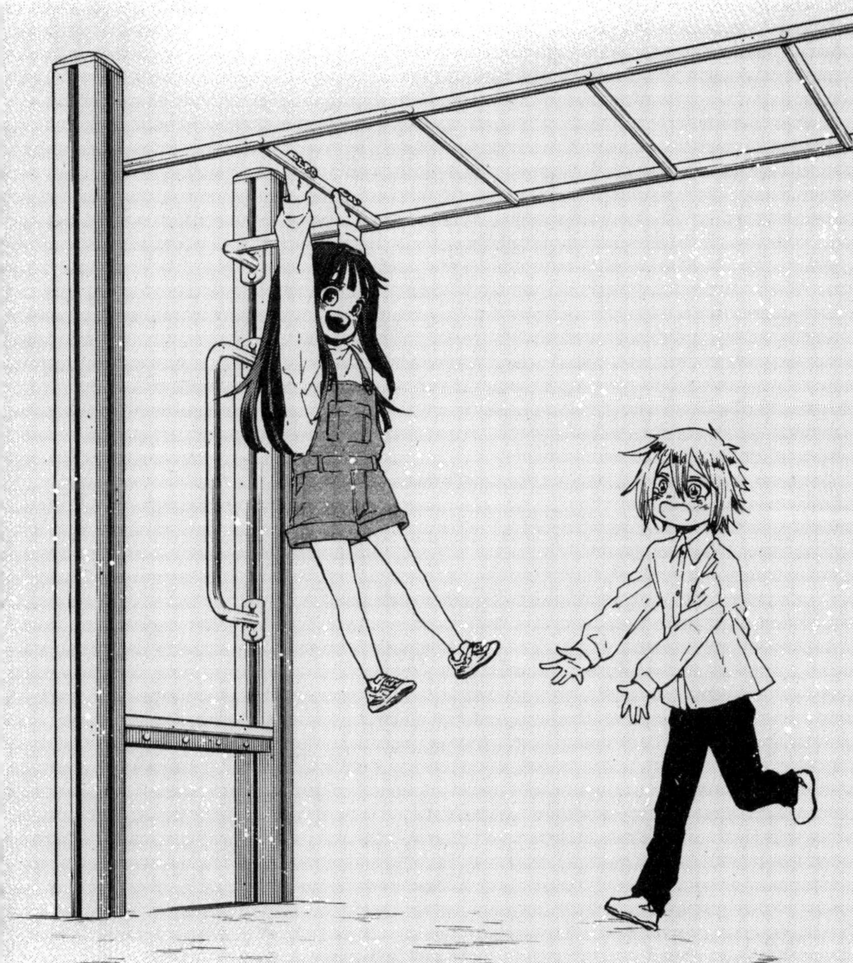

KAPITEL 11:

Große Liebe

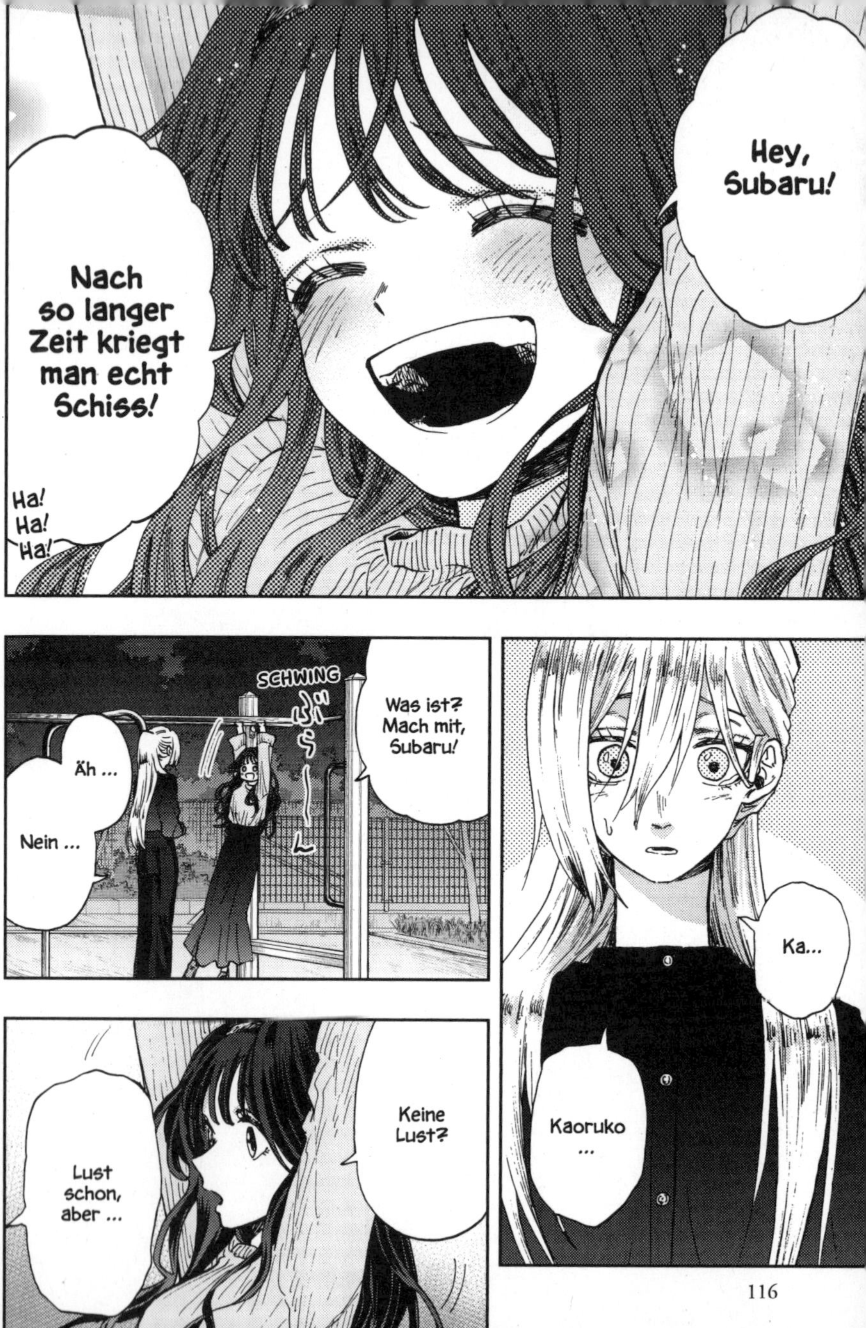
Hey, Subaru!
Nach so langer Zeit kriegt man echt Schiss!
Ha! Ha! Ha!
Ka...
Kaoruko ...
Was ist? Mach mit, Subaru!
SCHWING
Äh ...
Nein ...
Keine Lust?
Lust schon, aber ...

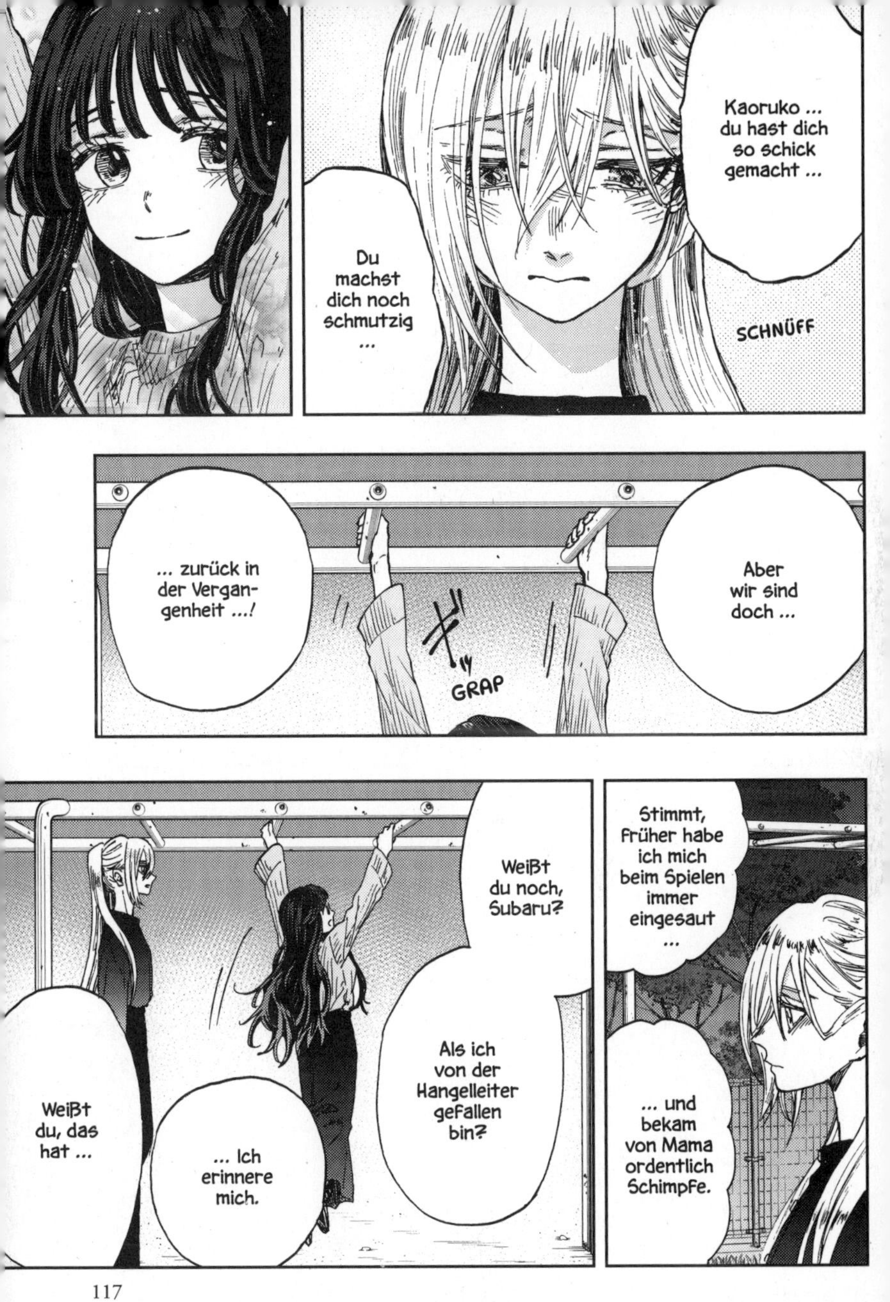
Kaoruko ... du hast dich so schick gemacht ...
SCHNÜFF
Du machst dich noch schmutzig ...
Aber wir sind doch ...
GRAP
... zurück in der Vergangenheit ...!
Stimmt, früher habe ich mich beim Spielen immer eingesaut ...
... und bekam von Mama ordentlich Schimpfe.
Weißt du noch, Subaru?
Als ich von der Hangelleiter gefallen bin?
... Ich erinnere mich.
Weißt du, das hat ...

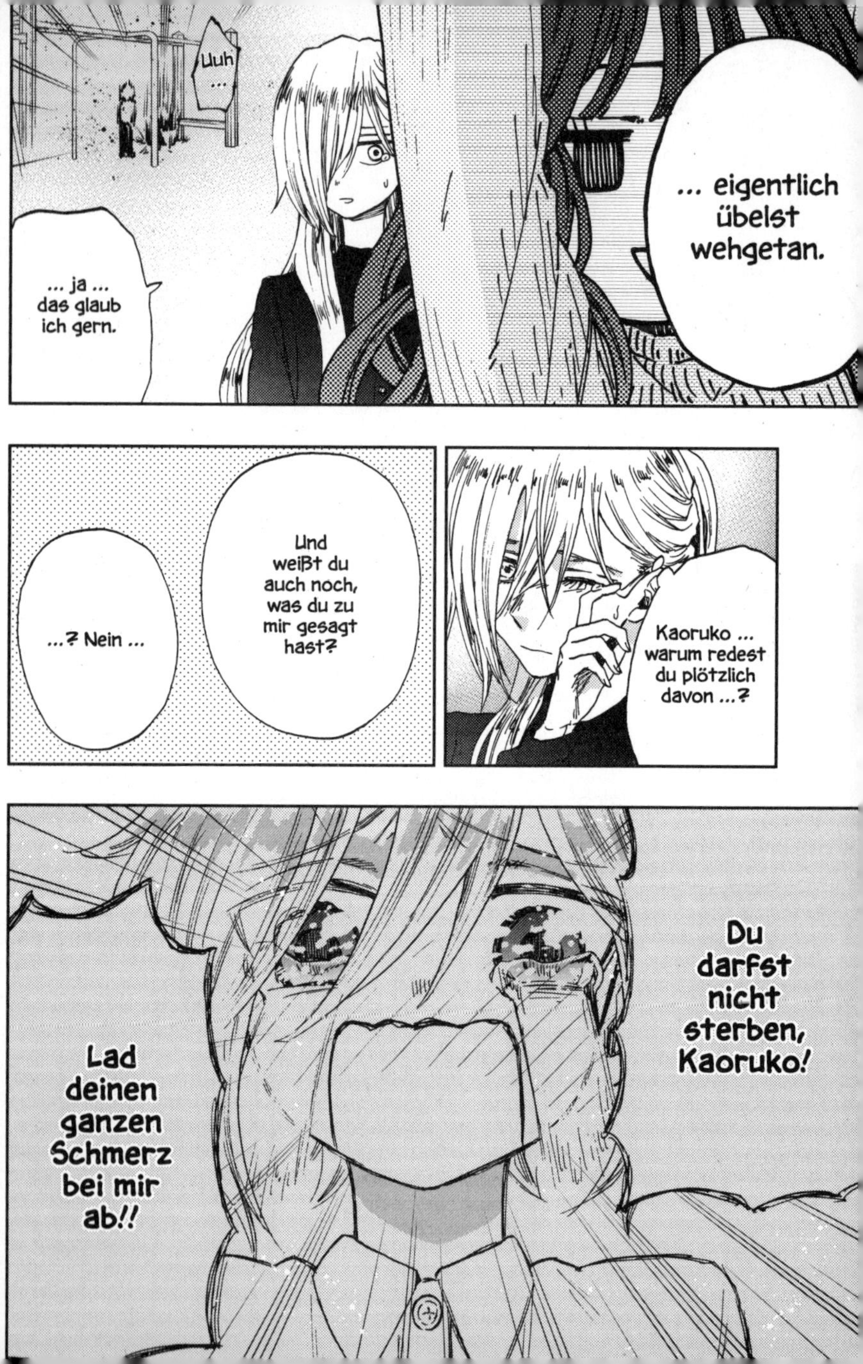
... eigentlich übelst wehgetan.
Uuh ...
... ja ... das glaub ich gern.
Kaoruko ... warum redest du plötzlich davon ...?
Und weißt du auch noch, was du zu mir gesagt hast?
...? Nein ...
Du darfst nicht sterben, Kaoruko!
Lad deinen ganzen Schmerz bei mir ab!!

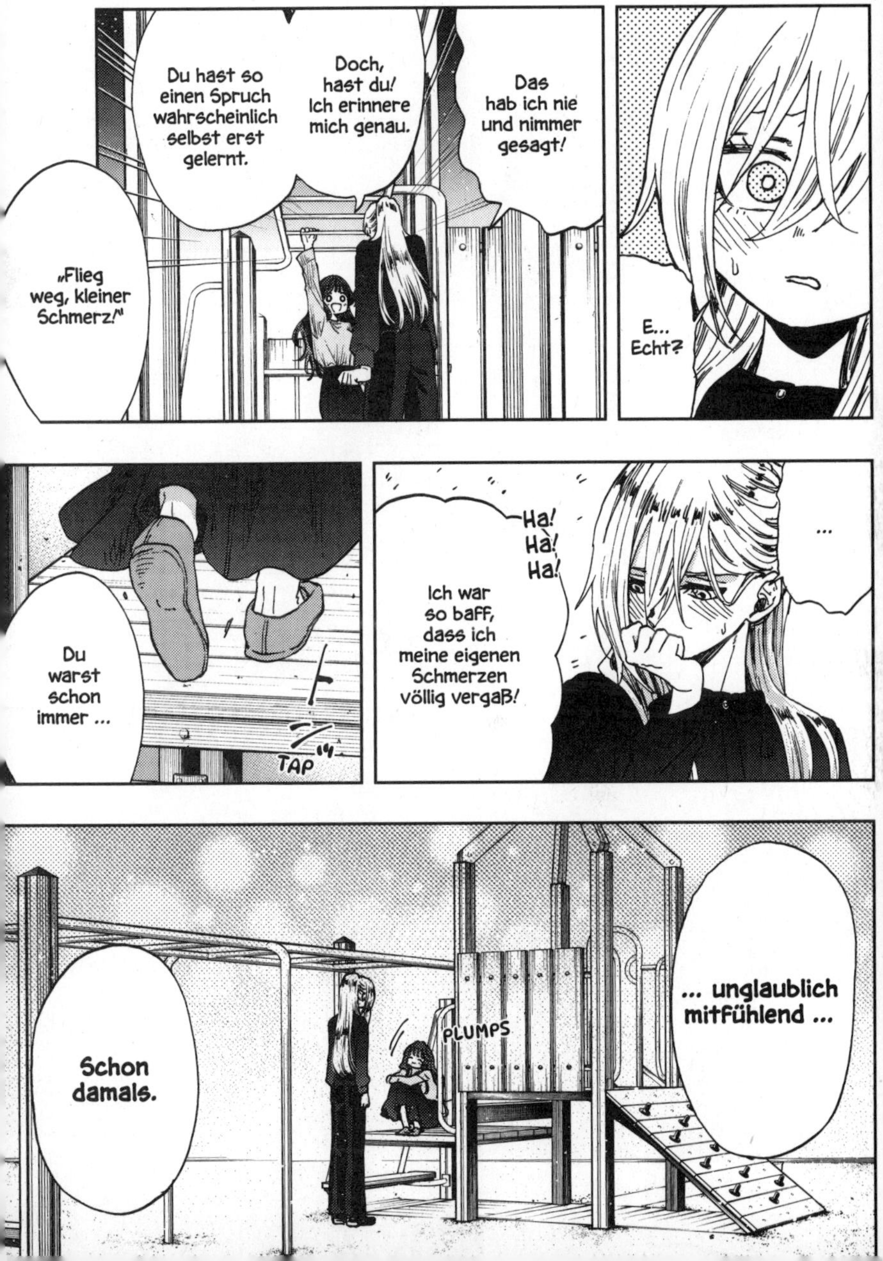
E... Echt?
Das hab ich nie und nimmer gesagt!
Doch, hast du! Ich erinnere mich genau.
Du hast so einen Spruch wahrscheinlich selbst erst gelernt.
„Flieg weg, kleiner Schmerz!“
...
Ha! Ha! Ha!
Ich war so baff, dass ich meine eigenen Schmerzen völlig vergaß!
Du warst schon immer ...
TAP
... unglaublich mitfühlend ...
PLUMPS
Schon damals.

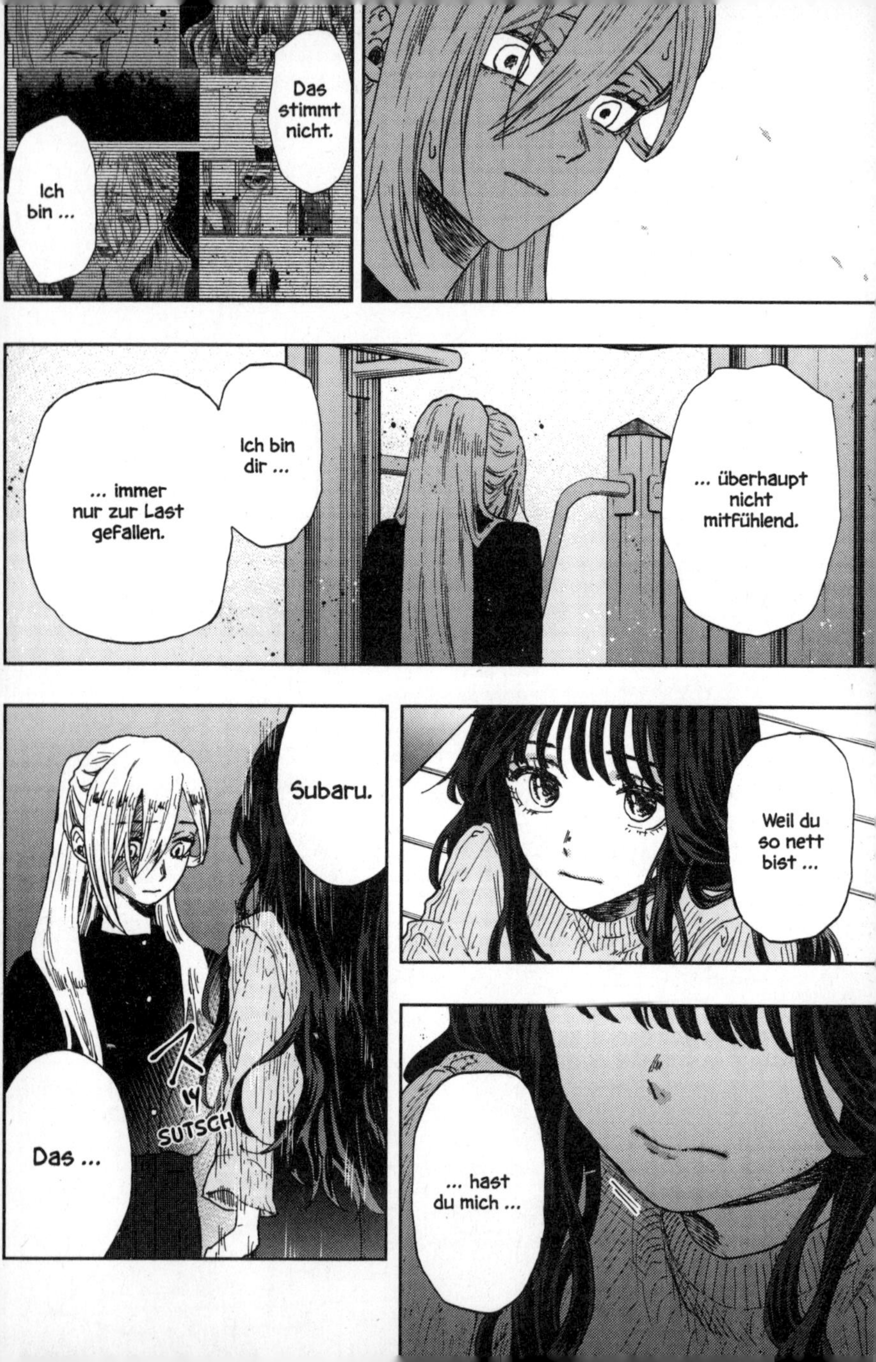
Das stimmt nicht.
Ich bin ...
... überhaupt nicht mitfühlend.
Ich bin dir ...
... immer nur zur Last gefallen.
Subaru.
SUTSCH
Das ...
Weil du so nett bist ...
... hast du mich ...

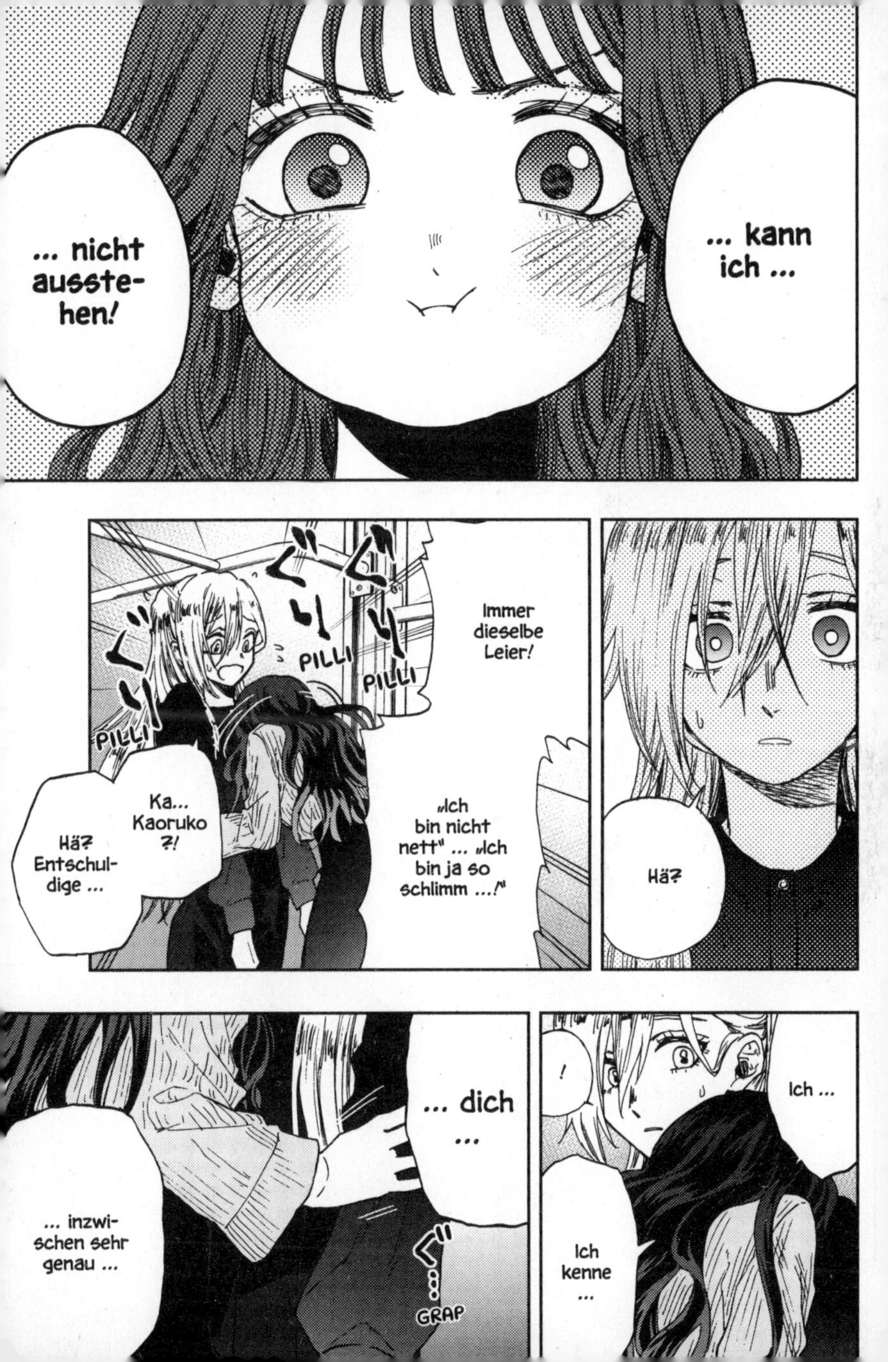
... kann ich ...
... nicht ausstehen!
Hä?
Immer dieselbe Leier!
„Ich bin nicht nett“ ... „Ich bin ja so schlimm ...!“
PILLI
PILLI
PILLI
Ka... Kaoruko ?!
Hä? Entschuldige ...
!
Ich ...
Ich kenne ...
... dich ...
... inzwischen sehr genau ...
GRAP

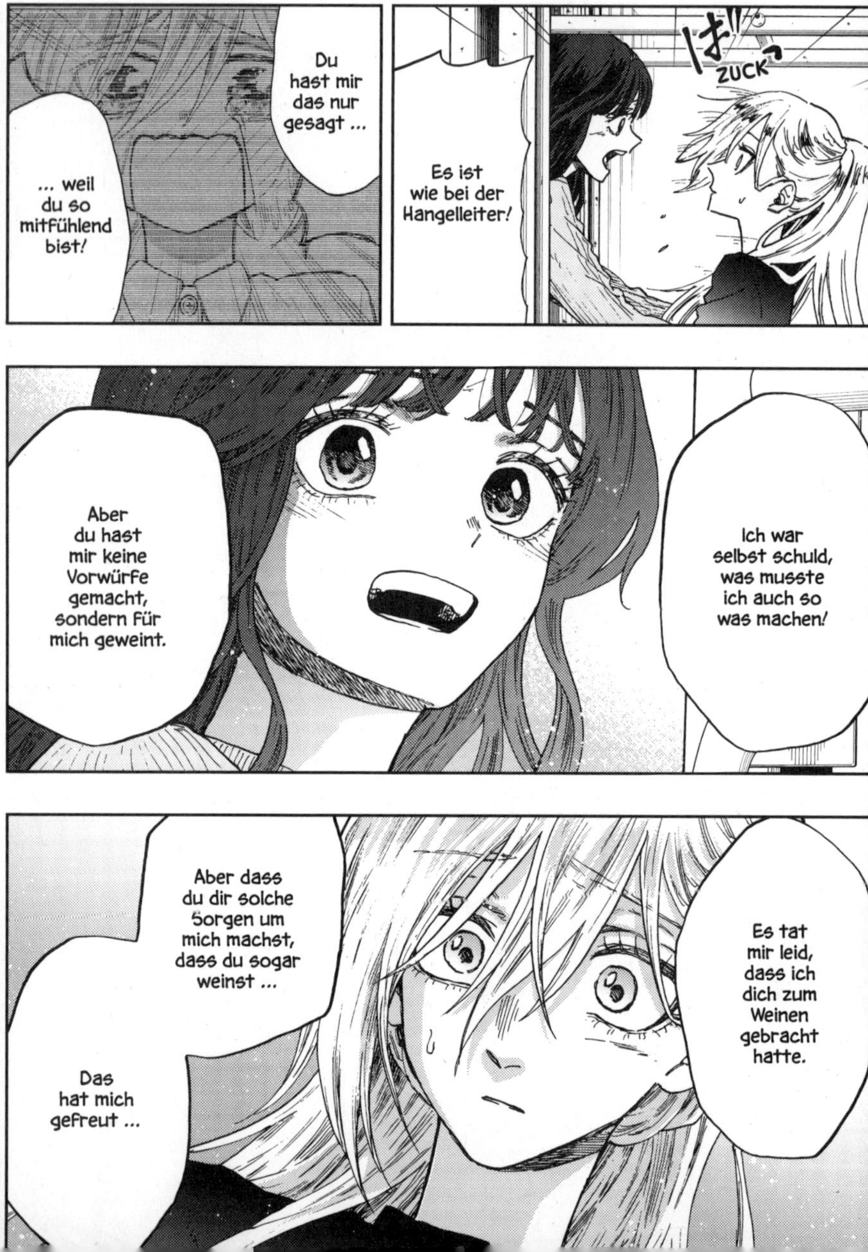
は
ZUCK
Es ist wie bei der Hangelleiter!
Du hast mir das nur gesagt ...
... weil du so mitfühlend bist!
Ich war selbst schuld, was musste ich auch so was machen!
Aber du hast mir keine Vorwürfe gemacht, sondern für mich geweint.
Es tat mir leid, dass ich dich zum Weinen gebracht hatte.
Aber dass du dir solche Sorgen um mich machst, dass du sogar weinst ...
Das hat mich gefreut ...

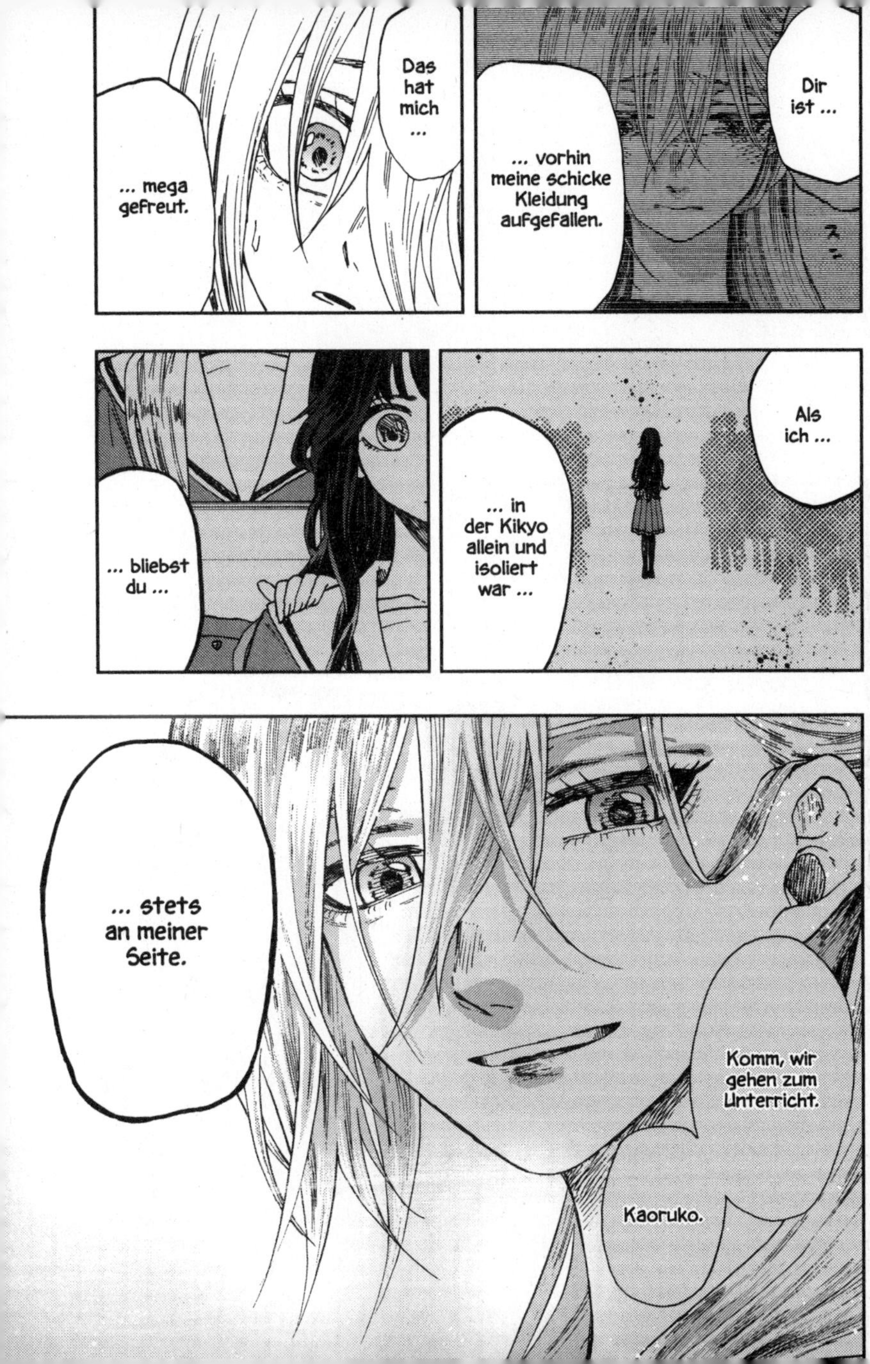
Dir ist ...
... vorhin meine schicke Kleidung aufgefallen.
Das hat mich ...
... mega gefreut.
Als ich ...
... in der Kikyo allein und isoliert war ...
... bliebst du ...
... stets an meiner Seite.
Komm, wir gehen zum Unterricht.
Kaoruko.

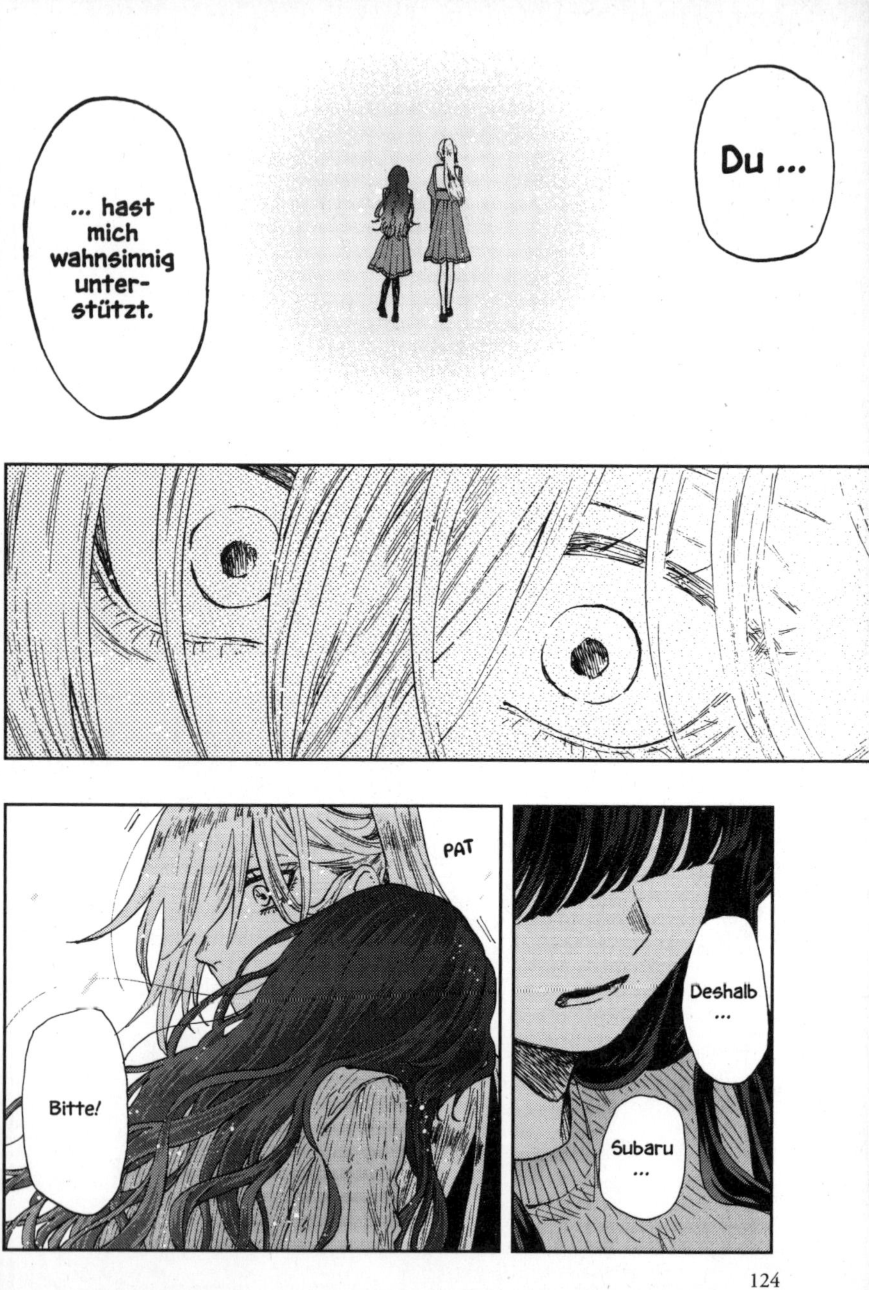
Du ...
... hast mich wahnsinnig unter-stützt.
Deshalb ...
Subaru ...
PAT
Bitte!

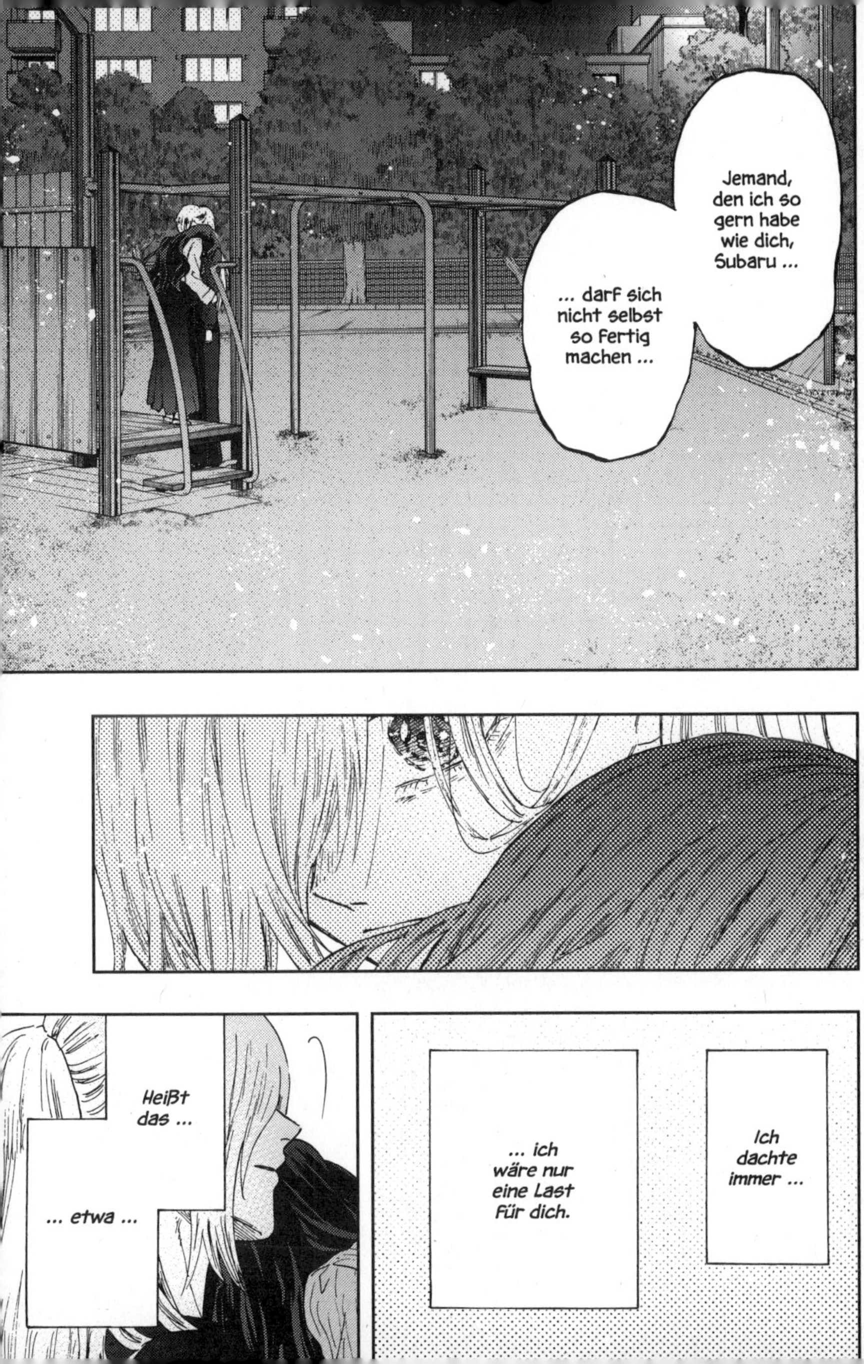

Jemand, den ich so gern habe wie dich, Subaru ...
... darf sich nicht selbst so fertig machen ...
Ich dachte immer ...
... ich wäre nur eine Last für dich.
Heißt das ...
... etwa ...

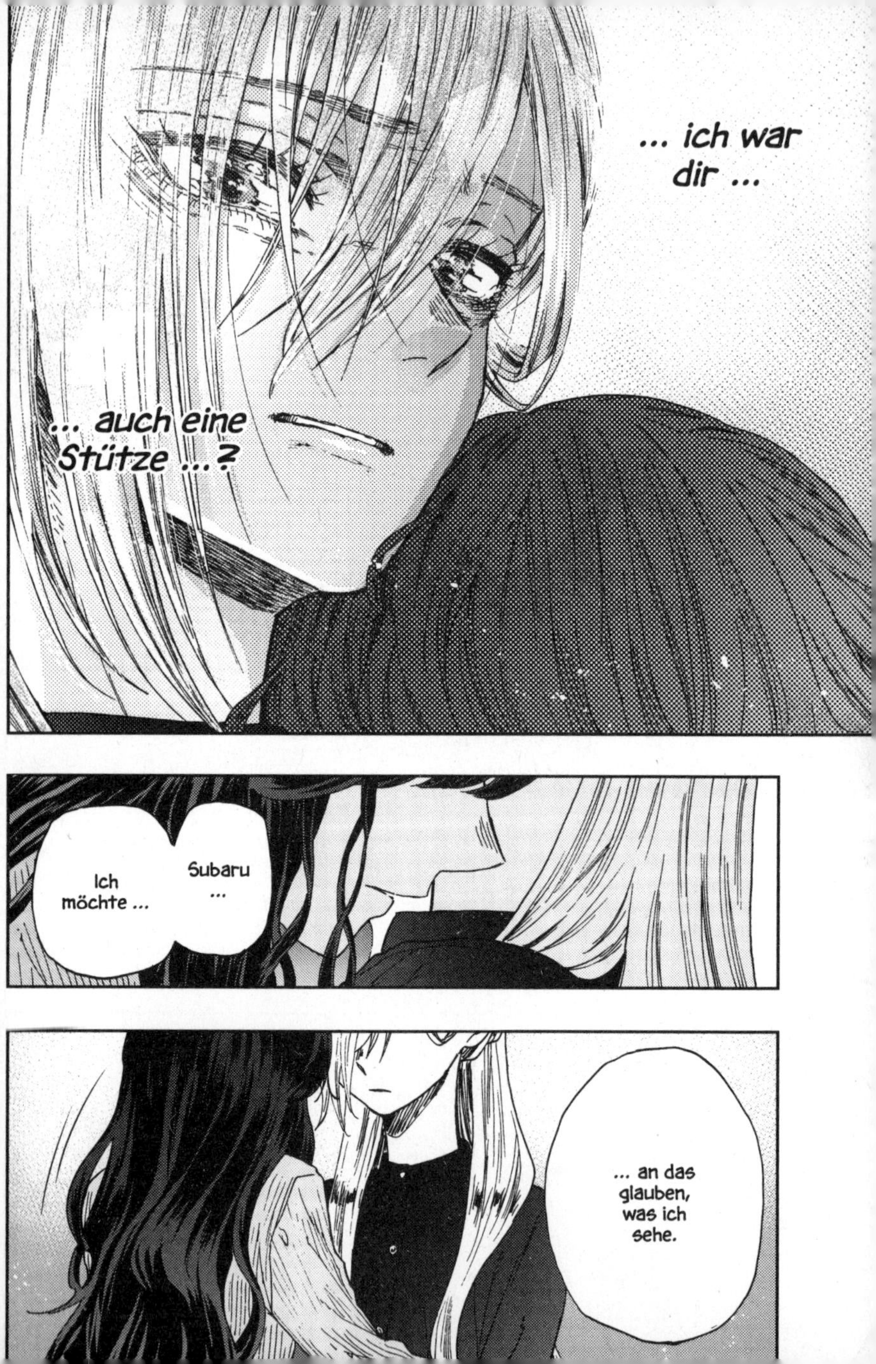
... ich war dir ...
... auch eine Stütze ...?
Subaru ...
Ich möchte ...
... an das glauben, was ich sehe.

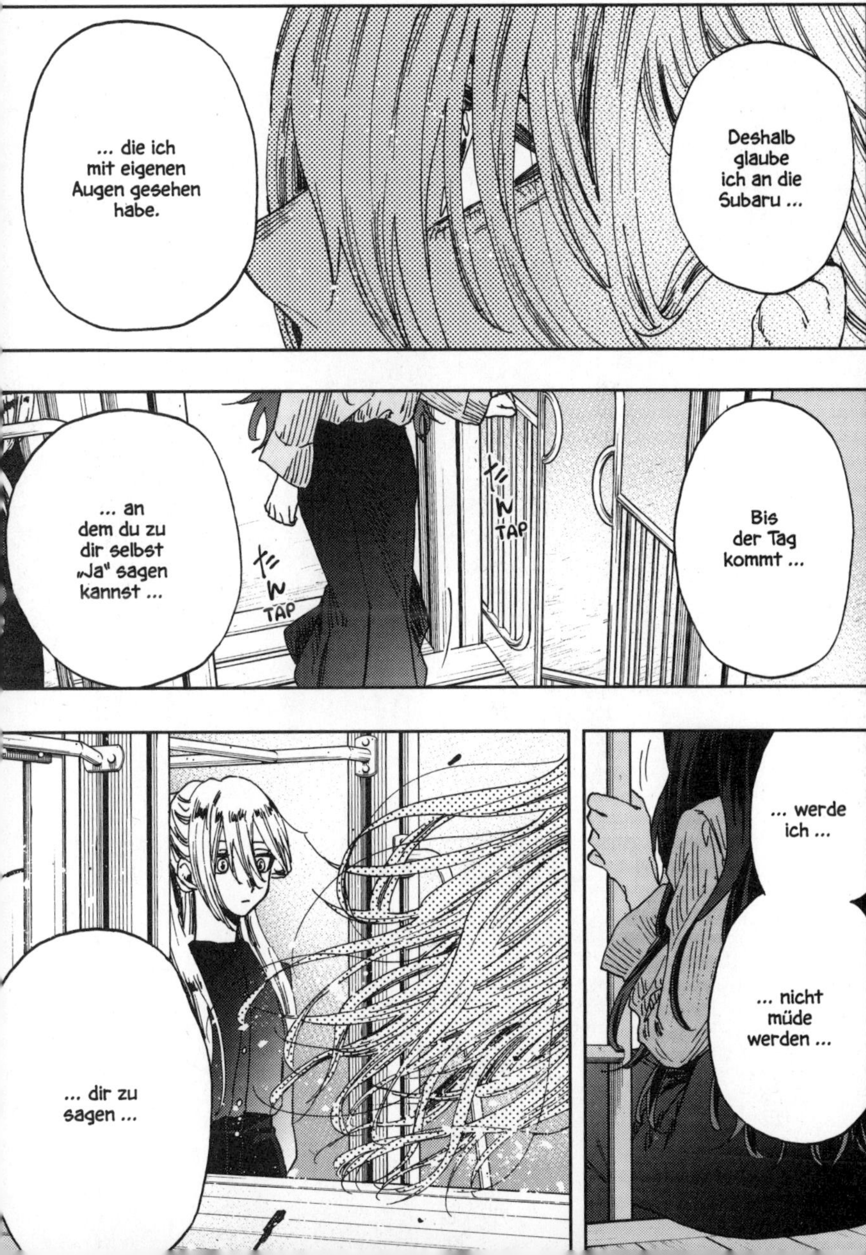
Deshalb glaube ich an die Subaru ...
... die ich mit eigenen Augen gesehen habe.
Bis der Tag kommt ...
TAP
TAP
... an dem du zu dir selbst „Ja" sagen kannst ...
... werde ich ...
... nicht müde werden ...
... dir zu sagen ...

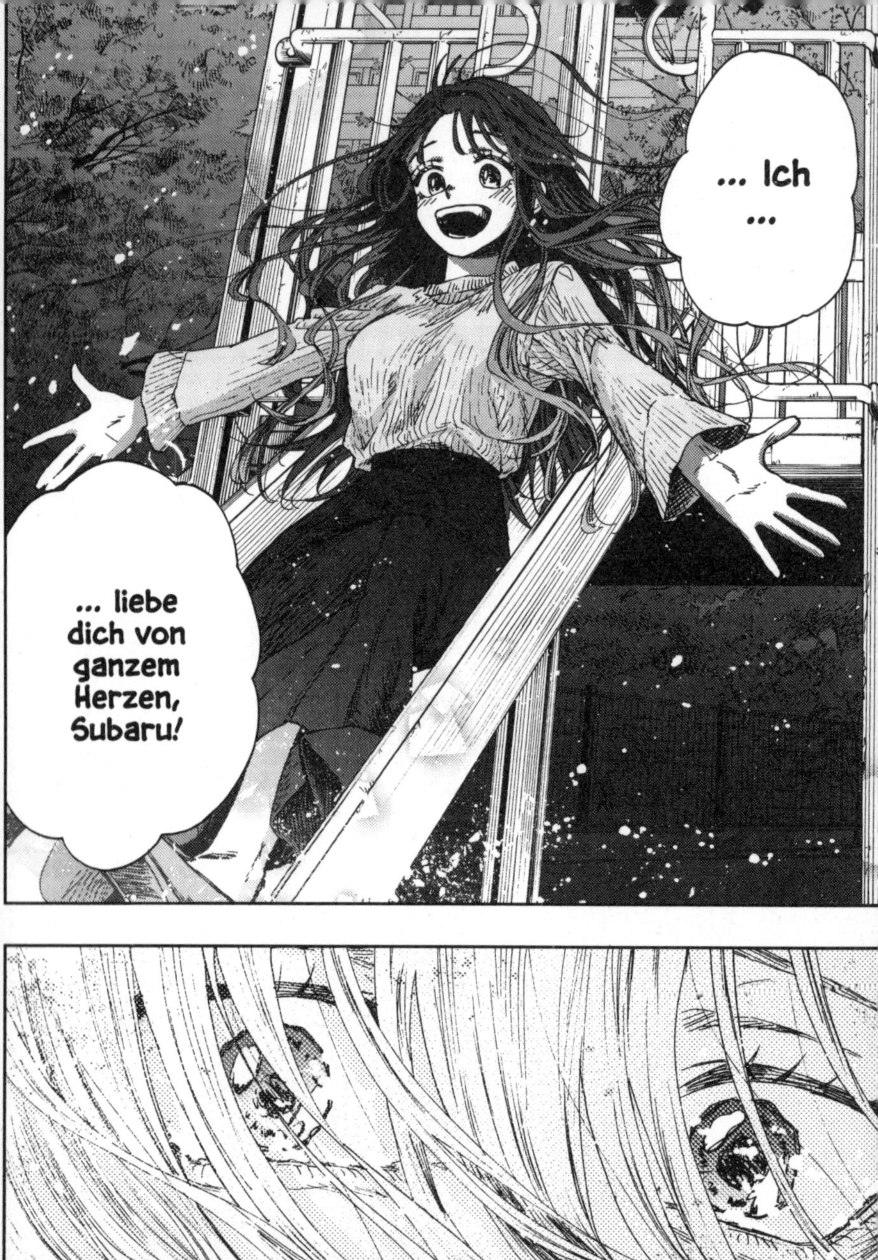

... Ich ...
... liebe dich von ganzem Herzen, Subaru!

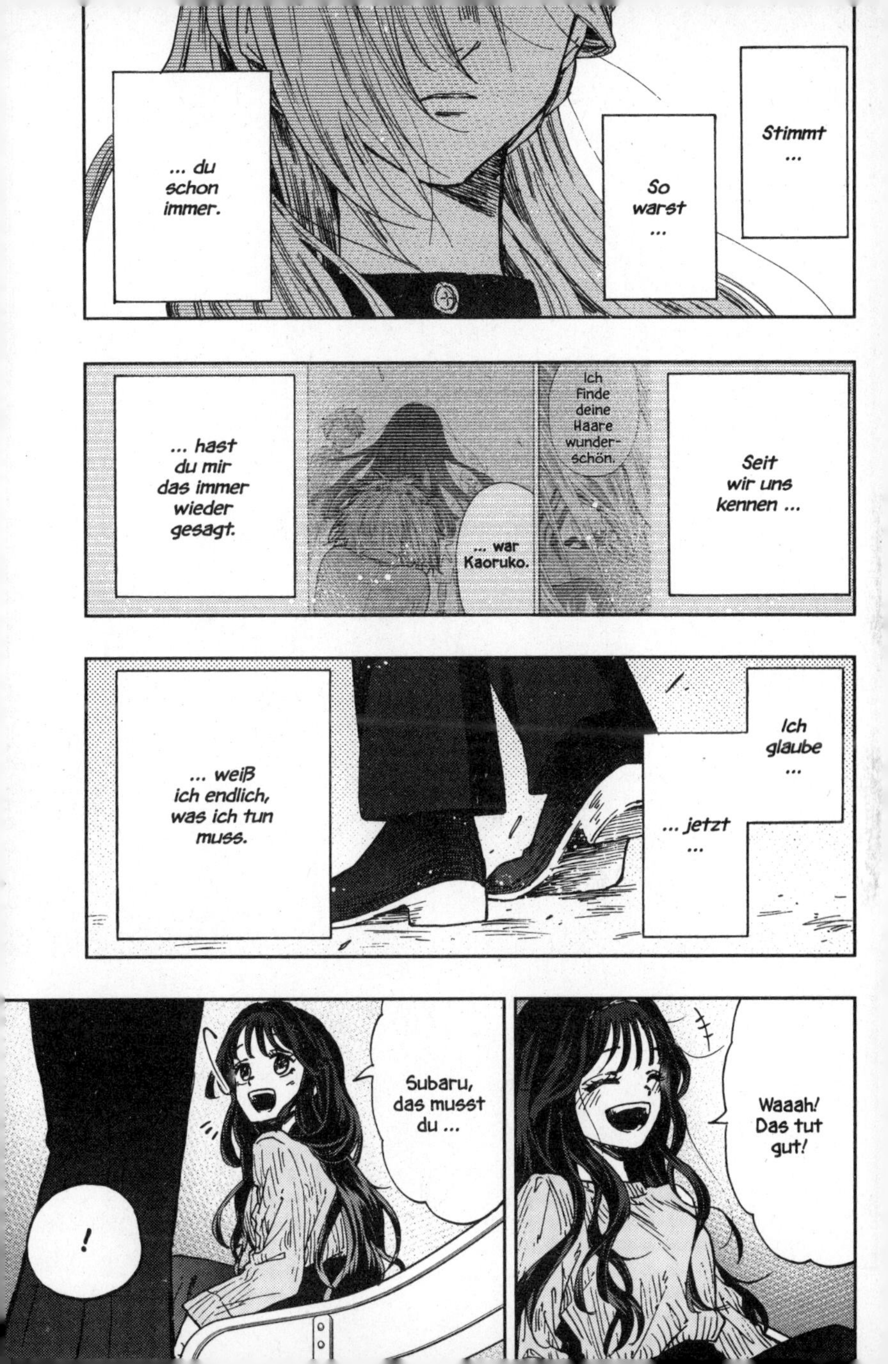
Stimmt ...
So warst ...
... du schon immer.
Seit wir uns kennen ...
Ich finde deine Haare wunderschön.
... war Kaoruko.
... hast du mir das immer wieder gesagt.
Ich glaube ...
... jetzt ...
... weiß ich endlich, was ich tun muss.
Waaah! Das tut gut!
Subaru, das musst du ...
!

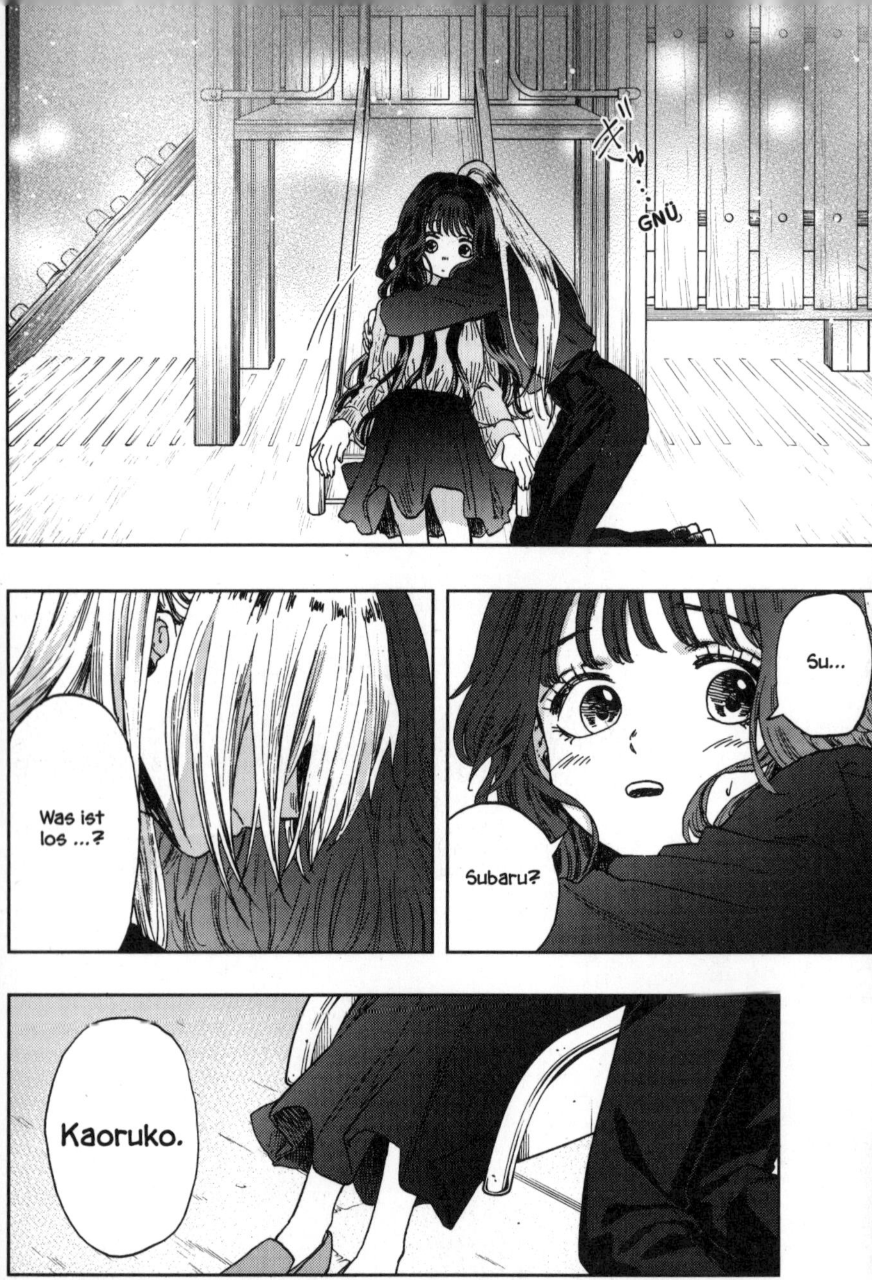
GNÜ
Su...
Subaru?
Was ist los ...?
Kaoruko.

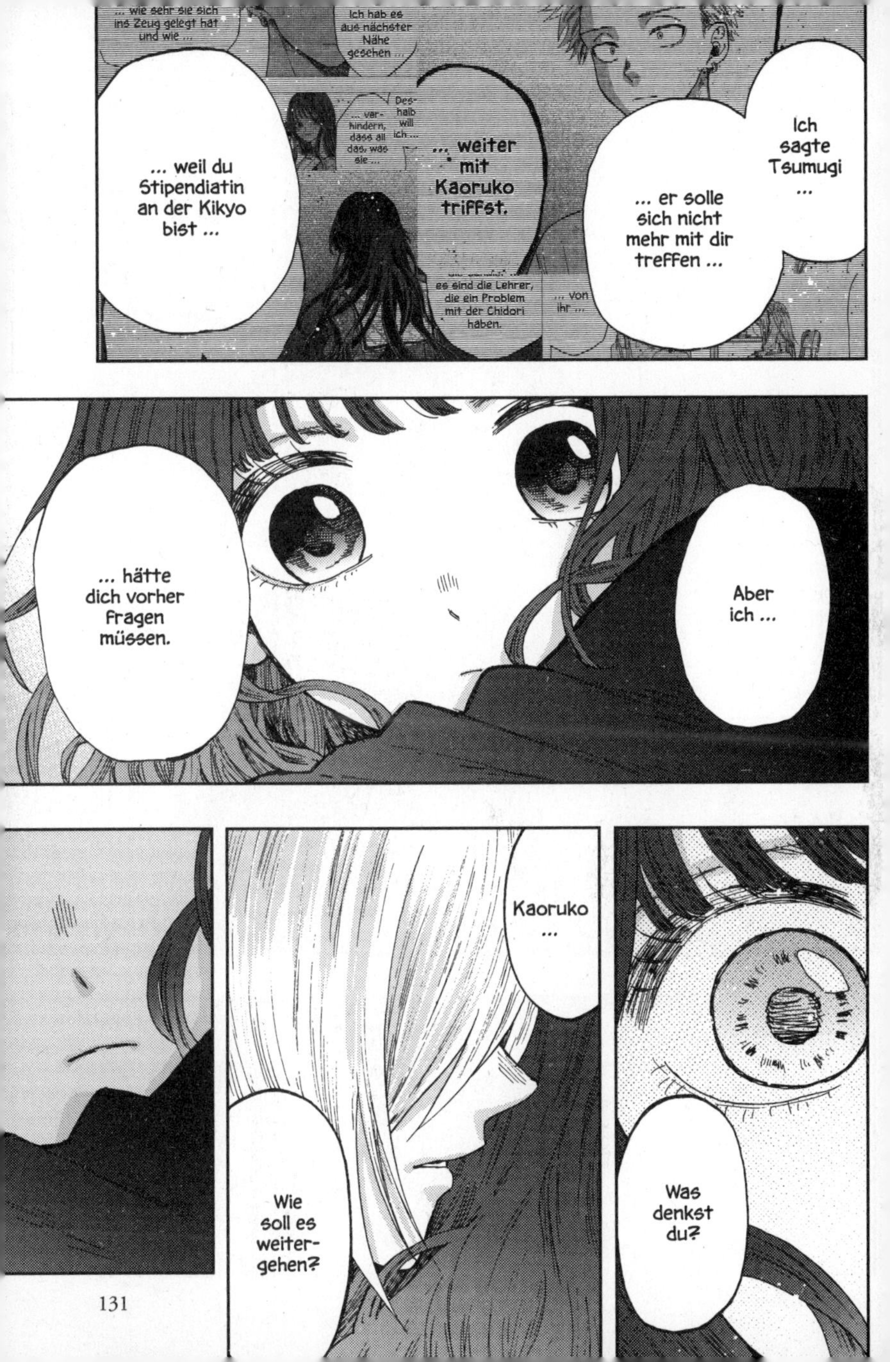
Ich sagte Tsumugi ...
... er solle sich nicht mehr mit dir treffen ...
Ich hab es aus nächster Nähe gesehen ...
... wie sehr sie sich ins Zeug gelegt hat und wie ...
Deshalb will ich ...
... verhindern, dass all das, was sie ...
... von ihr ...
es sind die Lehrer, die ein Problem mit der Chidori haben.
... weiter mit Kaoruko triffst.
... weil du Stipendiatin an der Kikyo bist ...
Aber ich ...
... hätte dich vorher fragen müssen.
Was denkst du?
Kaoruko ...
Wie soll es weitergehen?

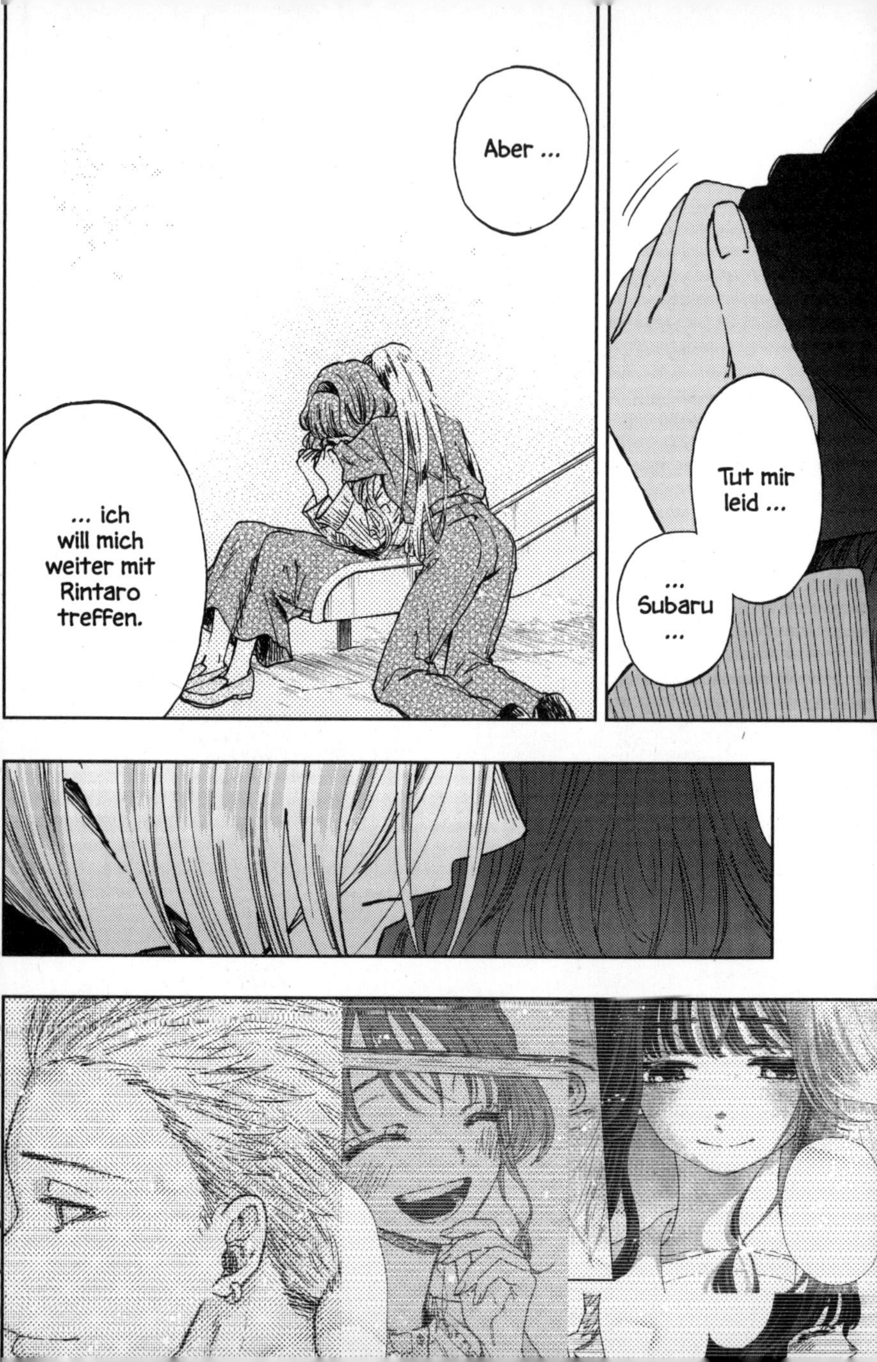
Tut mir leid ...
... Subaru ...
Aber ...
... ich will mich weiter mit Rintaro treffen.

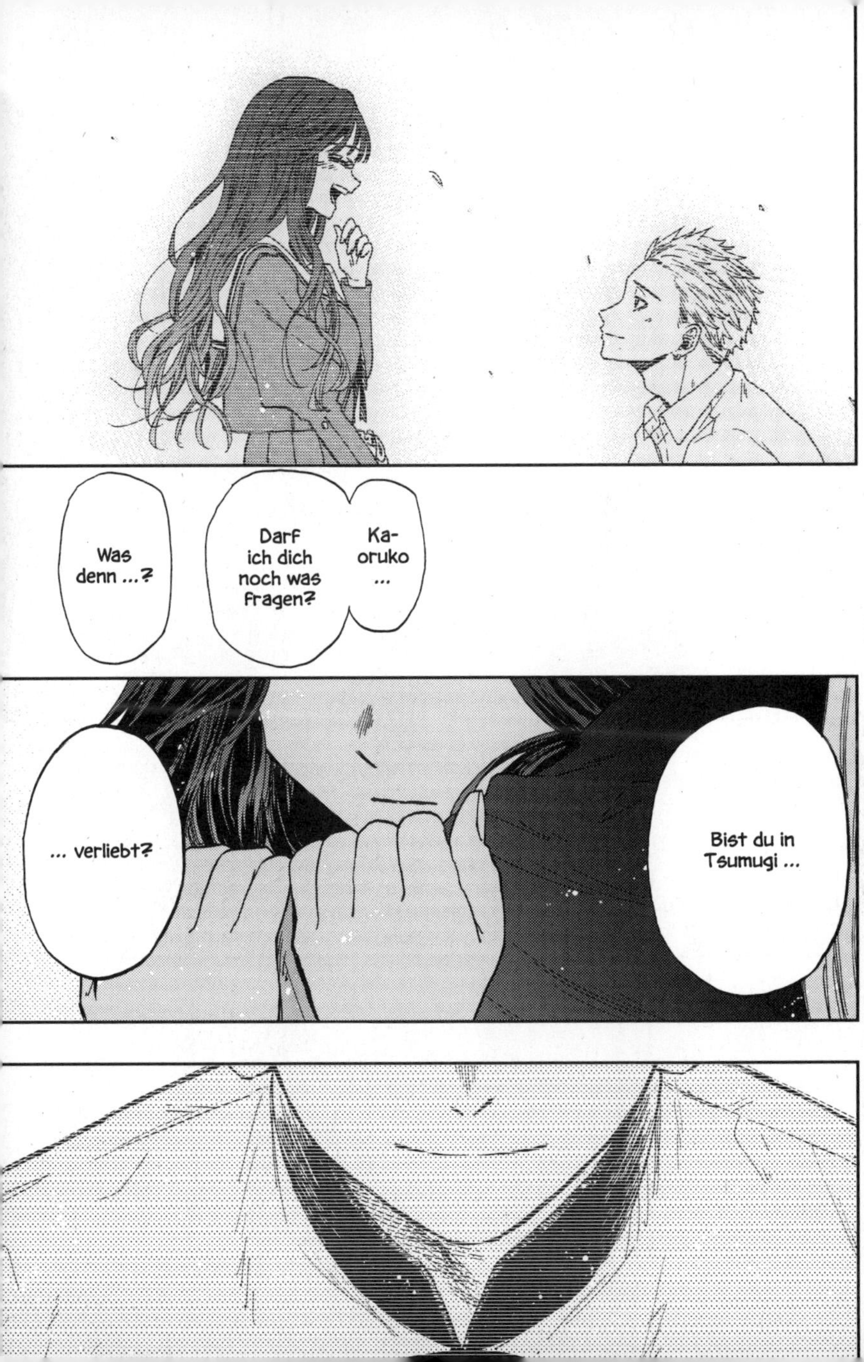
Kaoruko ...
Darf ich dich noch was fragen?
Was denn ...?
Bist du in Tsumugi ...
... verliebt?

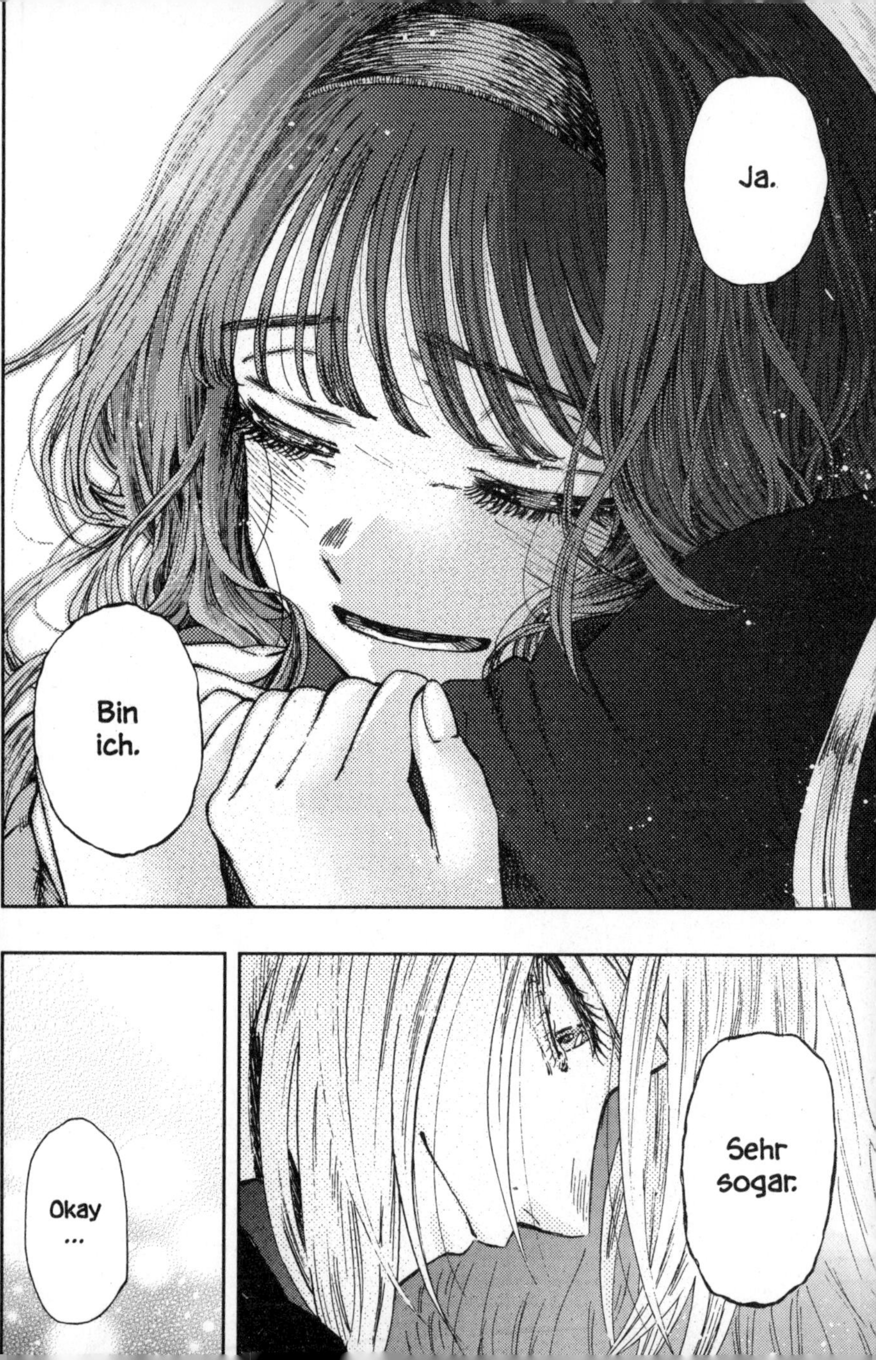
Ja.
Bin ich.
Sehr sogar.
Okay ...

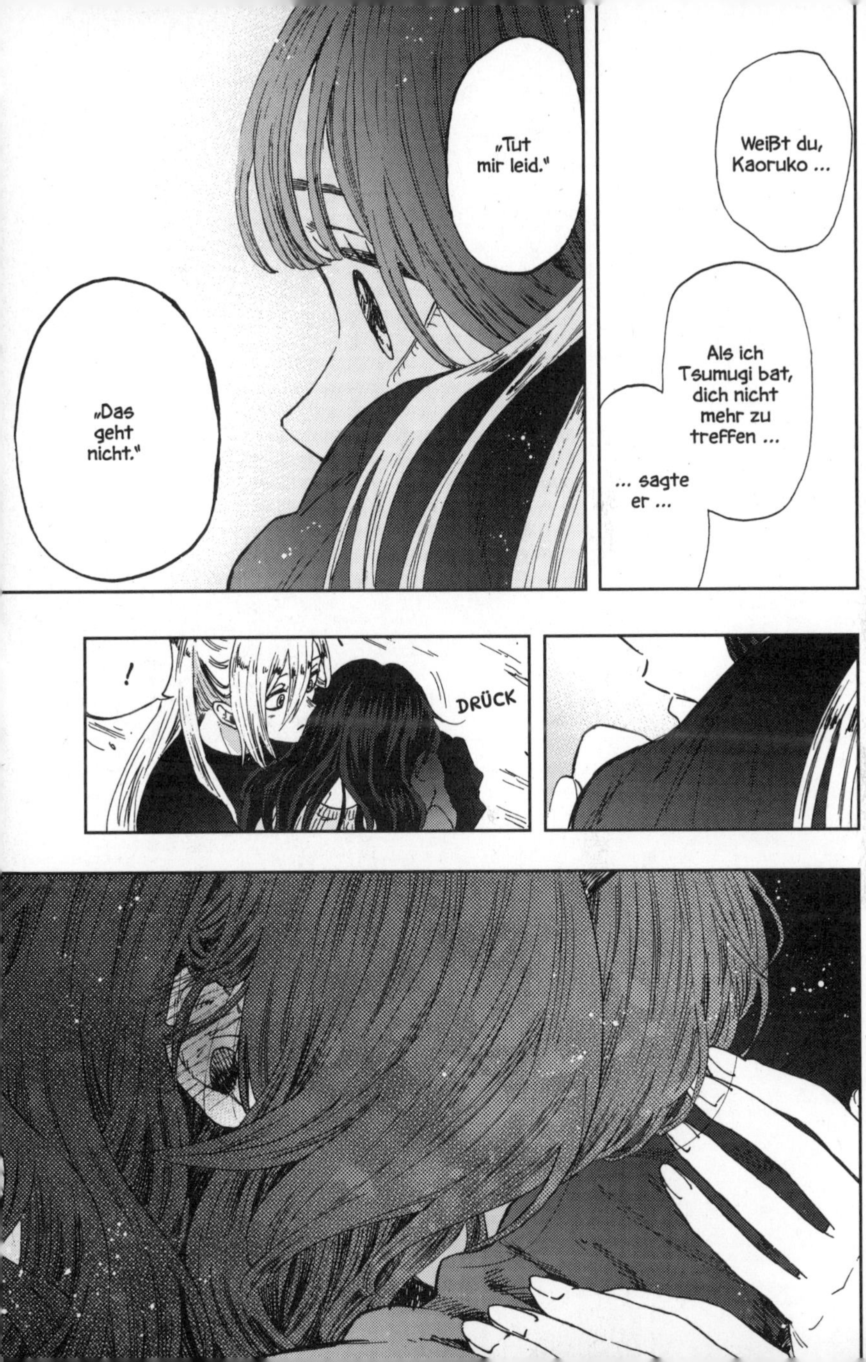
Weißt du, Kaoruko ...
Als ich Tsumugi bat, dich nicht mehr zu treffen ...
... sagte er ...
„Tut mir leid."
„Das geht nicht."
!
DRÜCK

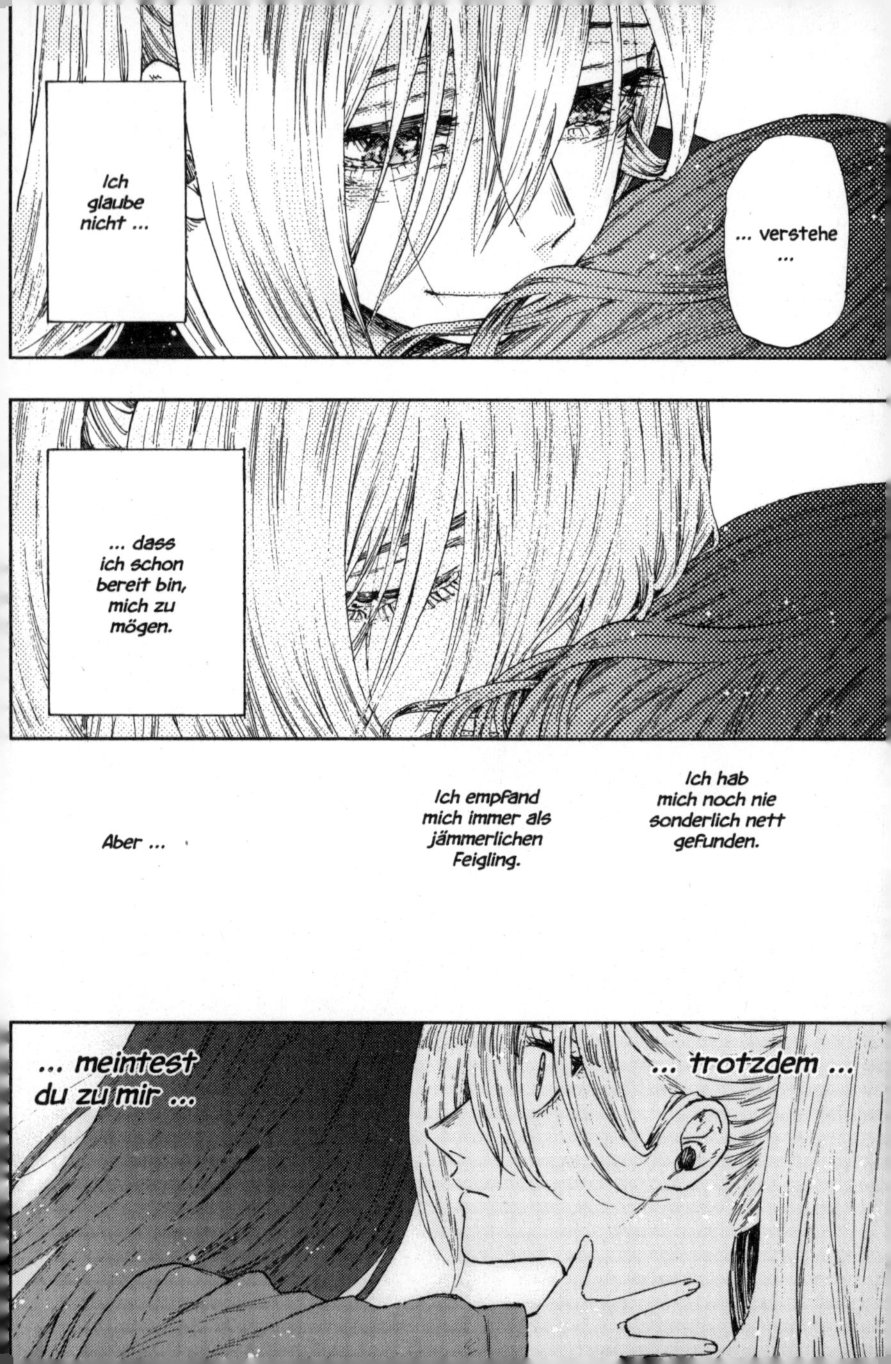
... verstehe ...
Ich glaube nicht ...
... dass ich schon bereit bin, mich zu mögen.
Ich hab mich noch nie sonderlich nett gefunden.
Ich empfand mich immer als jämmerlichen Feigling.
Aber ...
... trotzdem ...
... meintest du zu mir ...

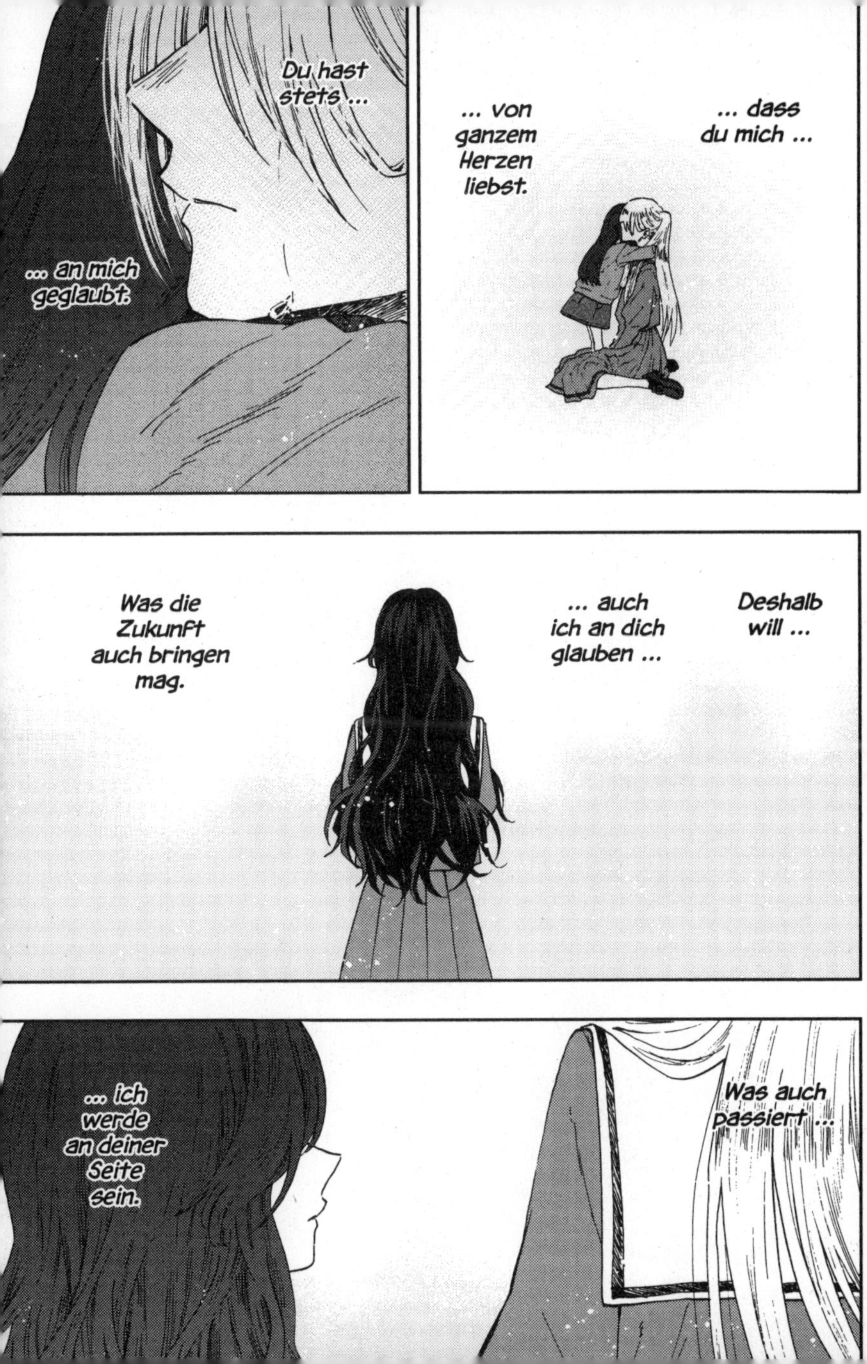
... dass du mich ...
... von ganzem Herzen liebst.
Du hast stets ...
... an mich geglaubt.
Deshalb will ...
... auch ich an dich glauben ...
Was die Zukunft auch bringen mag.
Was auch passiert ...
... ich werde an deiner Seite sein.

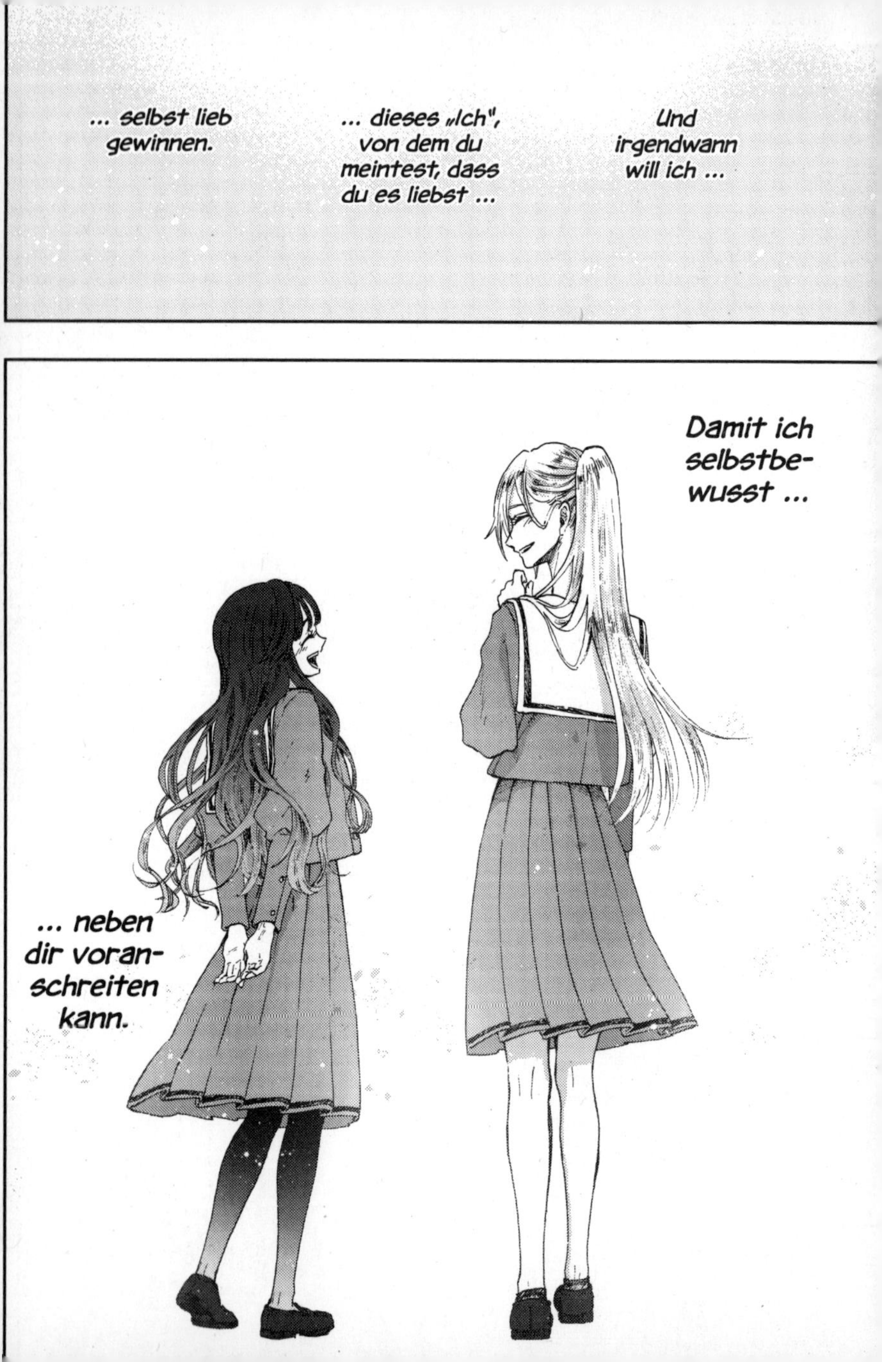
Und irgendwann will ich ...
... dieses „Ich", von dem du meintest, dass du es liebst ...
... selbst lieb gewinnen.
Damit ich selbstbewusst ...
... neben dir voranschreiten kann.

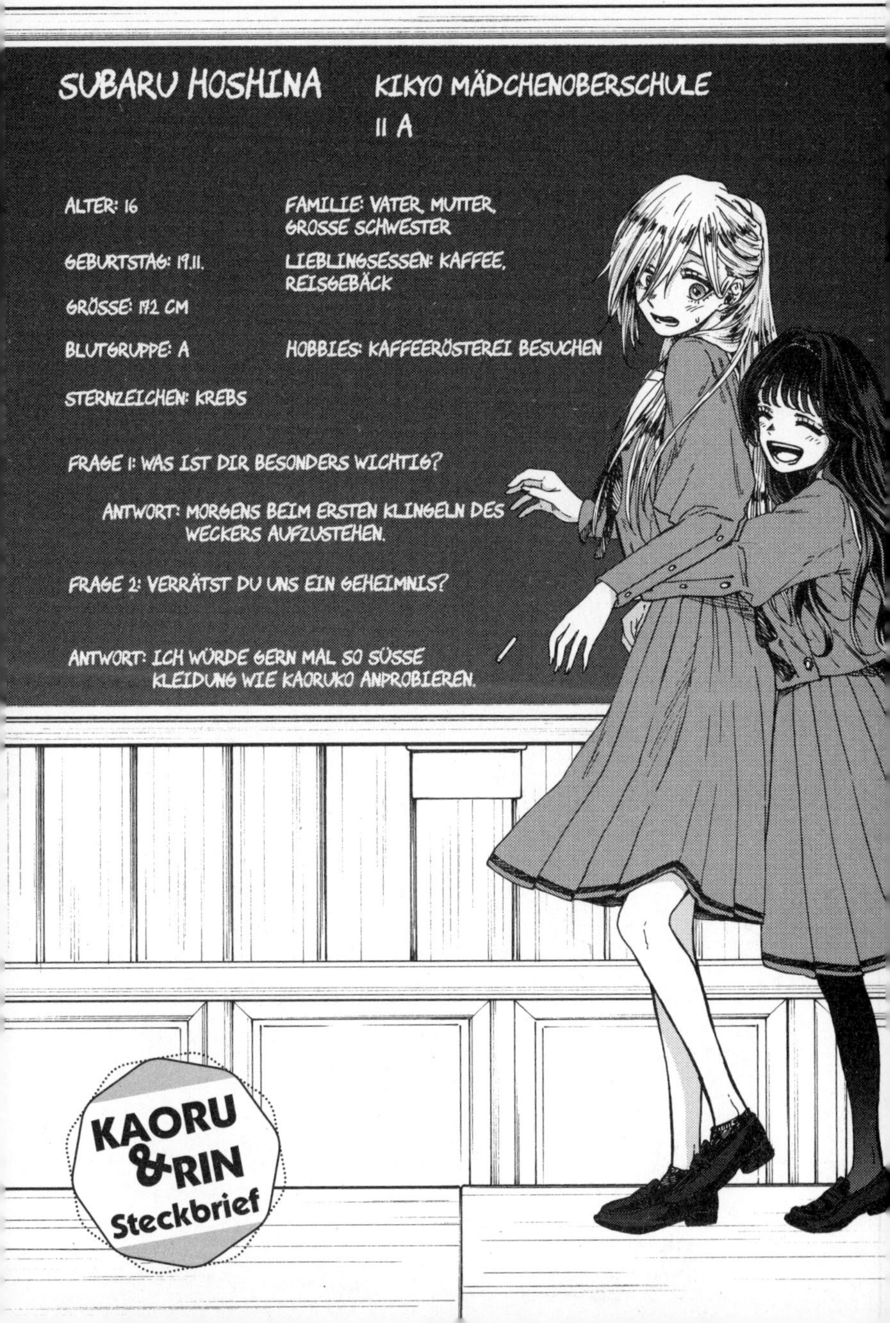
SUBARU HOSHINA
KIKYO MÄDCHENOBERSCHULE
II A
ALTER: 16
GEBURTSTAG: 19.11.
GRÖSSE: 172 CM
BLUTGRUPPE: A
STERNZEICHEN: KREBS
FAMILIE: VATER, MUTTER, GROSSE SCHWESTER
LIEBLINGSESSEN: KAFFEE, REISGEBÄCK
HOBBIES: KAFFEERÖSTEREI BESUCHEN
FRAGE 1: WAS IST DIR BESONDERS WICHTIG?
ANTWORT: MORGENS BEIM ERSTEN KLINGELN DES WECKERS AUFZUSTEHEN.
FRAGE 2: VERRÄTST DU UNS EIN GEHEIMNIS?
ANTWORT: ICH WÜRDE GERN MAL SO SÜSSE KLEIDUNG WIE KAORUKO ANPROBIEREN.
KAORU & RIN
Steckbrief

Kaoru & Rin

so nah und doch so fern

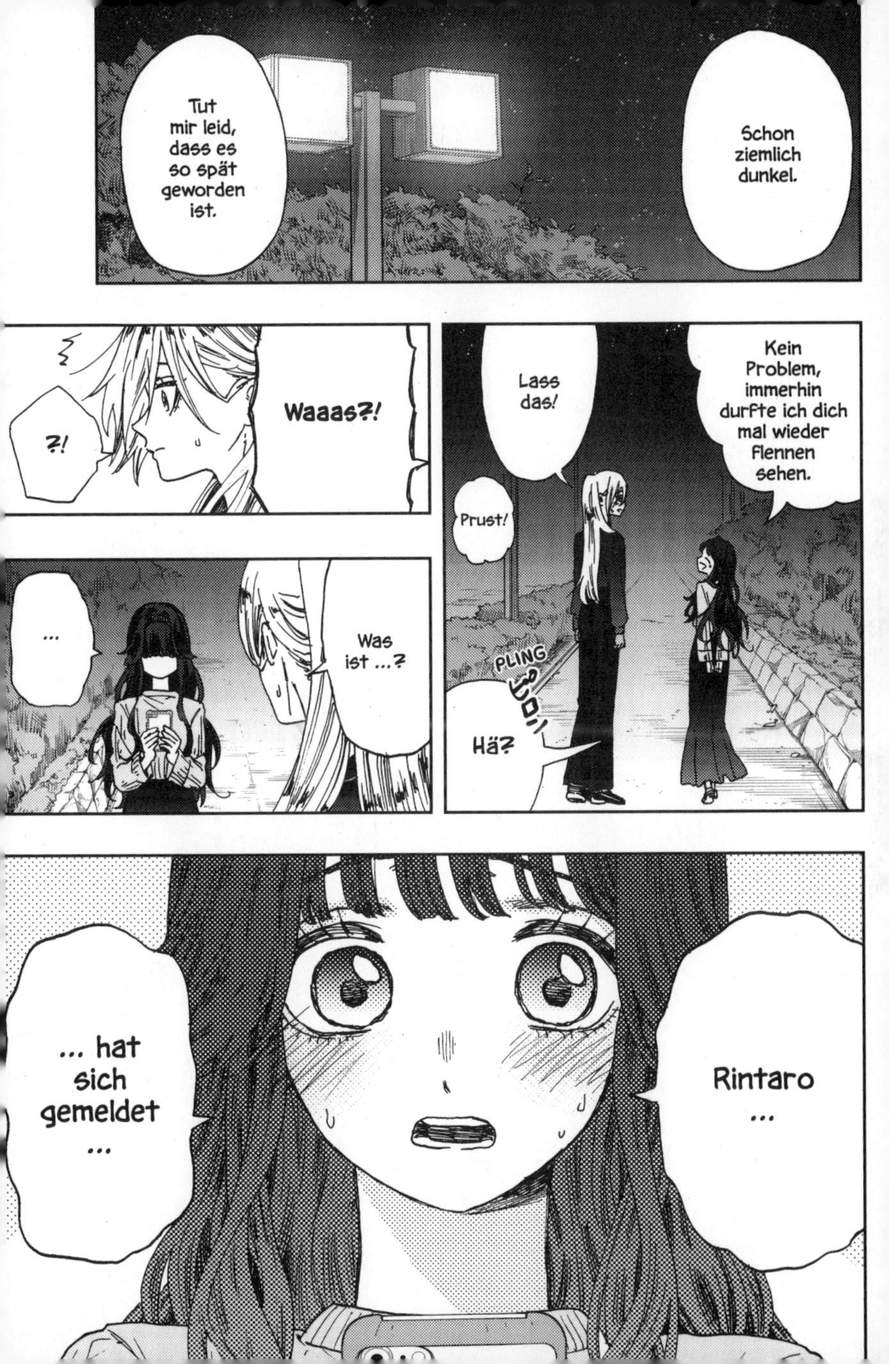
Schon ziemlich dunkel.
Tut mir leid, dass es so spät geworden ist.
Kein Problem, immerhin durfte ich dich mal wieder flennen sehen.
Lass das!
Prust!
PLING
Hä?
Waaas?!
?!
Was ist …?
…
Rintaro …
… hat sich gemeldet …

KAPITEL 12:
Rintaro und Subaru

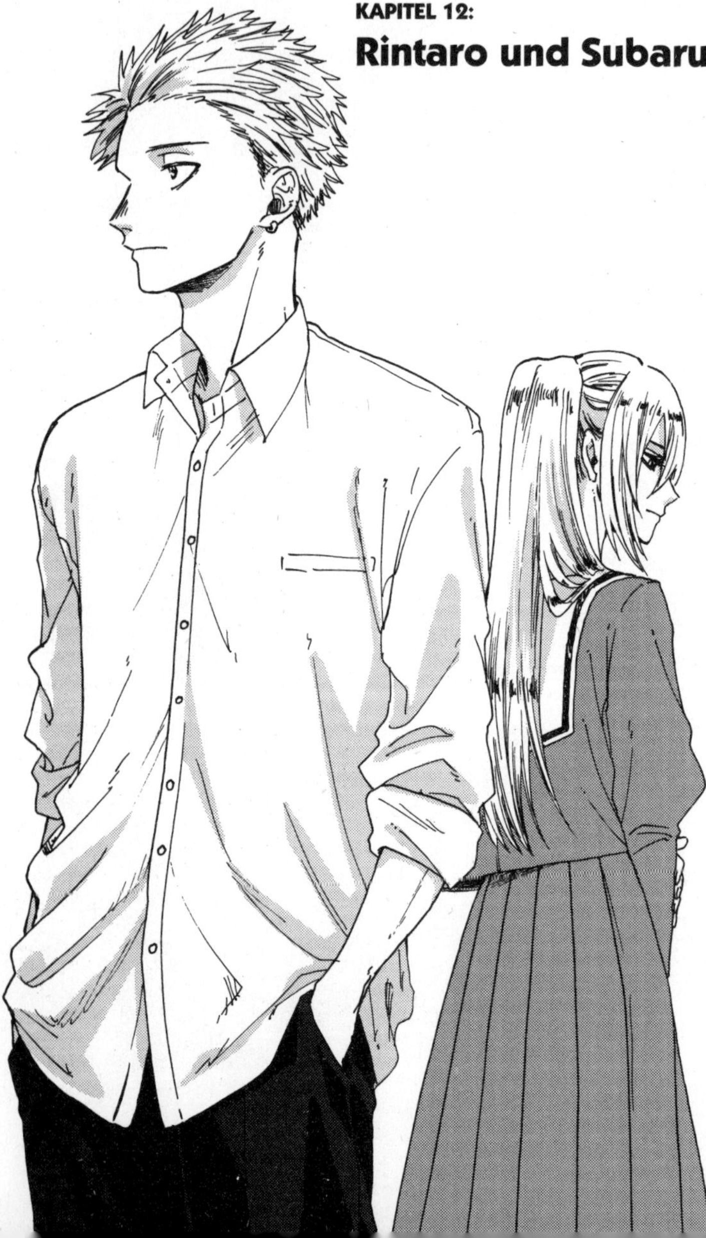

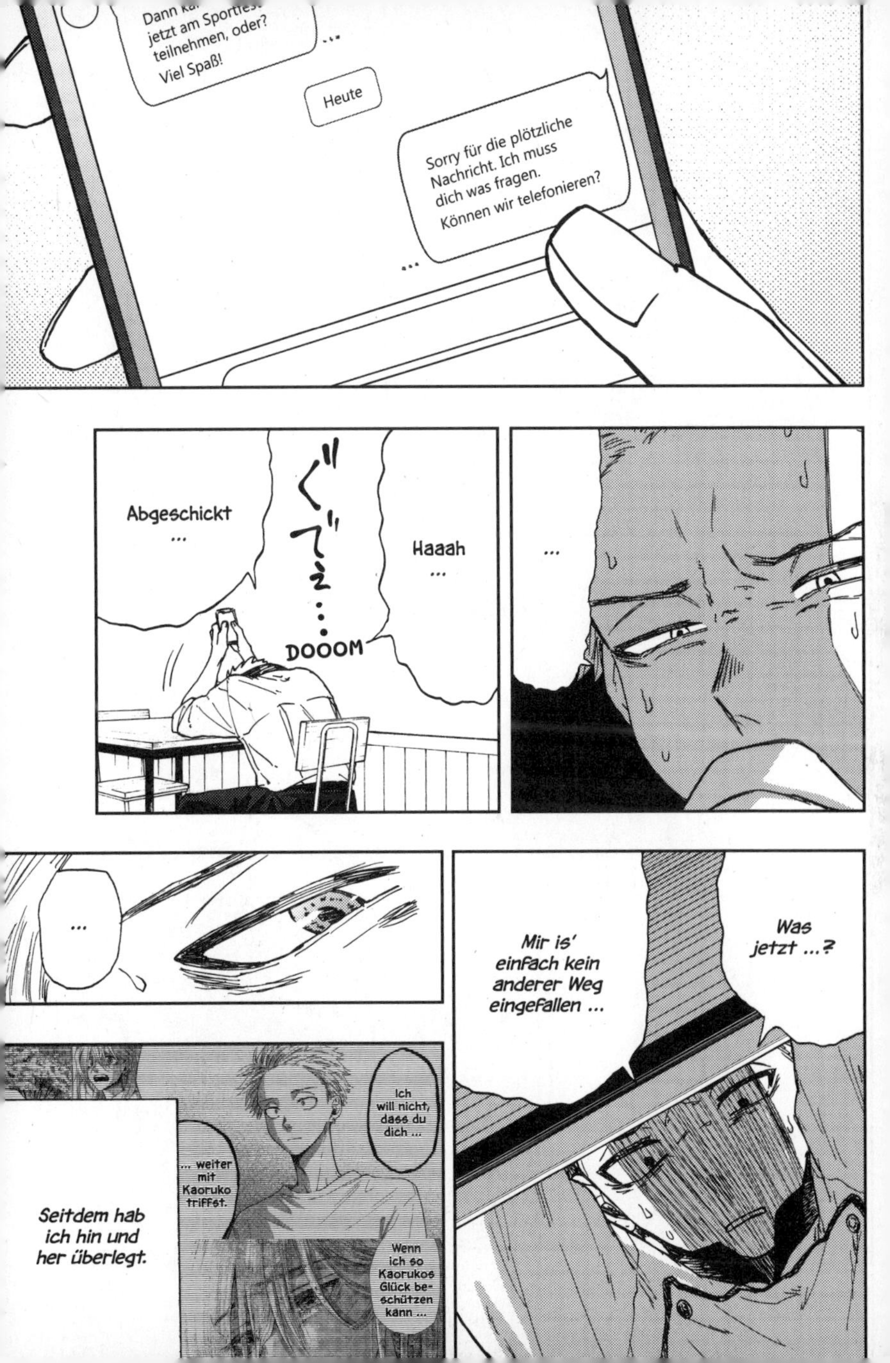
Dann ka... jetzt am Sportfest teilnehmen, oder? Viel Spaß!
...
Heute
Sorry für die plötzliche Nachricht. Ich muss dich was fragen. Können wir telefonieren?
...
Abgeschickt ...
Haaah ...
DOOOM
...
...
Was jetzt ...?
Mir is' einfach kein anderer Weg eingefallen ...
Ich will nicht, dass du dich ...
... weiter mit Kaoruko triffst.
Wenn ich so Kaorukos Glück beschützen kann ...
Seitdem hab ich hin und her überlegt.

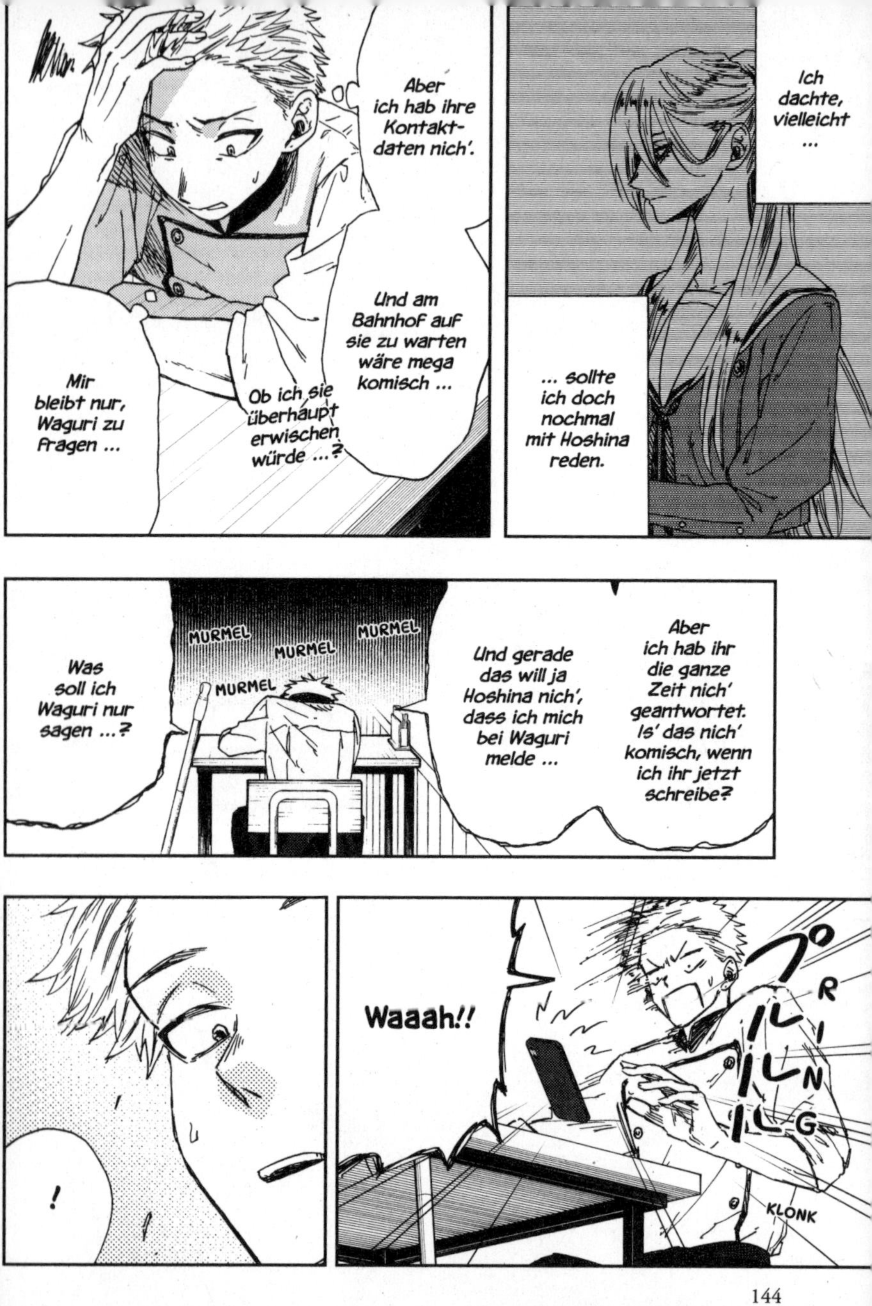
Ich dachte, vielleicht ...
... sollte ich doch nochmal mit Hoshina reden.
Aber ich hab ihre Kontakt-daten nich'.
Und am Bahnhof auf sie zu warten wäre mega komisch ...
Ob ich sie überhaupt erwischen würde ...?
Mir bleibt nur, Waguri zu fragen ...
Aber ich hab ihr die ganze Zeit nich' geantwortet. Is' das nich' komisch, wenn ich ihr jetzt schreibe?
Und gerade das will ja Hoshina nich', dass ich mich bei Waguri melde ...
MURMEL
MURMEL
MURMEL
MURMEL
Was soll ich Waguri nur sagen ...?
RING
Waaah!!
KLONK
!

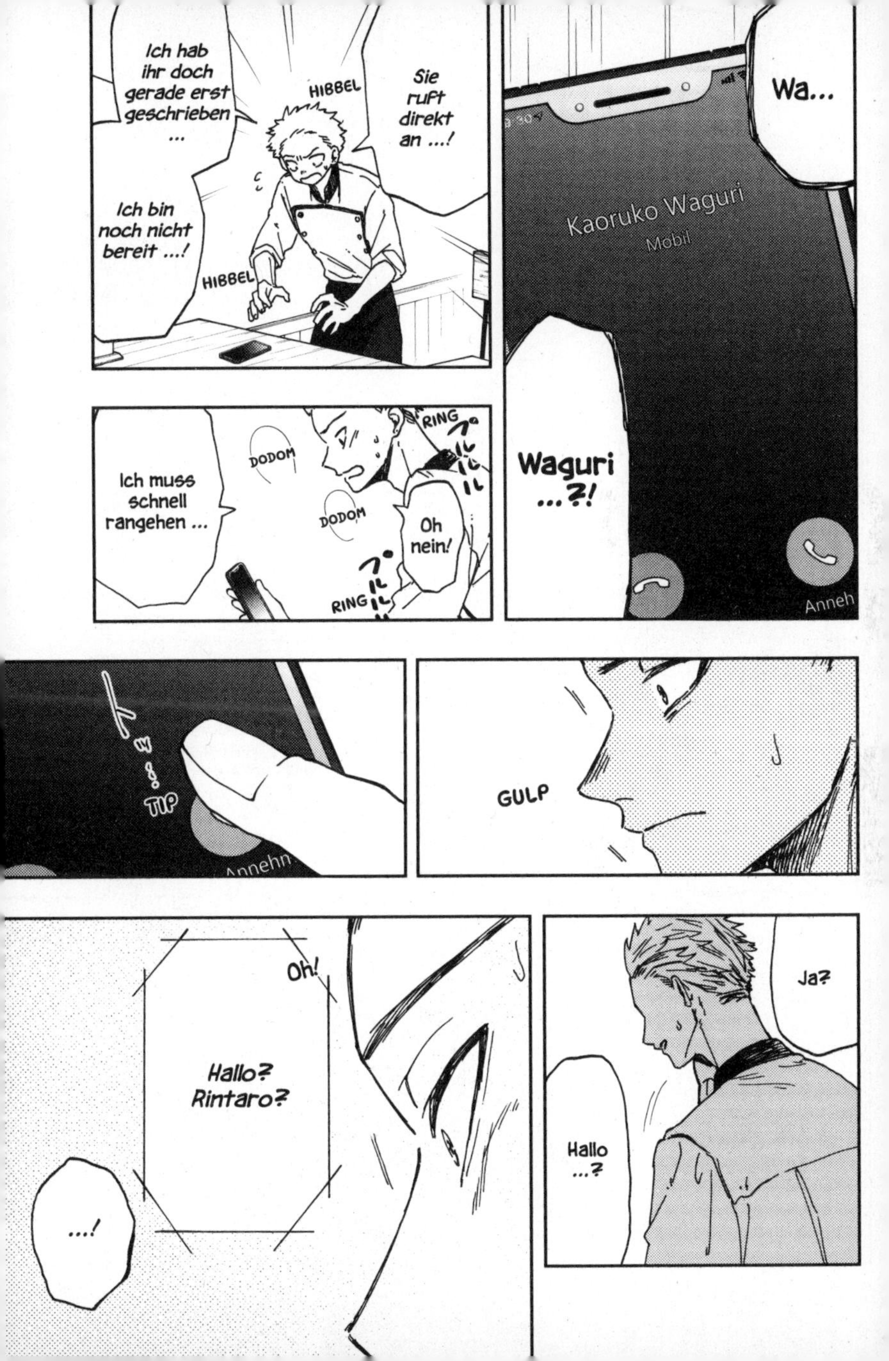
Wa...
Kaoruko Waguri
Mobil
Waguri ...?!
Anneh
Sie ruft direkt an ...!
HIBBEL
Ich hab ihr doch gerade erst geschrieben ...
Ich bin noch nicht bereit ...!
HIBBEL
RING
Oh nein!
DODOM
DODOM
Ich muss schnell rangehen ...
RING
GULP
TIP
Annehn
Ja?
Hallo ...?
Oh!
Hallo? Rintaro?
...!

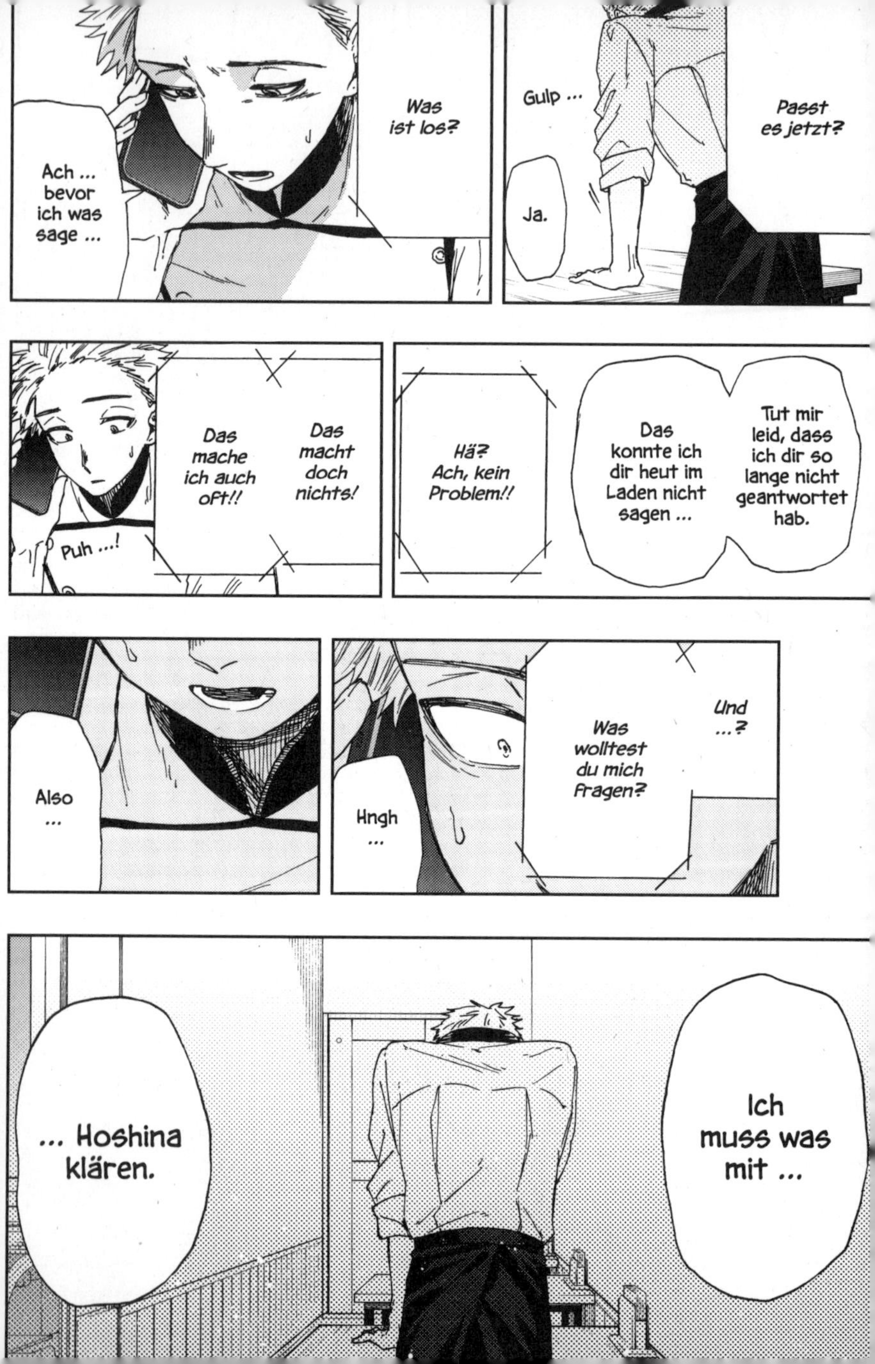
Passt es jetzt?
Gulp ...
Ja.
Was ist los?
Ach ... bevor ich was sage ...
Tut mir leid, dass ich dir so lange nicht geantwortet hab.
Das konnte ich dir heut im Laden nicht sagen ...
Hä? Ach, kein Problem!!
Das macht doch nichts!
Das mache ich auch oft!!
Puh ...!
Und ...?
Was wolltest du mich fragen?
Hngh ...
Also ...
Ich muss was mit ...
... Hoshina klären.

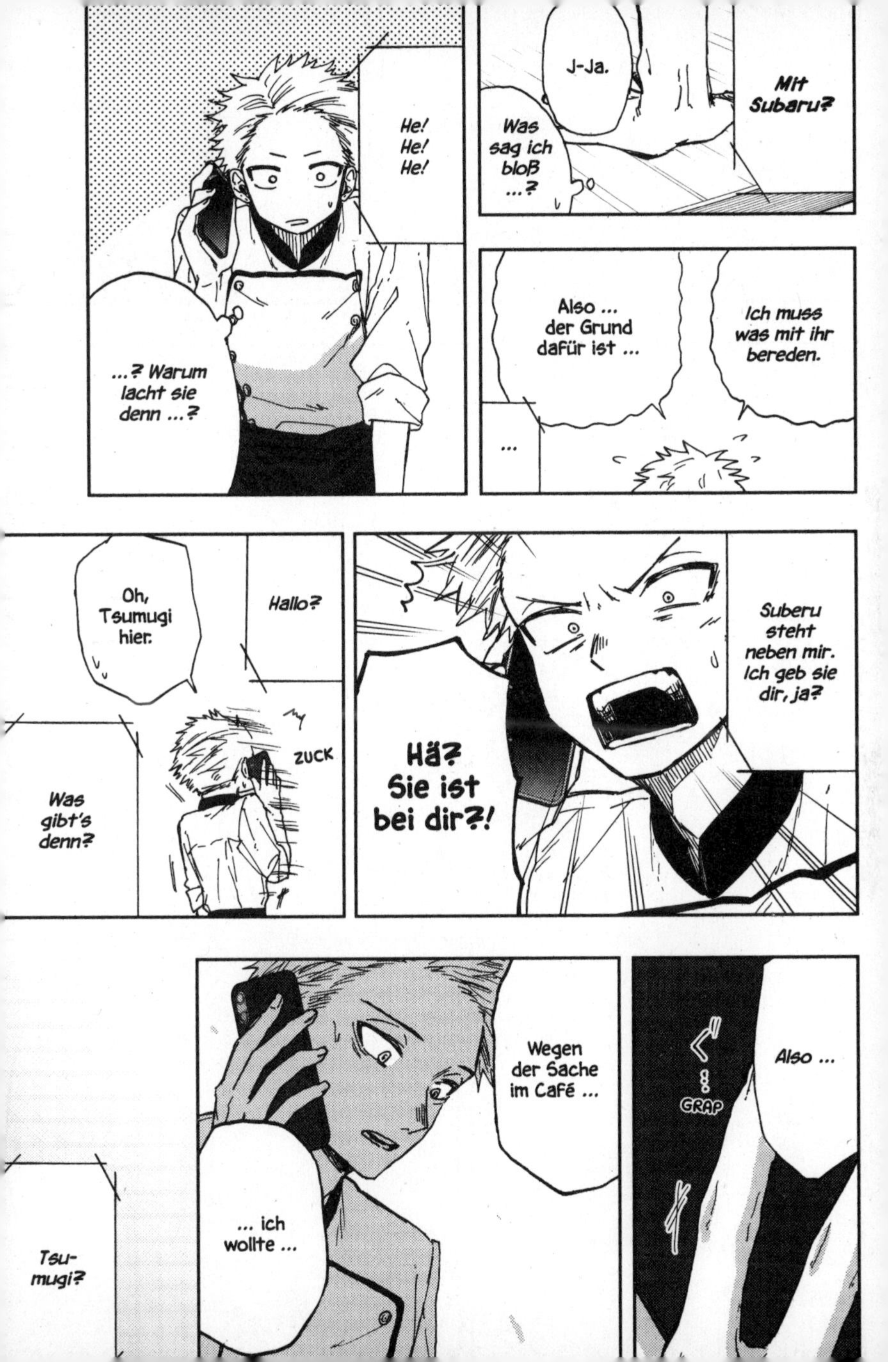
Mit Subaru?
J-Ja.
Was sag ich bloß ...?
He! He! He!
...? Warum lacht sie denn ...?
Ich muss was mit ihr bereden.
Also ... der Grund dafür ist ...
...
Suberu steht neben mir. Ich geb sie dir, ja?
Hä? Sie ist bei dir?!
Hallo?
Oh, Tsumugi hier.
ZUCK
Was gibt's denn?
Also ...
GRAP
Wegen der Sache im Café ...
... ich wollte ...
Tsu-mugi?

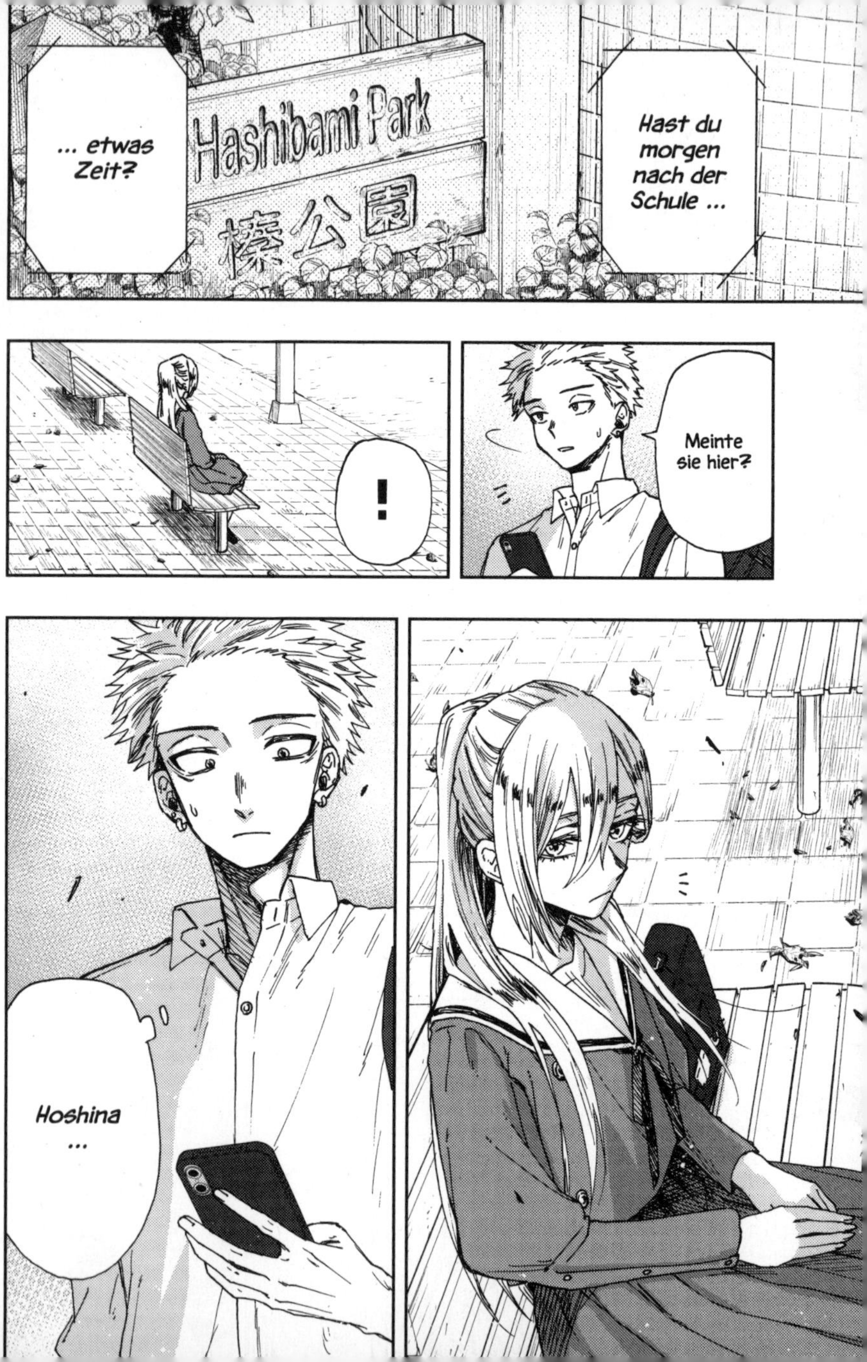
Hast du morgen nach der Schule ...
Hashibami Park
榛公園
... etwas Zeit?
Meinte sie hier?
!
Hoshina ...

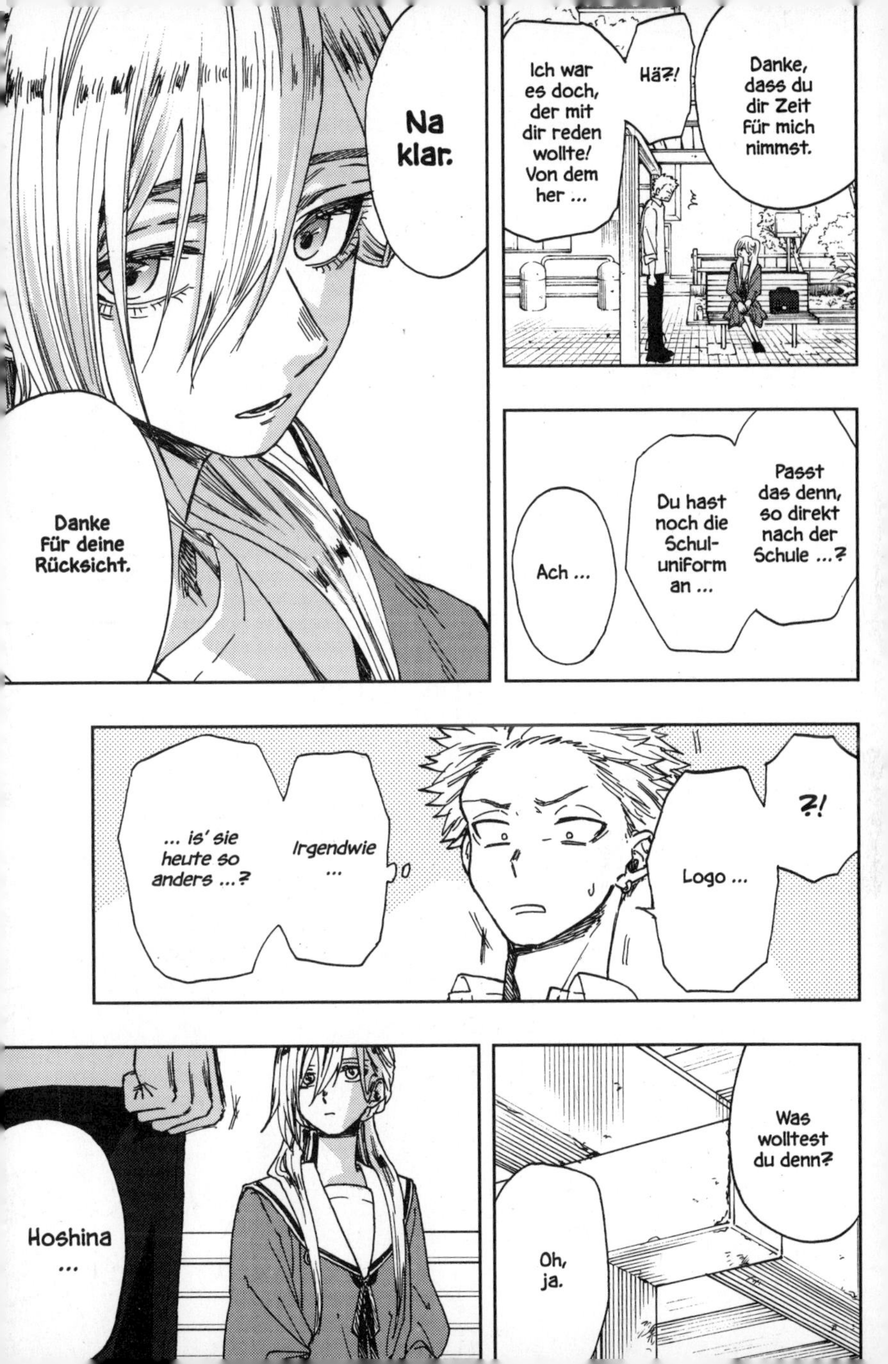
Danke, dass du dir Zeit für mich nimmst.
Hä?!
Ich war es doch, der mit dir reden wollte! Von dem her ...
Passt das denn, so direkt nach der Schule ...?
Du hast noch die Schuluniform an ...
Ach ...
Na klar.
Danke für deine Rücksicht.
?!
Logo ...
Irgendwie ...
... is' sie heute so anders ...?
Was wolltest du denn?
Oh, ja.
Hoshina ...

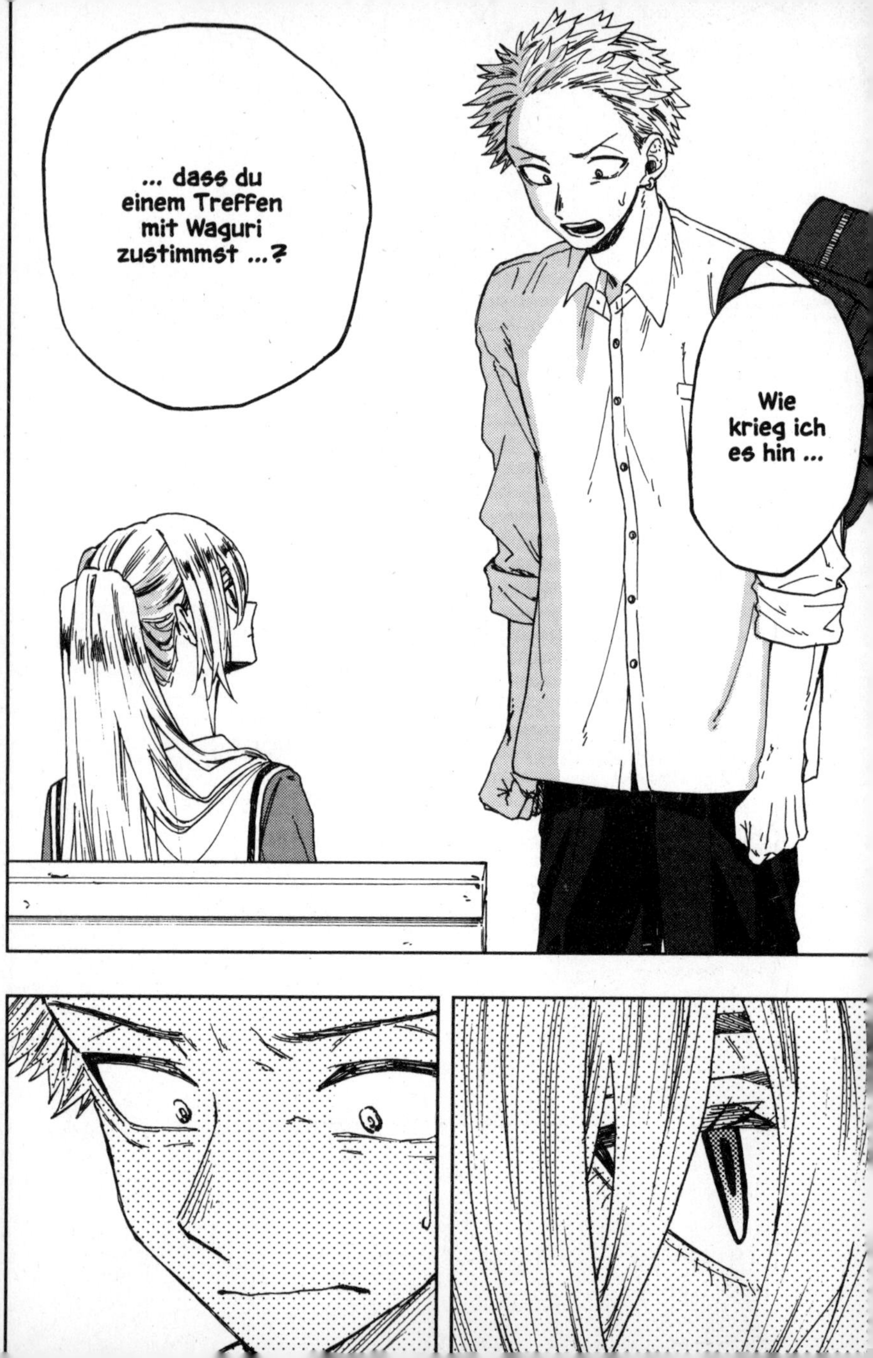
Wie krieg ich es hin ...
... dass du einem Treffen mit Waguri zustimmst ...?

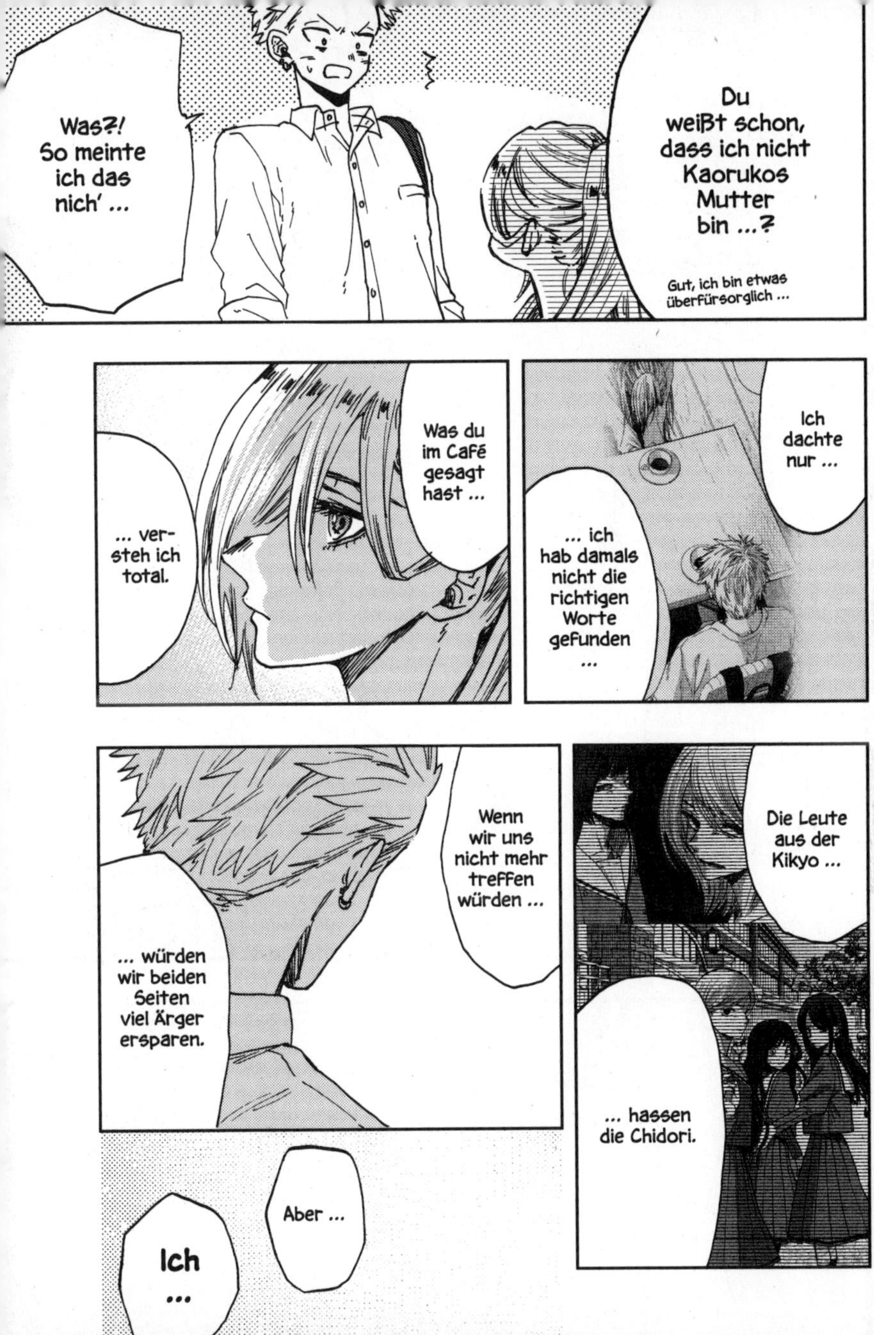
Du weißt schon, dass ich nicht Kaorukos Mutter bin ...?
Gut, ich bin etwas überfürsorglich ...
Was?! So meinte ich das nich' ...
Ich dachte nur ...
... ich hab damals nicht die richtigen Worte gefunden ...
Was du im Café gesagt hast ...
... versteh ich total.
Die Leute aus der Kikyo ...
... hassen die Chidori.
Wenn wir uns nicht mehr treffen würden ...
... würden wir beiden Seiten viel Ärger ersparen.
Aber ...
Ich ...

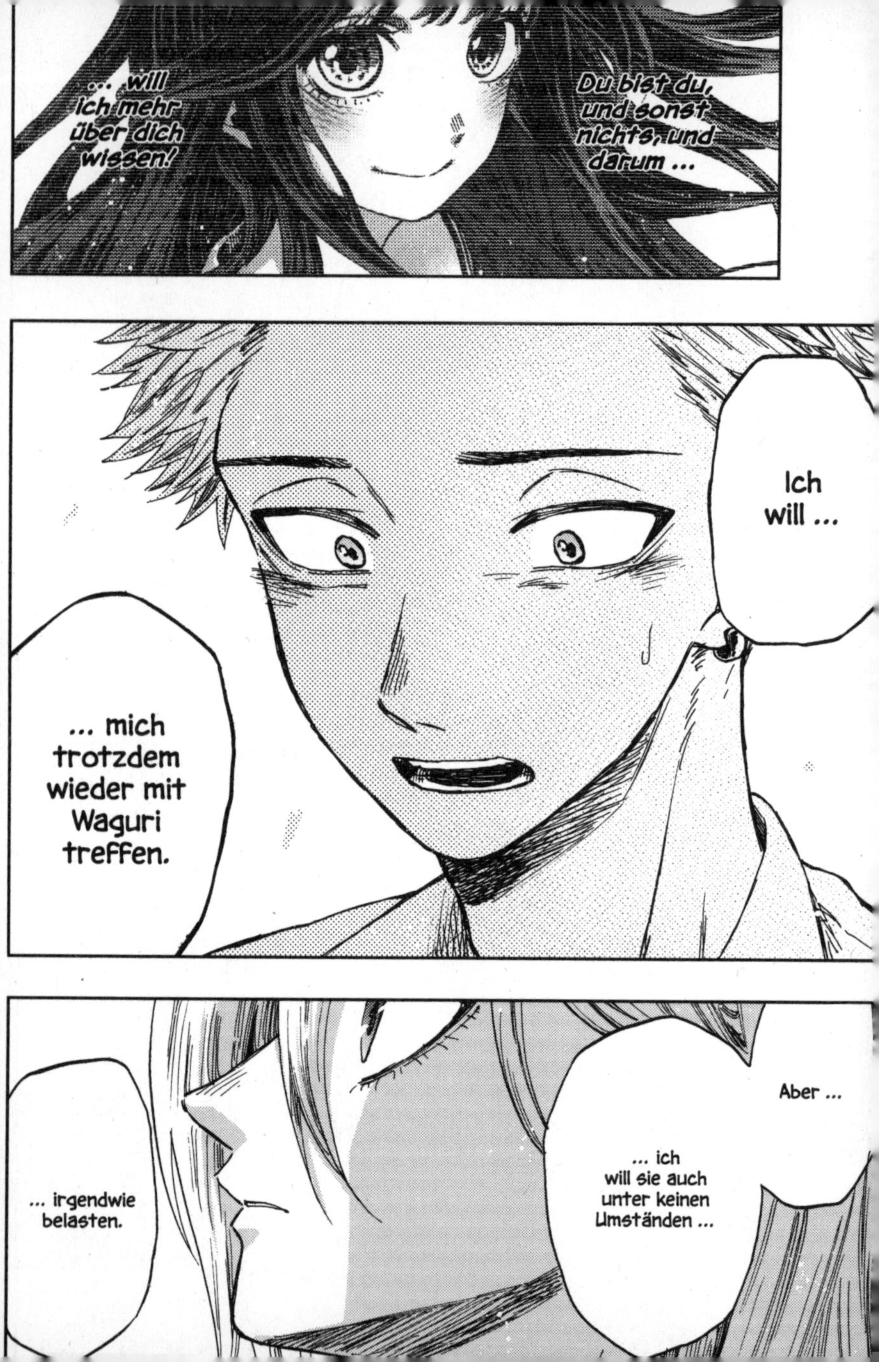
Du bist du, und sonst nichts, und darum ...
... will ich mehr über dich wissen!
Ich will ...
... mich trotzdem wieder mit Waguri treffen.
Aber ...
... ich will sie auch unter keinen Umständen ...
... irgendwie belasten.

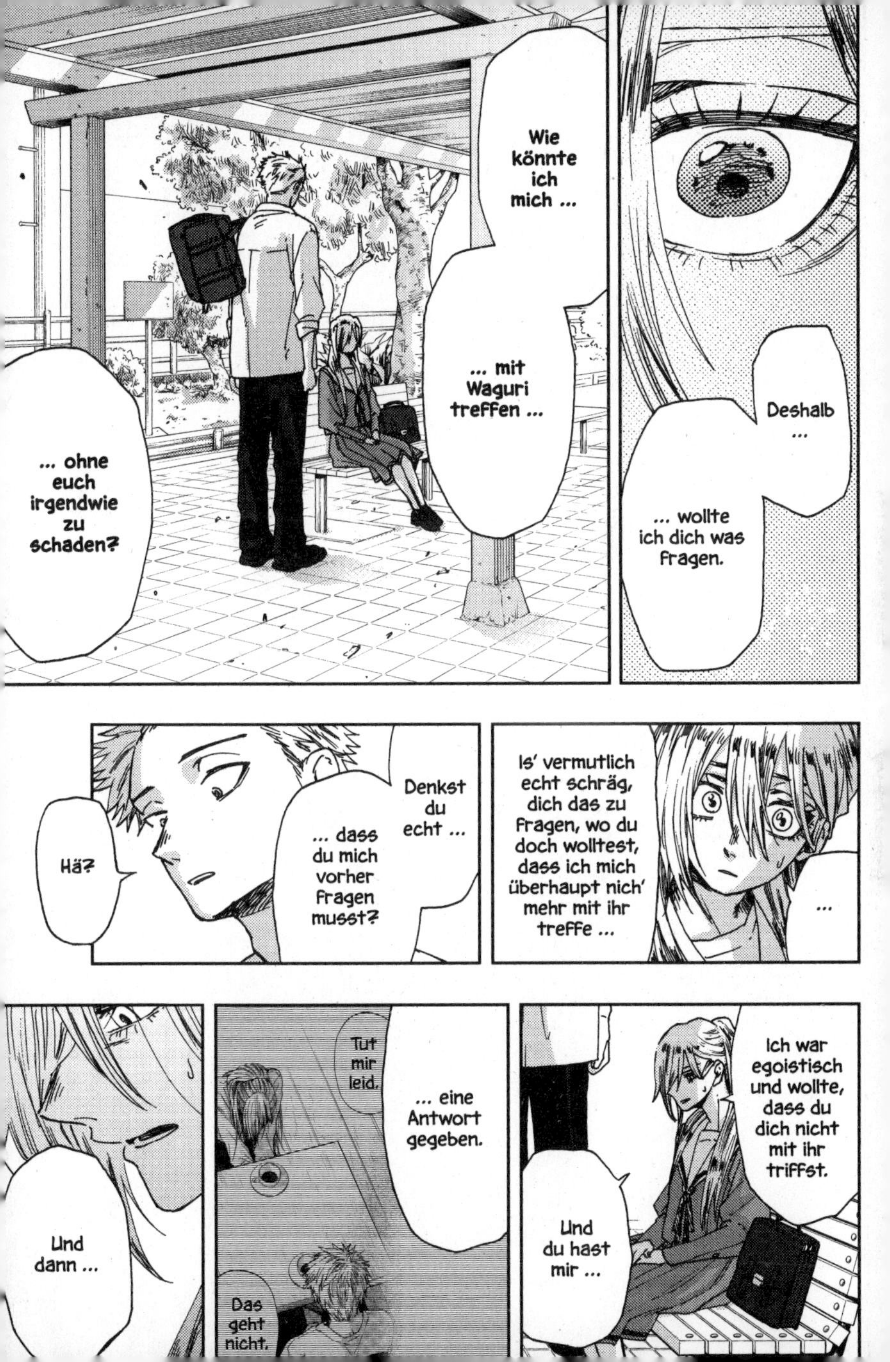
Deshalb ...
... wollte ich dich was fragen.
Wie könnte ich mich ...
... mit Waguri treffen ...
... ohne euch irgendwie zu schaden?
Is' vermutlich echt schräg, dich das zu fragen, wo du doch wolltest, dass ich mich überhaupt nich' mehr mit ihr treffe ...
...
Denkst du echt ...
... dass du mich vorher fragen musst?
Hä?
Ich war egoistisch und wollte, dass du dich nicht mit ihr triffst.
Und du hast mir ...
... eine Antwort gegeben.
Tut mir leid.
Das geht nicht.
Und dann ...

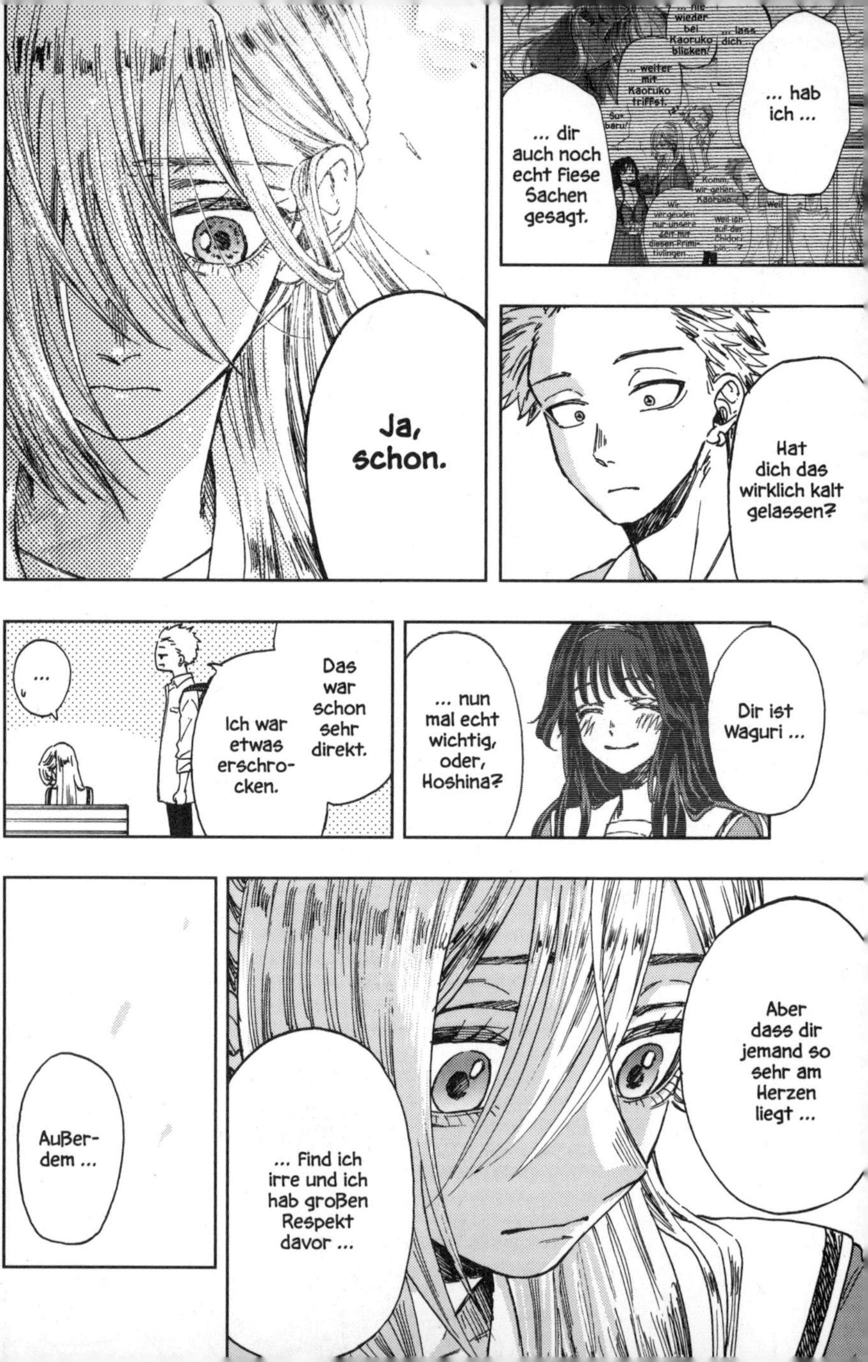
... hab ich ...
... lass dich ...
... nie wieder bei Kaoruko blicken!
... weiter mit Kaoruko triffst.
Su-baru!
Weil ...
Komm, wir gehen, Kaoruko.
Weil ich auf der Chidori bin ...?
Wir vergeuden nur unsere Zeit mit diesen Primitivlingen ...
... dir auch noch echt fiese Sachen gesagt.
Hat dich das wirklich kalt gelassen?
Ja, schon.
Dir ist Waguri ...
... nun mal echt wichtig, oder, Hoshina?
Das war schon sehr direkt.
Ich war etwas erschrocken.
...
Aber dass dir jemand so sehr am Herzen liegt ...
... find ich irre und ich hab großen Respekt davor ...
Außerdem ...

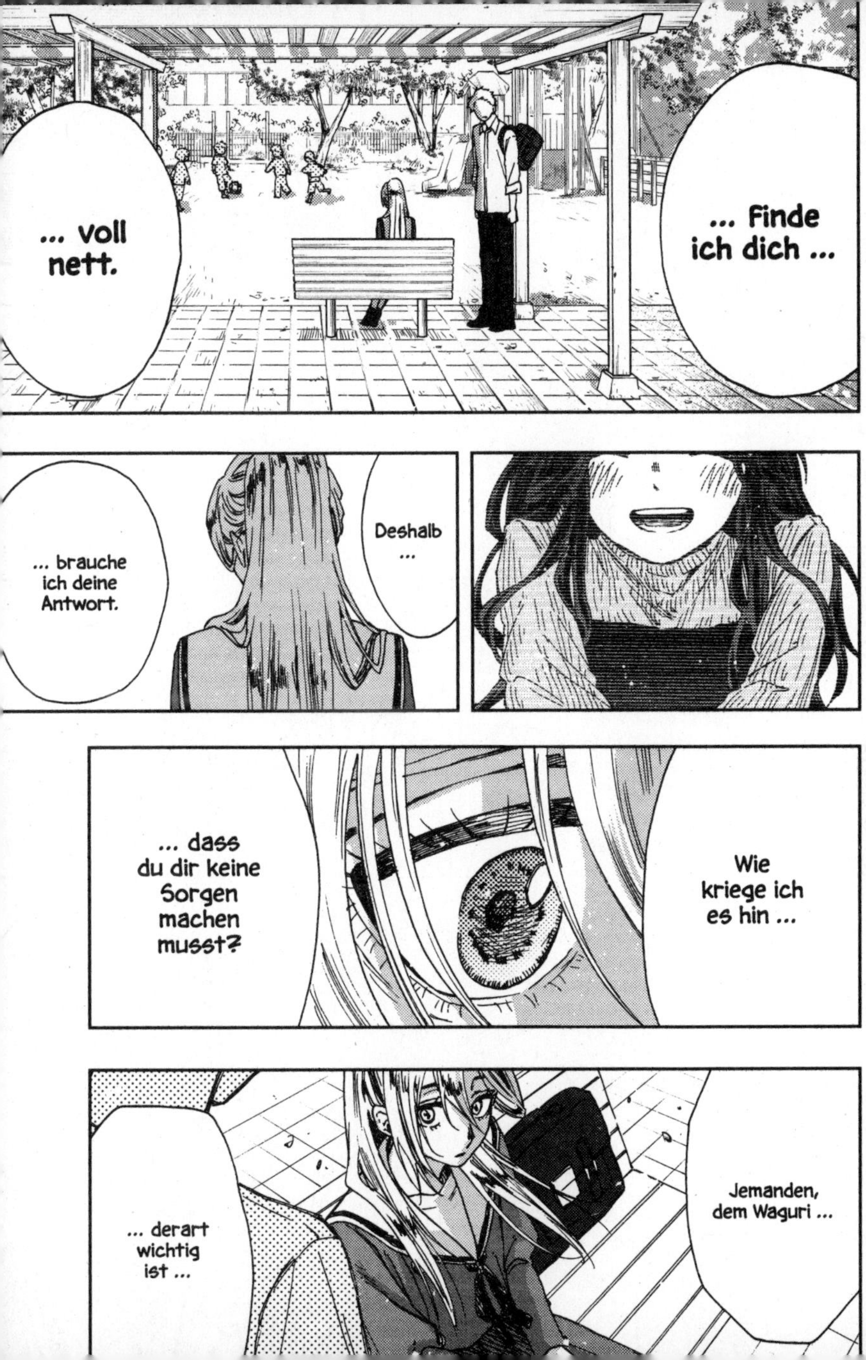
... Finde ich dich ...
... voll nett.
Deshalb ...
... brauche ich deine Antwort.
Wie kriege ich es hin ...
... dass du dir keine Sorgen machen musst?
Jemanden, dem Waguri ...
... derart wichtig ist ...

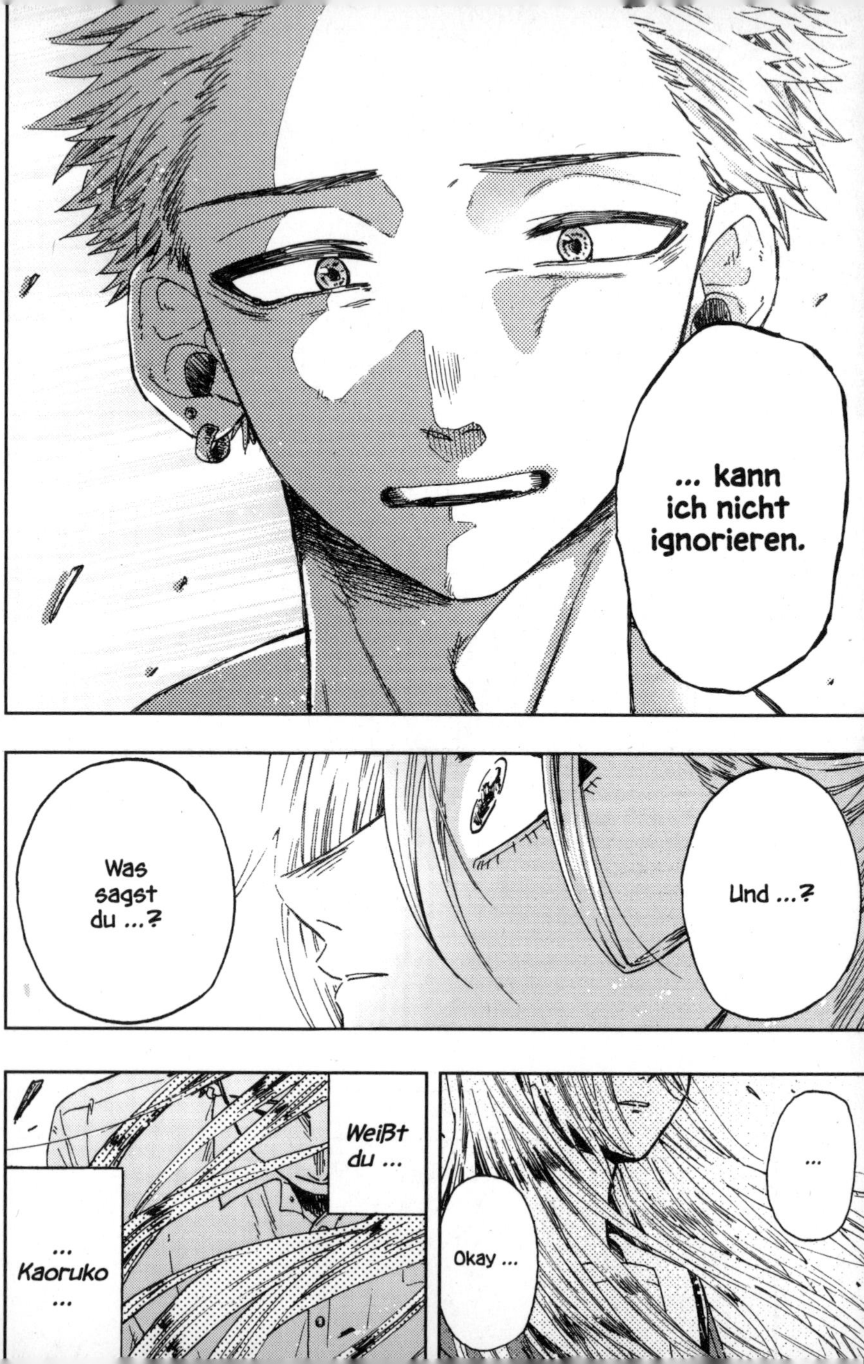
... kann ich nicht ignorieren.
Und ...?
Was sagst du ...?
...
Okay ...
Weißt du ...
... Kaoruko ...

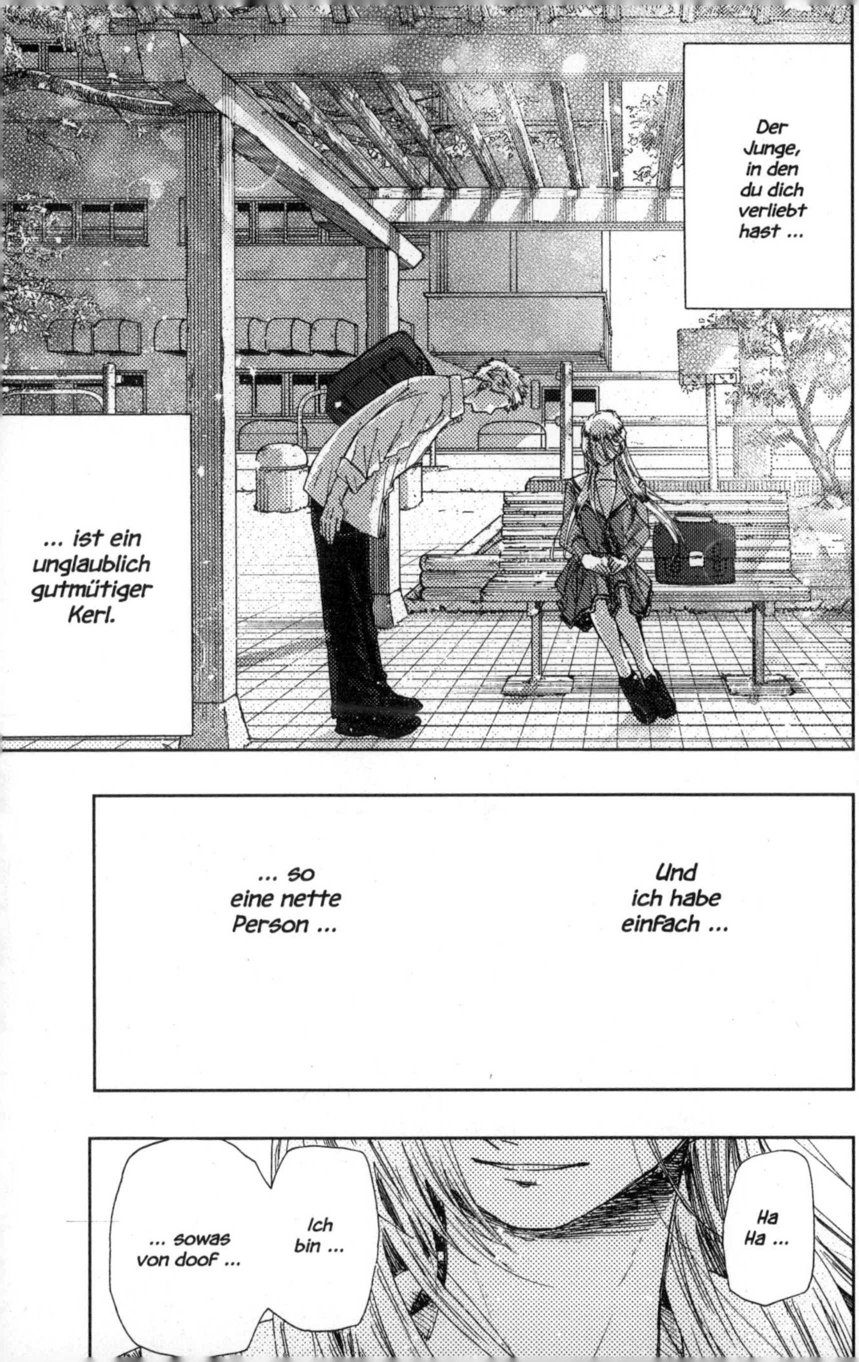
Der Junge, in den du dich verliebt hast ...
... ist ein unglaublich gutmütiger Kerl.
Und ich habe einfach ...
... so eine nette Person ...
Ha Ha ...
Ich bin ...
... sowas von doof ...

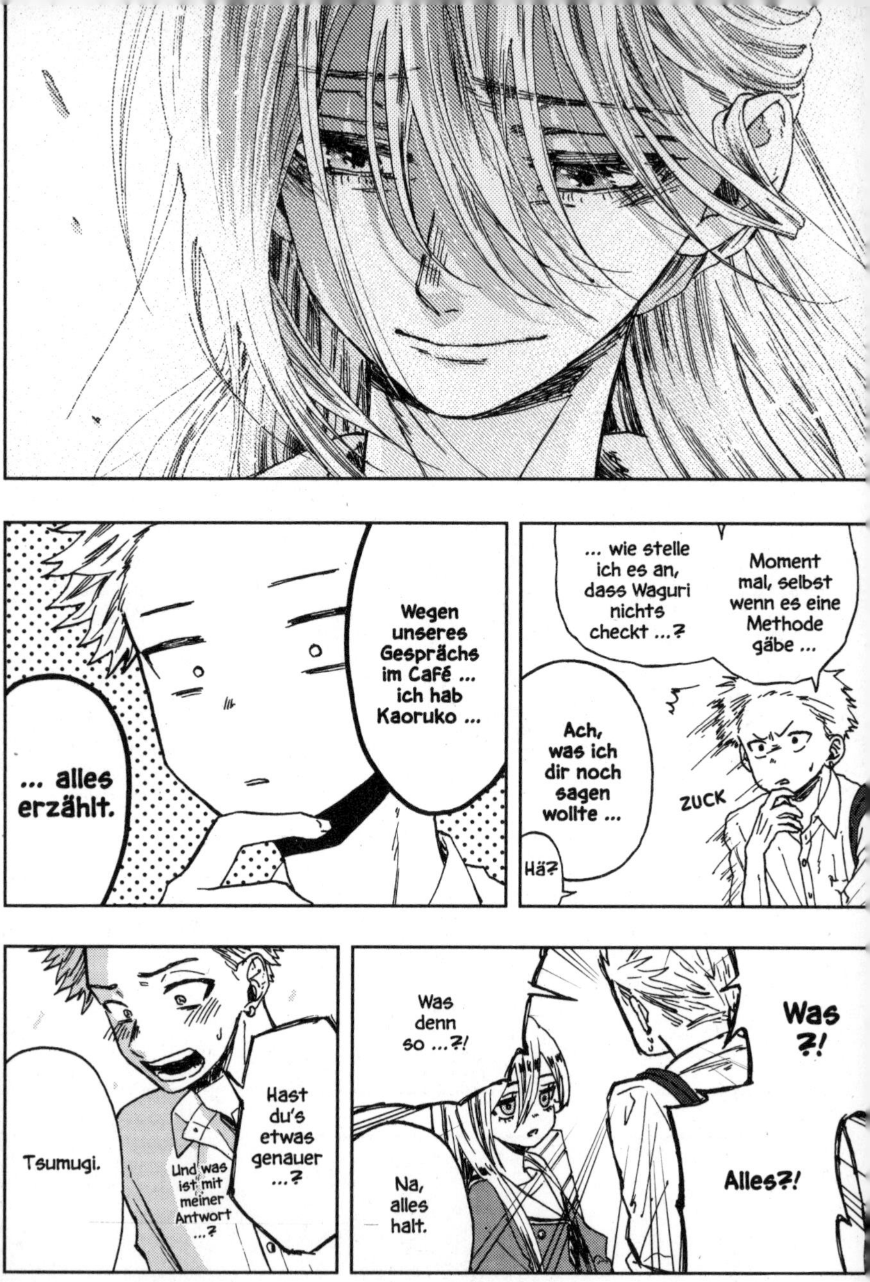
Moment mal, selbst wenn es eine Methode gäbe ...
... wie stelle ich es an, dass Waguri nichts checkt ...?
ZUCK
Ach, was ich dir noch sagen wollte ...
Hä?
Wegen unseres Gesprächs im Café ... ich hab Kaoruko ...
... alles erzählt.
Was ?!
Was denn so ...?!
Alles?!
Na, alles halt.
Hast du's etwas genauer ...?
Und was ist mit meiner Antwort ...?
Tsumugi.

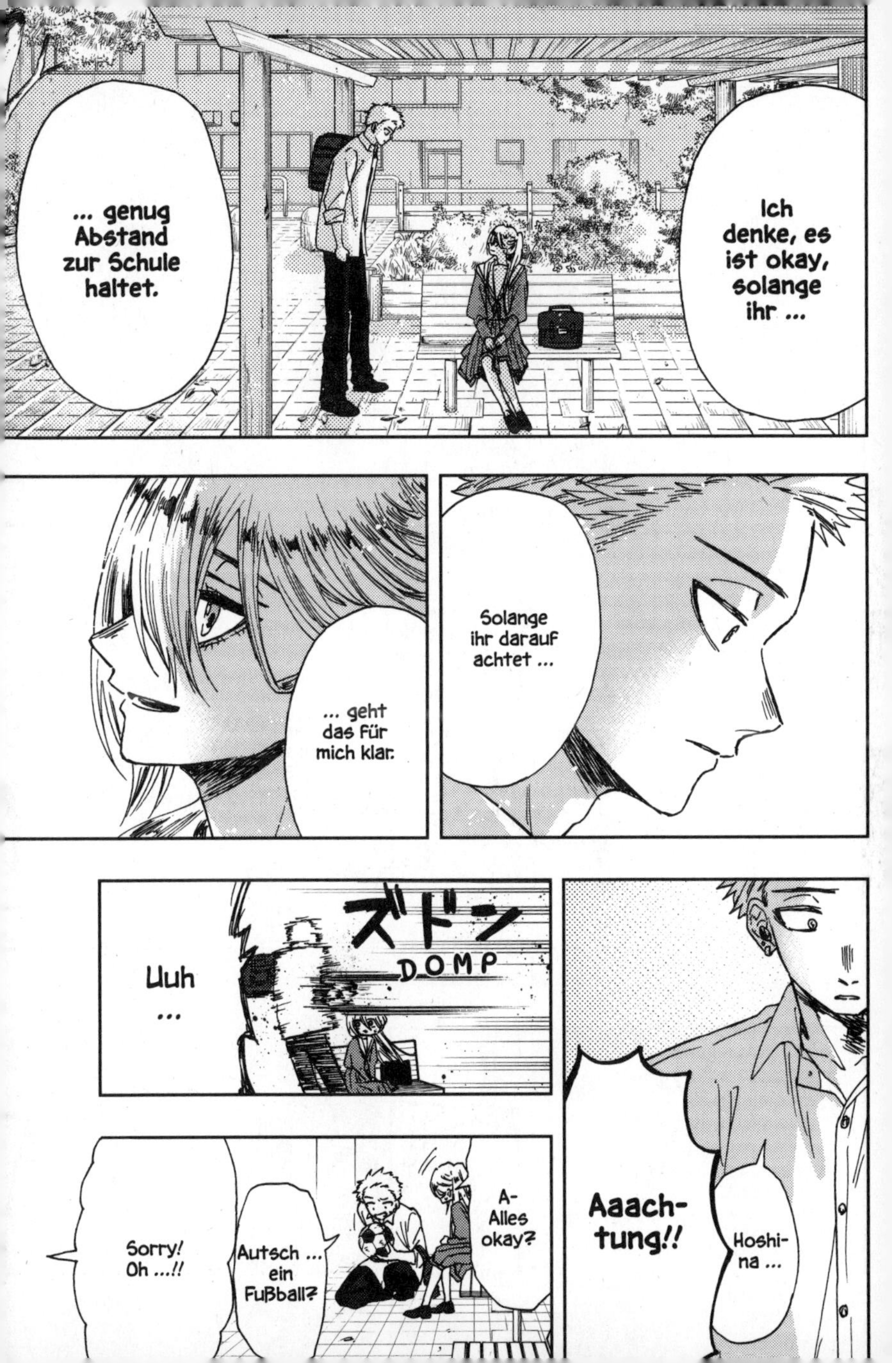
Ich denke, es ist okay, solange ihr ...
... genug Abstand zur Schule haltet.
Solange ihr darauf achtet ...
... geht das für mich klar.
Hoshina ...
Aaach-tung!!
ズドン
DOMP
Uuh ...
A- Alles okay?
Autsch ... ein Fußball?
Sorry! Oh ...!!

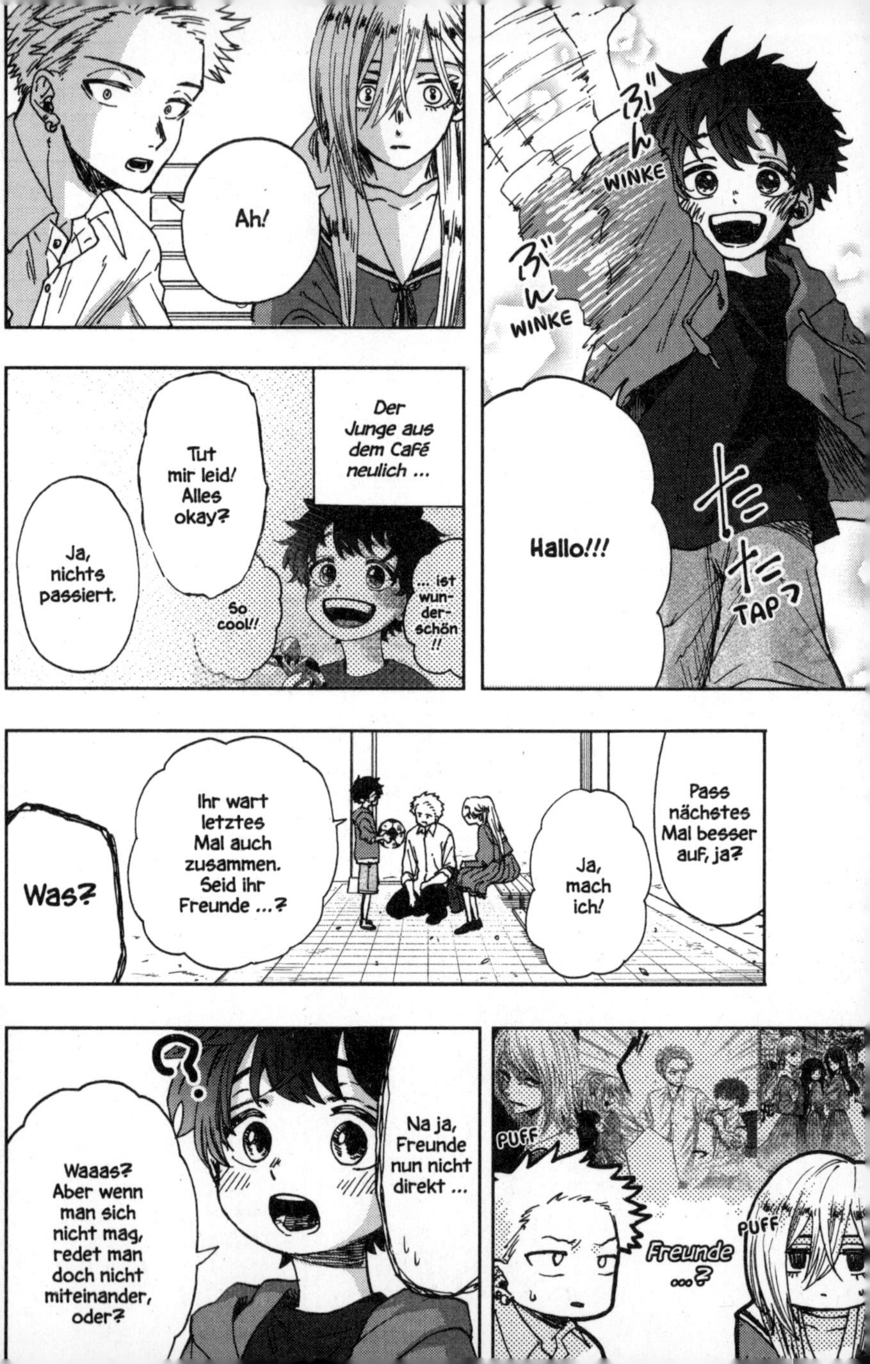
WINKE
WINKE
Hallo!!!
TAP
Ah!
Der Junge aus dem Café neulich ...
... ist wunder-schön!!
So cool!!
Tut mir leid! Alles okay?
Ja, nichts passiert.
Pass nächstes Mal besser auf, ja?
Ja, mach ich!
Ihr wart letztes Mal auch zusammen. Seid ihr Freunde ...?
Was?
PUFF
Freunde ...?
PUFF
Na ja, Freunde nun nicht direkt ...
Waaas? Aber wenn man sich nicht mag, redet man doch nicht miteinander, oder?

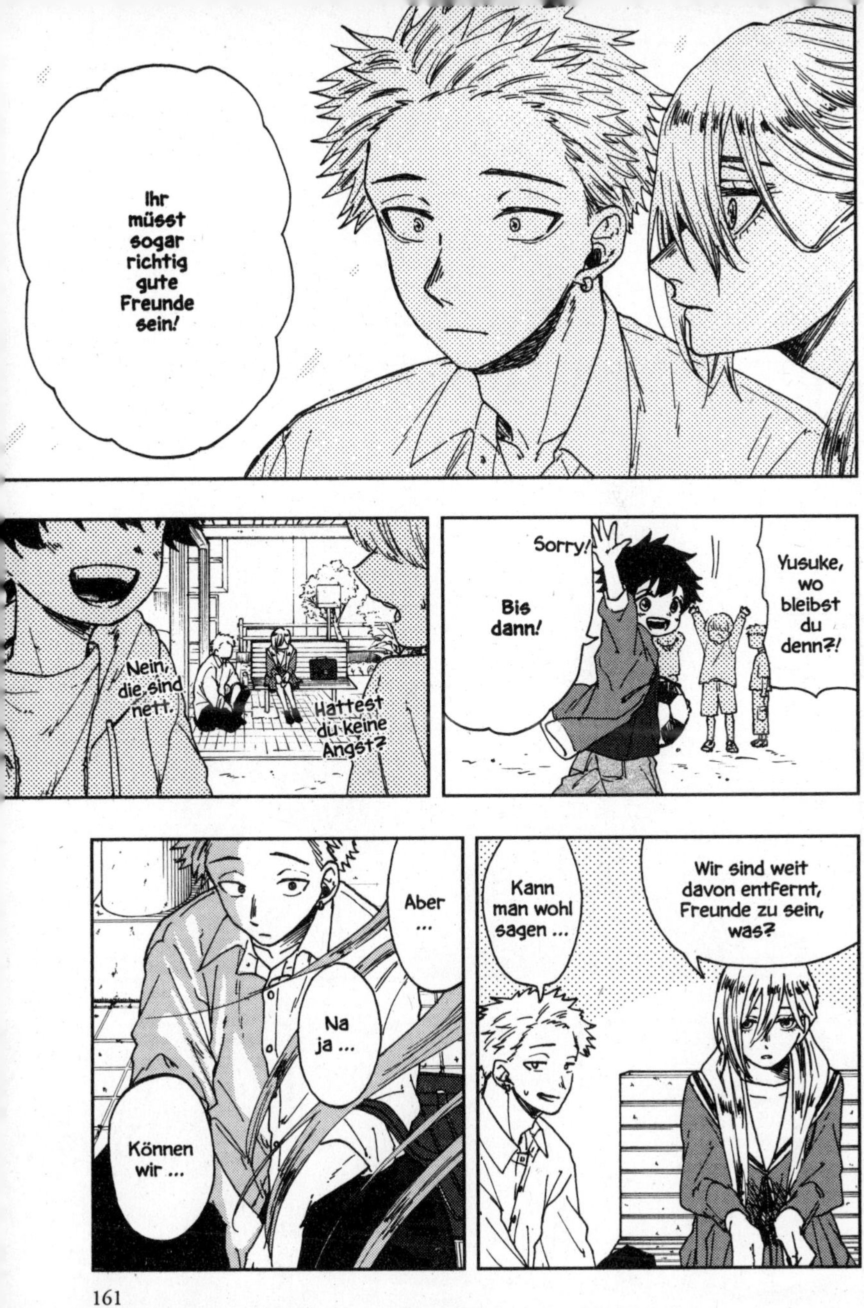
Ihr müsst sogar richtig gute Freunde sein!
Yusuke, wo bleibst du denn?!
Sorry!
Bis dann!
Hattest du keine Angst?
Nein, die sind nett.
Wir sind weit davon entfernt, Freunde zu sein, was?
Kann man wohl sagen ...
Aber ...
Na ja ...
Können wir ...

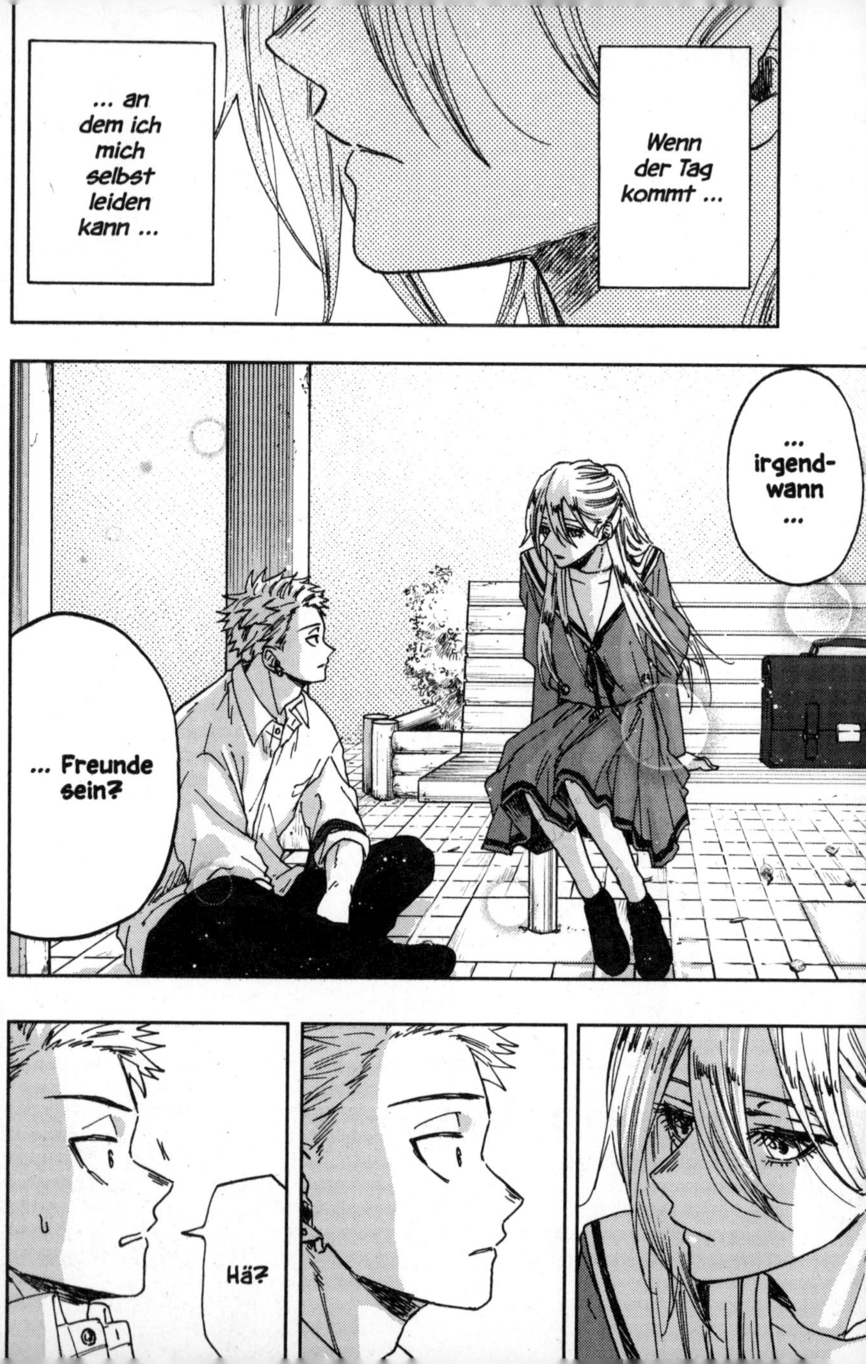
Wenn der Tag kommt ...
... an dem ich mich selbst leiden kann ...
... irgend-wann ...
... Freunde sein?
Hä?

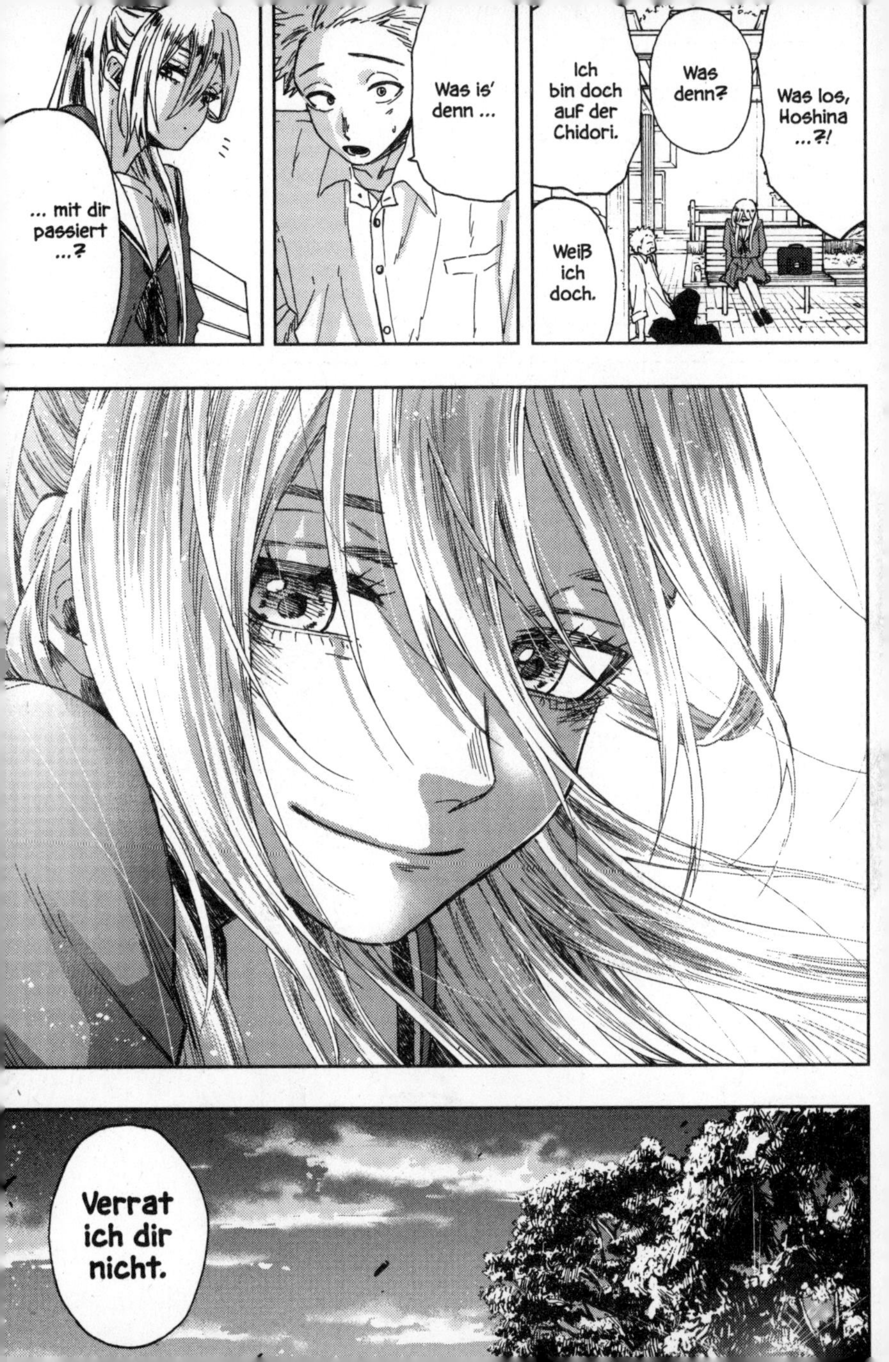
Was los, Hoshina ...?!
Was denn?
Ich bin doch auf der Chidori.
Weiß ich doch.
Was is' denn ...
... mit dir passiert ...?
Verrat ich dir nicht.

Kaoru & Rin

so nah und doch so fern

KAPITEL 13:
Mama

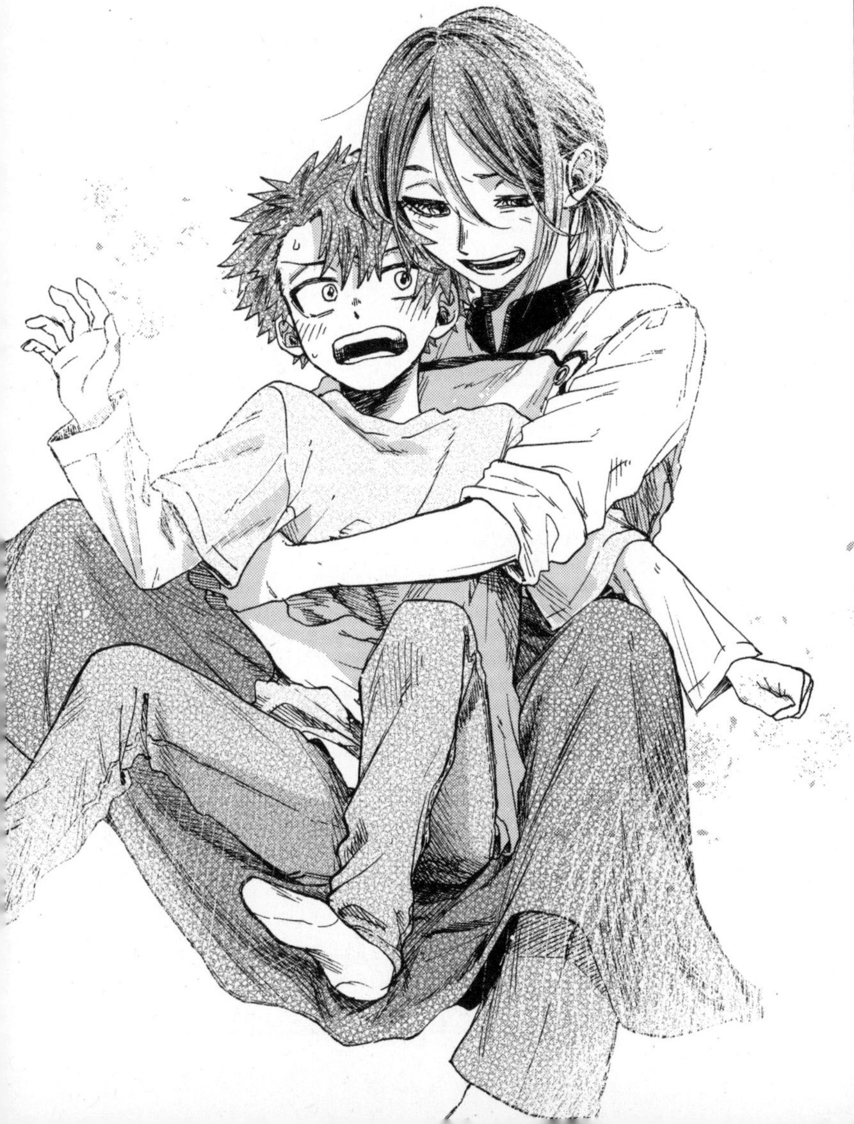

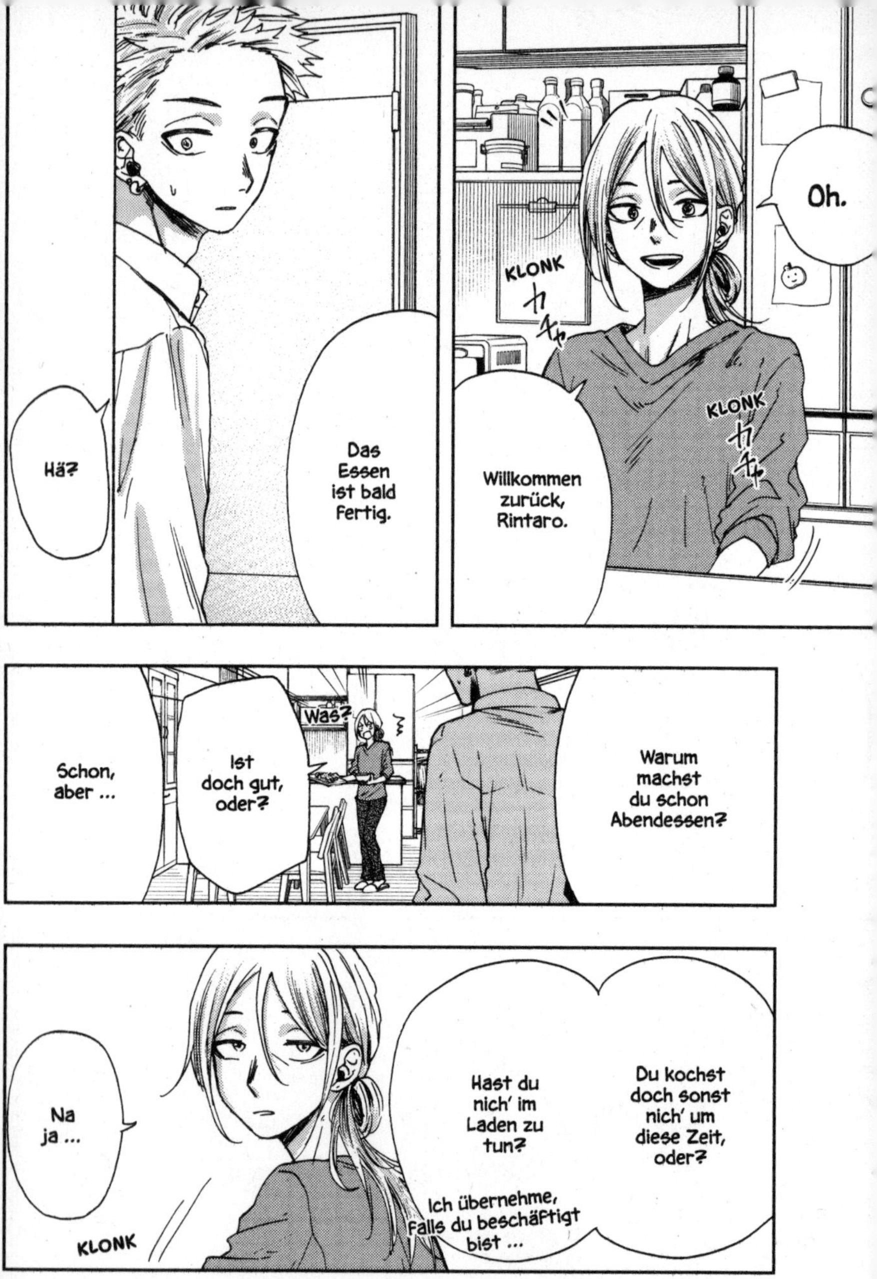
Oh.
KLONK
KLONK
Willkommen zurück, Rintaro.
Das Essen ist bald fertig.
Hä?
Warum machst du schon Abendessen?
Was?
Ist doch gut, oder?
Schon, aber ...
Du kochst doch sonst nich' um diese Zeit, oder?
Hast du nich' im Laden zu tun?
Ich übernehme, falls du beschäftigt bist ...
Na ja ...
KLONK

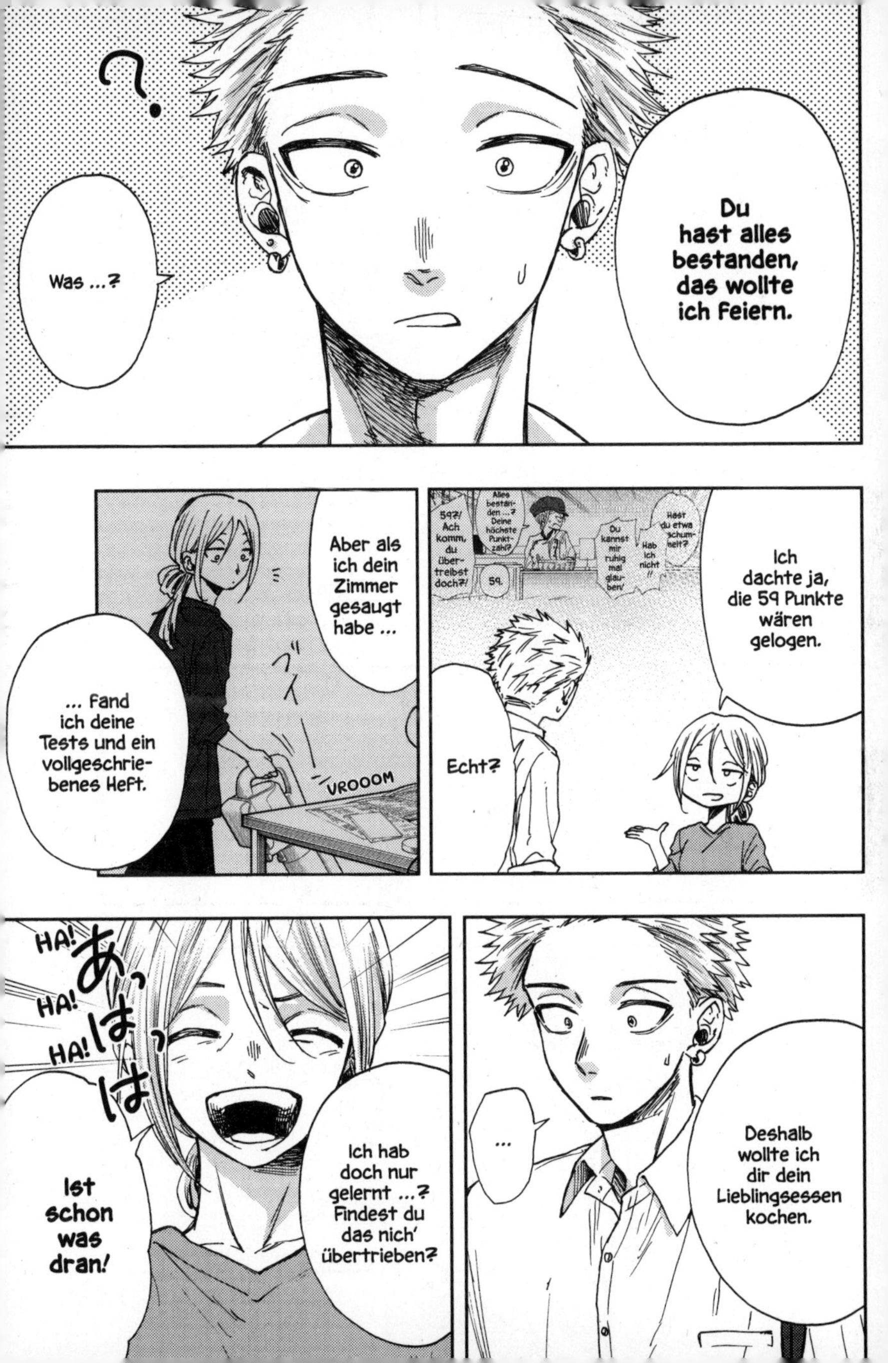

?
Du hast alles bestanden, das wollte ich feiern.
Was ...?
Ich dachte ja, die 59 Punkte wären gelogen.
Hast du etwa geschummelt?
Hab ich nicht!!
Du kannst mir ruhig mal glauben!
Alles bestanden ...? Deine höchste Punktzahl?
59.
59?! Ach komm, du übertreibst doch?!
Echt?
Aber als ich dein Zimmer gesaugt habe ...
... fand ich deine Tests und ein vollgeschriebenes Heft.
ブィー
VROOOM
Deshalb wollte ich dir dein Lieblingsessen kochen.
...
Ich hab doch nur gelernt ...? Findest du das nich' übertrieben?
あ、は、は
HA! HA! HA!
Ist schon was dran!

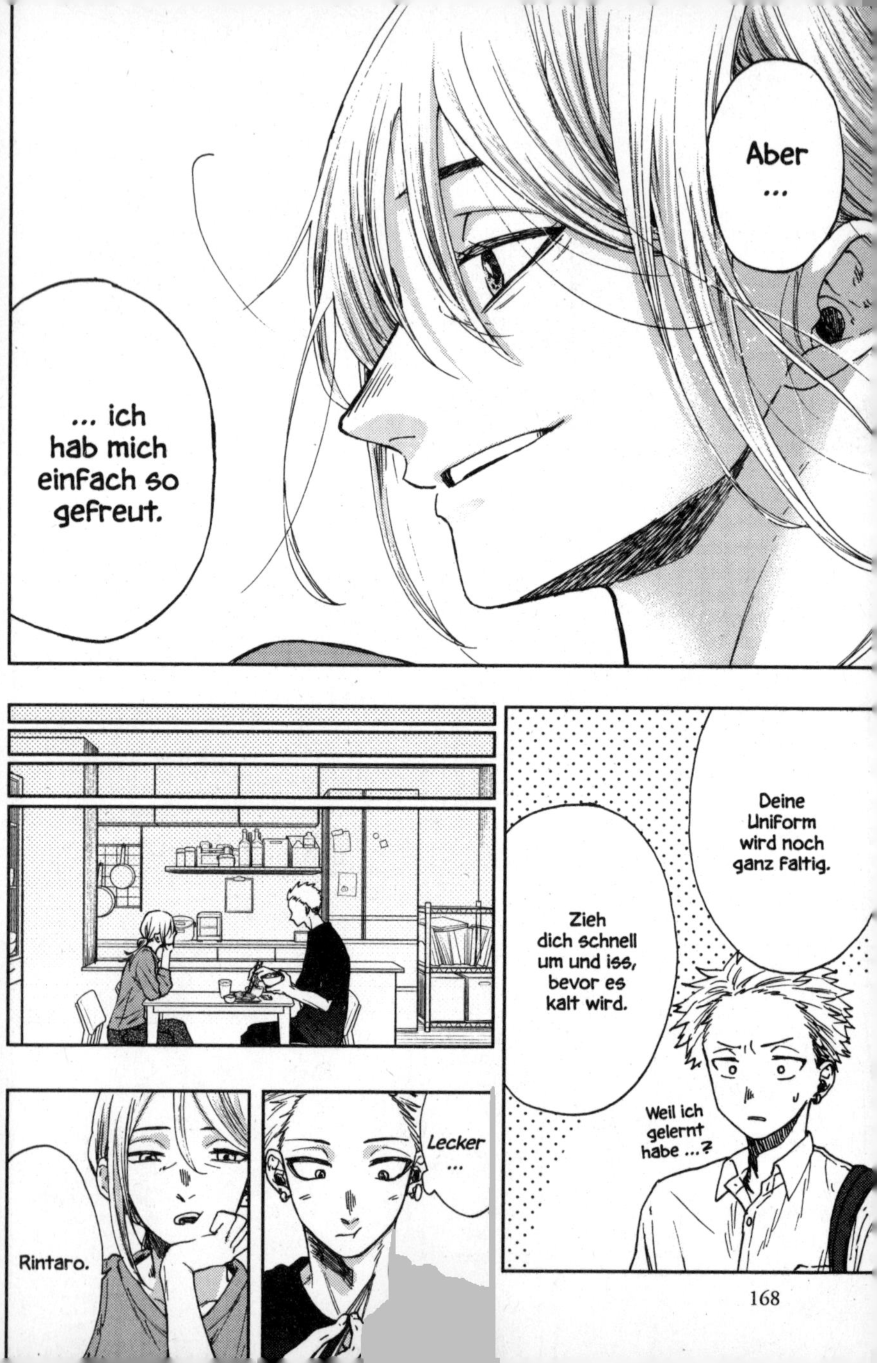
Aber …
… ich hab mich einfach so gefreut.
Deine Uniform wird noch ganz faltig.
Zieh dich schnell um und iss, bevor es kalt wird.
Weil ich gelernt habe …?
Lecker …
Rintaro.

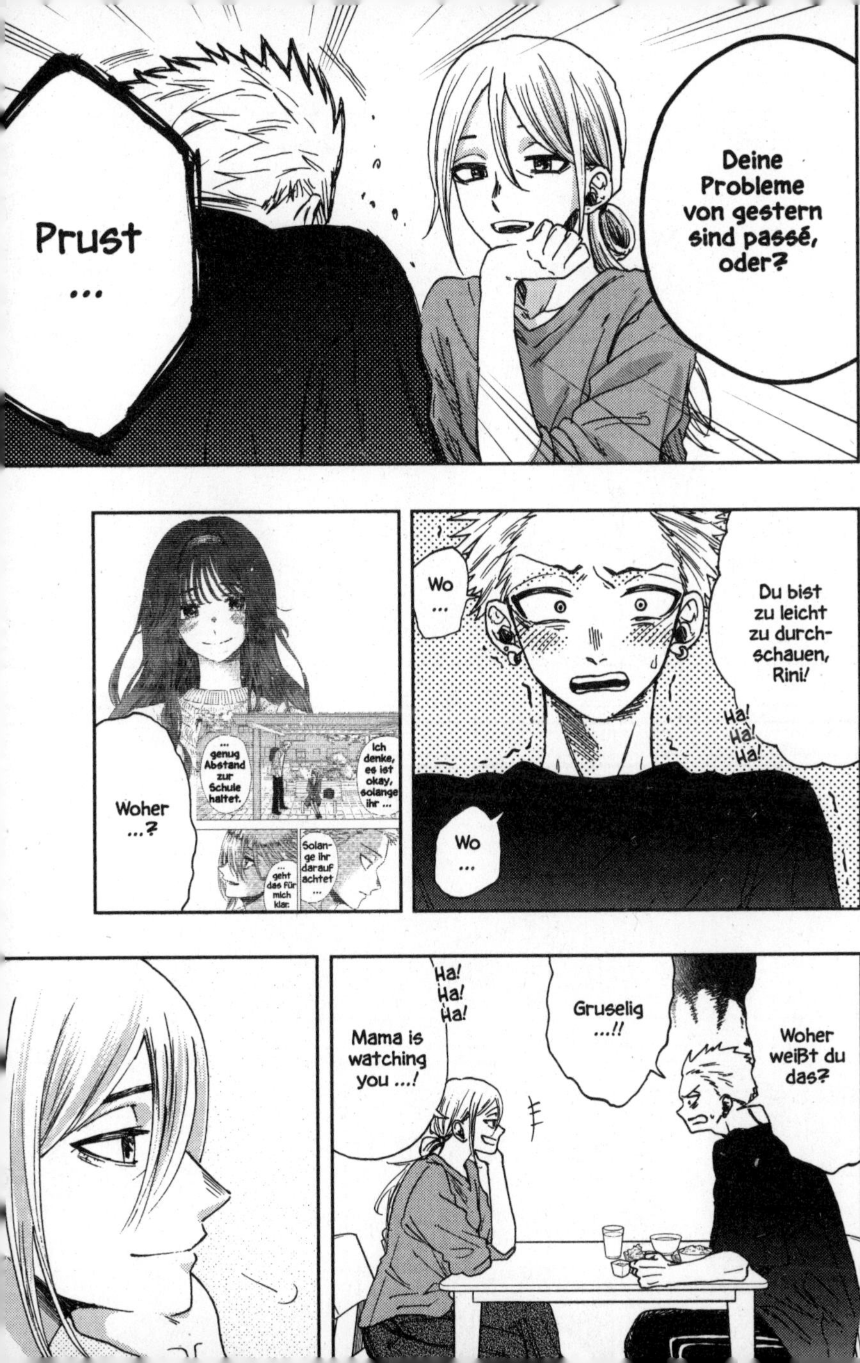
Deine Probleme von gestern sind passé, oder?
Prust ...
Du bist zu leicht zu durchschauen, Rini!
Ha! Ha! Ha!
Wo ...
Wo ...
Ich denke, es ist okay, solange ihr ...
... genug Abstand zur Schule haltet.
Solange ihr darauf achtet ...
... geht das für mich klar.
Woher ...?
Woher weißt du das?
Gruselig ...!!
Ha! Ha! Ha!
Mama is watching you ...!

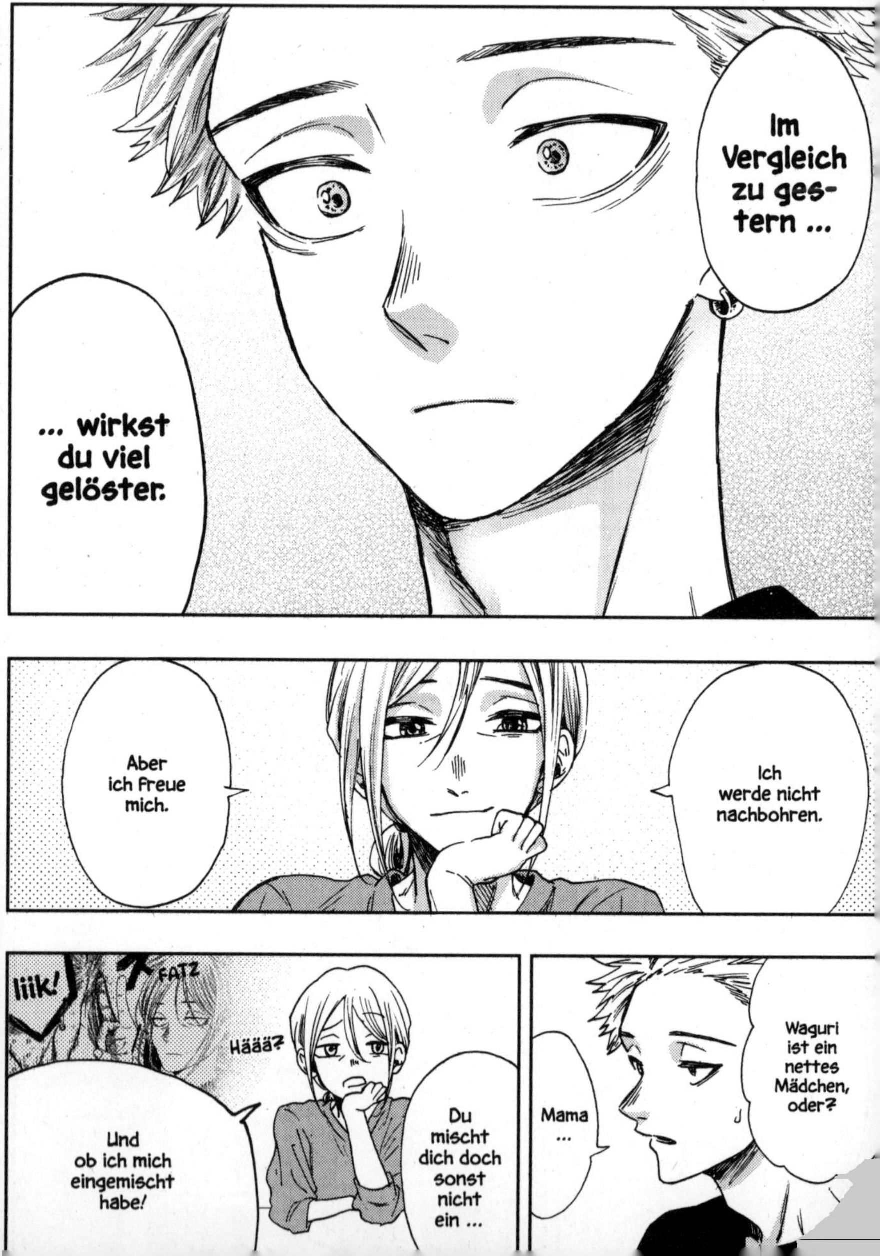
Im Vergleich zu gestern ...
... wirkst du viel gelöster.
Ich werde nicht nachbohren.
Aber ich freue mich.
Waguri ist ein nettes Mädchen, oder?
Mama ...
Du mischt dich doch sonst nicht ein ...
Häää?
FATZ
Iiik!
Und ob ich mich eingemischt habe!

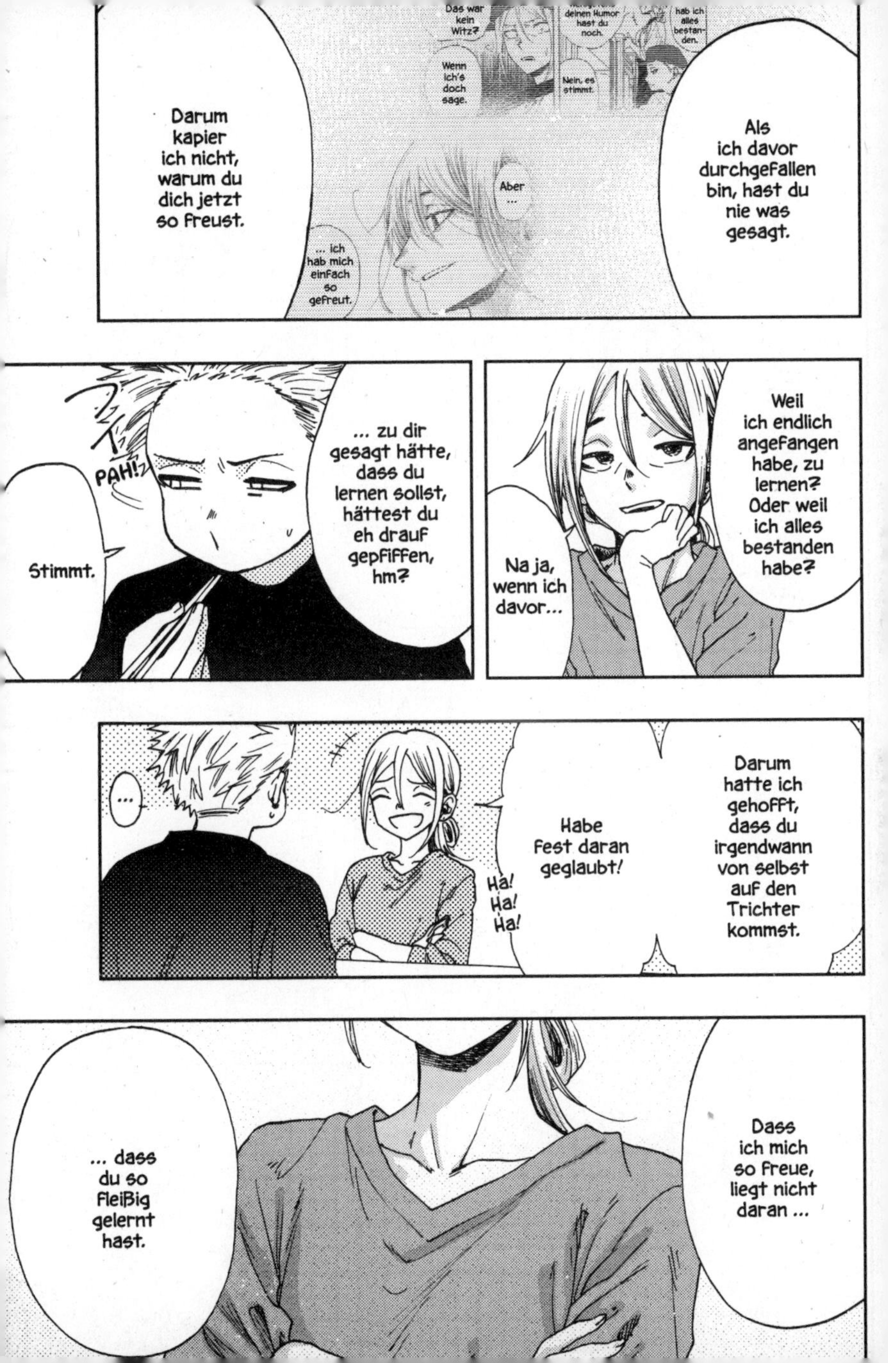
Als ich davor durchgefallen bin, hast du nie was gesagt.
hab ich alles bestan-den.
deinen Humor hast du noch.
Nein, es stimmt.
Das war kein Witz?
Wenn ich's doch sage.
Aber …
… ich hab mich einfach so gefreut.
Darum kapier ich nicht, warum du dich jetzt so freust.
Weil ich endlich angefangen habe, zu lernen? Oder weil ich alles bestanden habe?
Na ja, wenn ich davor…
… zu dir gesagt hätte, dass du lernen sollst, hättest du eh drauf gepfiffen, hm?
PAH!
Stimmt.
Darum hatte ich gehofft, dass du irgendwann von selbst auf den Trichter kommst.
Habe fest daran geglaubt!
Ha! Ha! Ha!
…
Dass ich mich so freue, liegt nicht daran …
… dass du so fleißig gelernt hast.

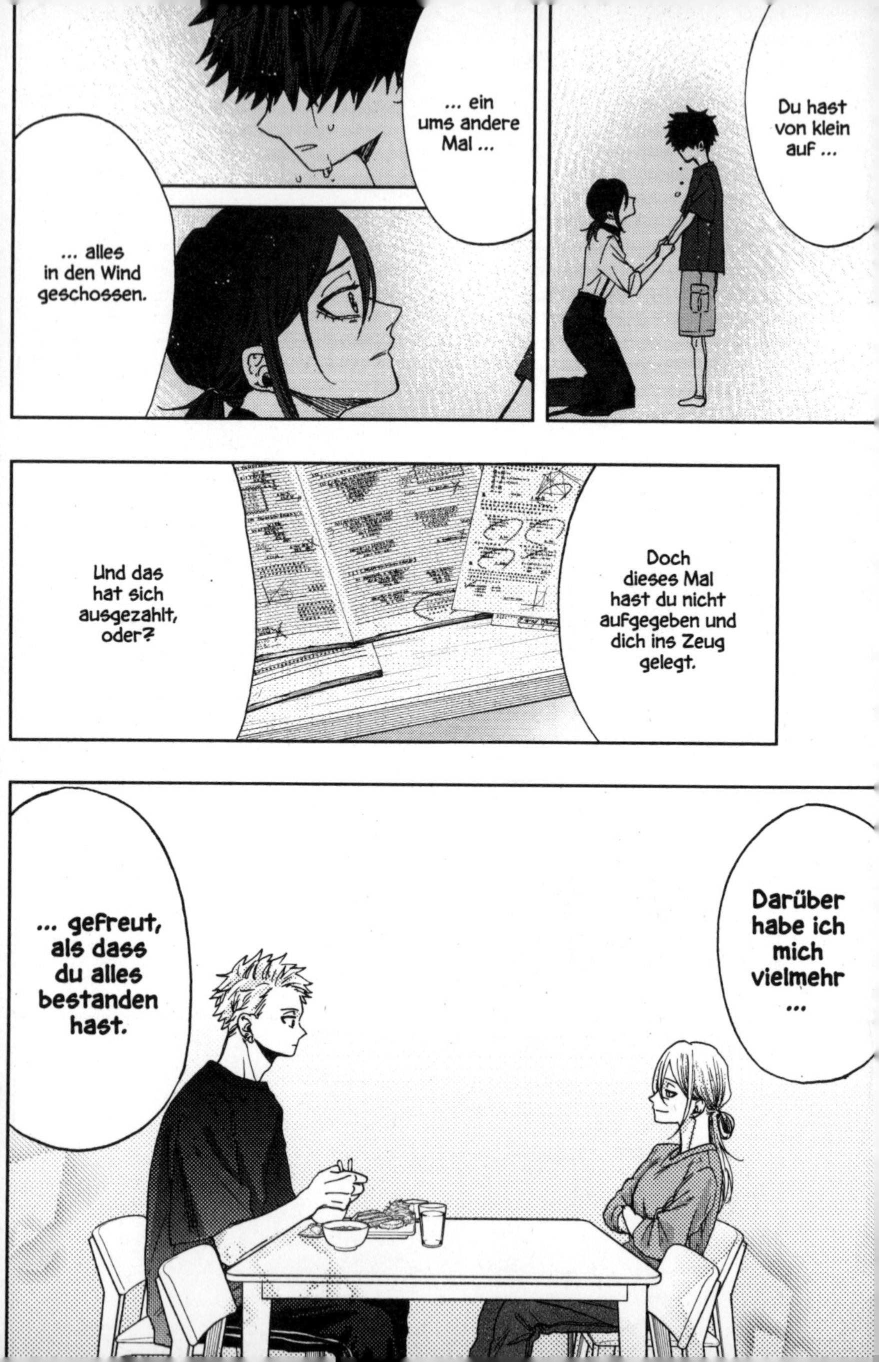
Du hast von klein auf ...
... ein ums andere Mal ...
... alles in den Wind geschossen.
Doch dieses Mal hast du nicht aufgegeben und dich ins Zeug gelegt.
Und das hat sich ausgezahlt, oder?
Darüber habe ich mich vielmehr ...
... gefreut, als dass du alles bestanden hast.

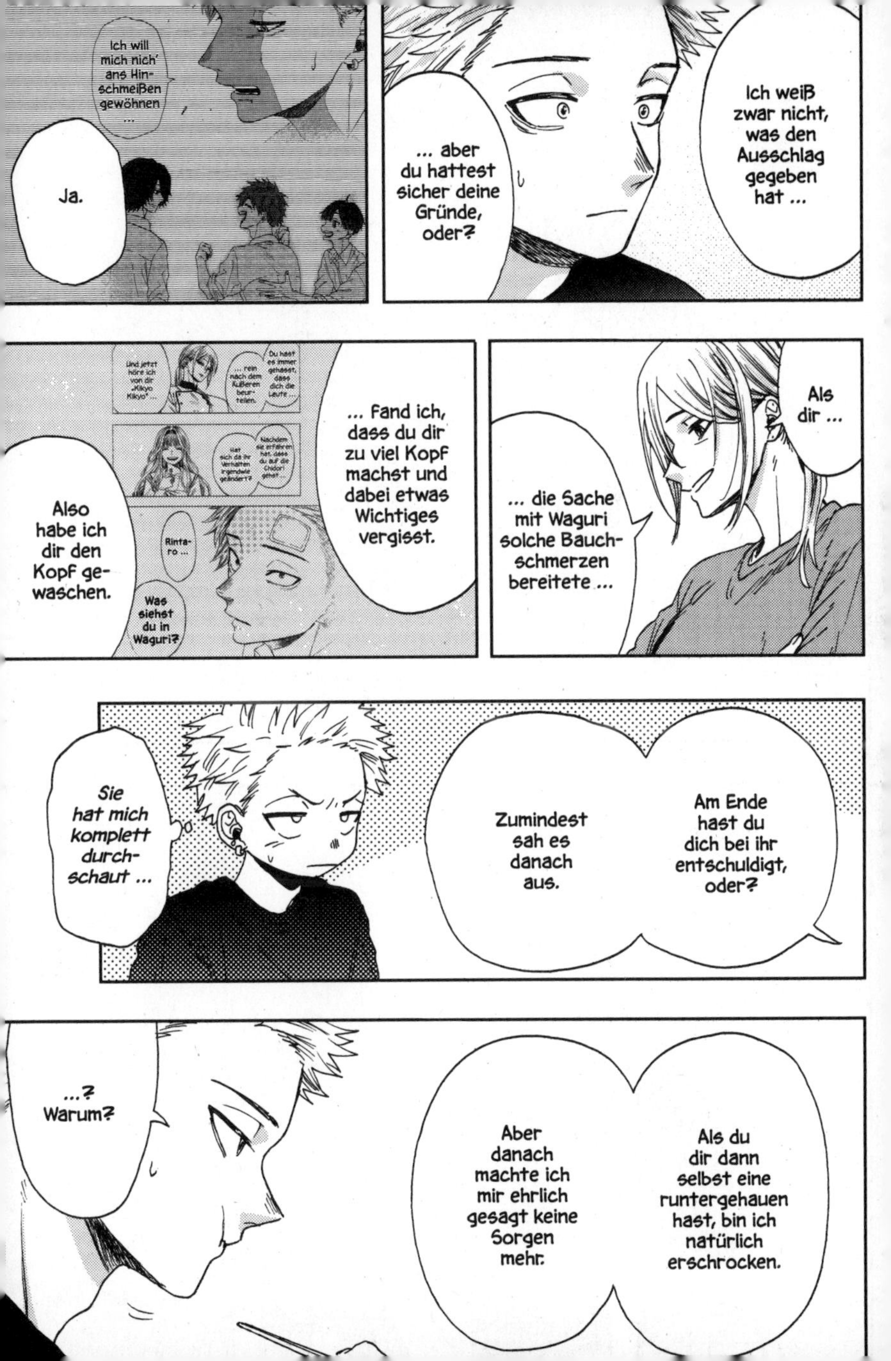
Ich weiß zwar nicht, was den Ausschlag gegeben hat …
… aber du hattest sicher deine Gründe, oder?
Ich will mich nich' ans Hin- schmeißen gewöhnen …
Ja.
Als dir …
… die Sache mit Waguri solche Bauch- schmerzen bereitete …
… fand ich, dass du dir zu viel Kopf machst und dabei etwas Wichtiges vergisst.
Du hast es immer gehasst, dass dich die Leute …
… rein nach dem Äußeren beur- teilen.
Und jetzt höre ich von dir „Kikyo Kikyo“ …
Nachdem sie erfahren hat, dass du auf die Chidori gehst …
Hat sich da ihr Verhalten irgendwie geändert?
Rinta- ro …
Was siehst du in Waguri?
Also habe ich dir den Kopf ge- waschen.
Am Ende hast du dich bei ihr entschuldigt, oder?
Zumindest sah es danach aus.
Sie hat mich komplett durch- schaut …
Als du dir dann selbst eine runtergehauen hast, bin ich natürlich erschrocken.
Aber danach machte ich mir ehrlich gesagt keine Sorgen mehr.
…? Warum?

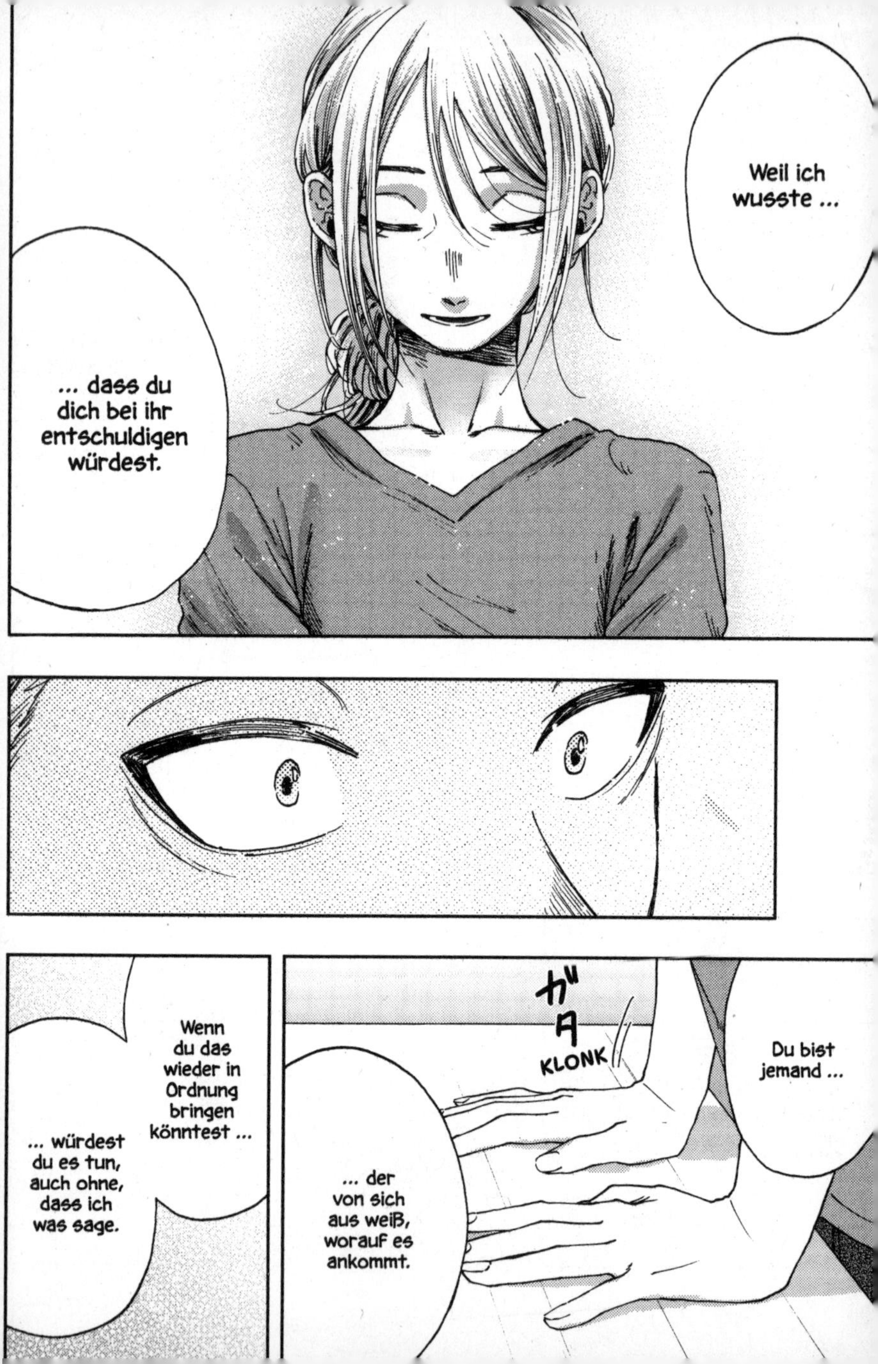
Weil ich wusste ...
... dass du dich bei ihr entschuldigen würdest.
ガタ
KLONK
Du bist jemand ...
... der von sich aus weiß, worauf es ankommt.
Wenn du das wieder in Ordnung bringen könntest ...
... würdest du es tun, auch ohne, dass ich was sage.

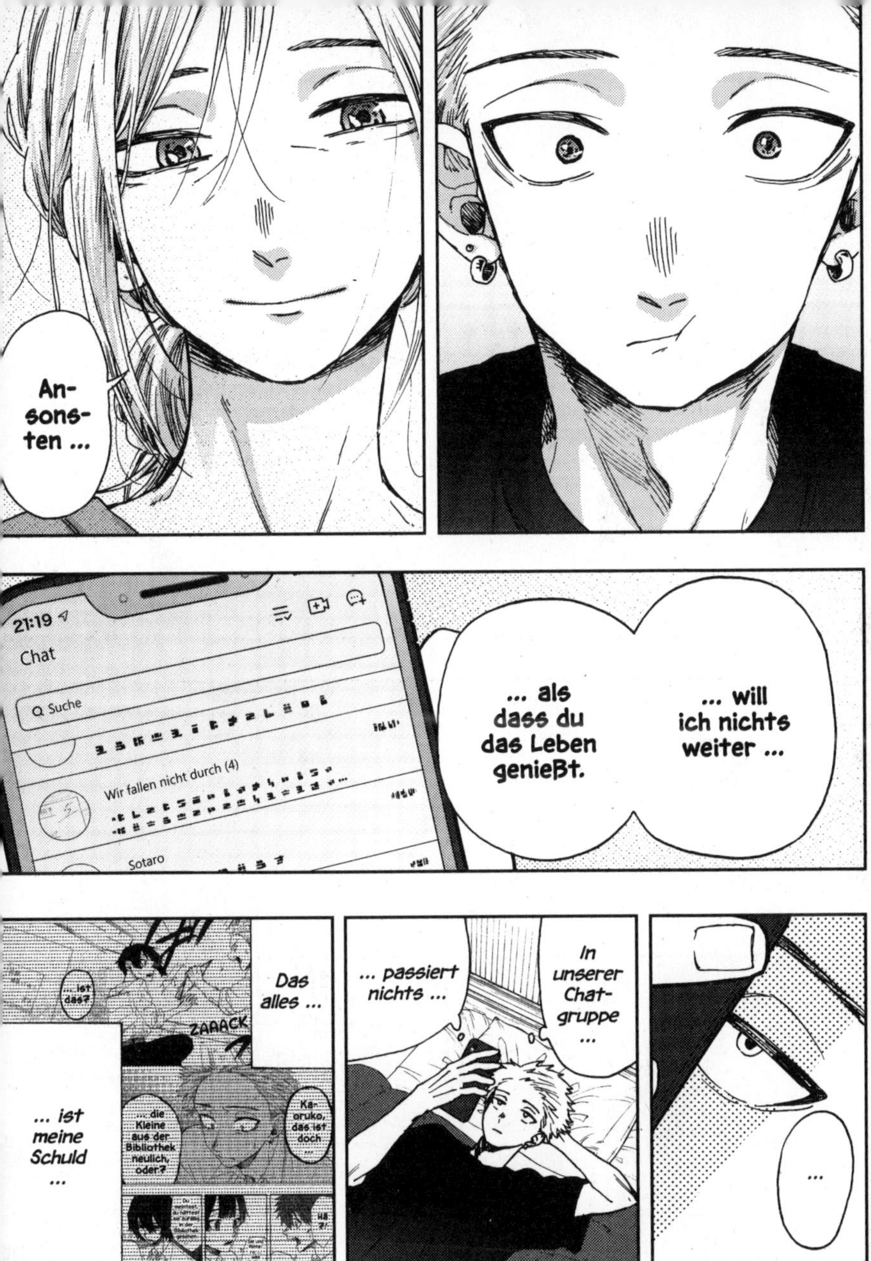
An-sonsten ...
... will ich nichts weiter ...
... als dass du das Leben genießt.
21:19
Chat
Suche
Wir fallen nicht durch (4)
Sotaro
...
In unserer Chatgruppe ...
... passiert nichts ...
Das alles ...
... ist das?
ZAAACK
Kaoruko, das ist doch ...
... die Kleine aus der Bibliothek neulich, oder?
Hä?!
... ist meine Schuld ...

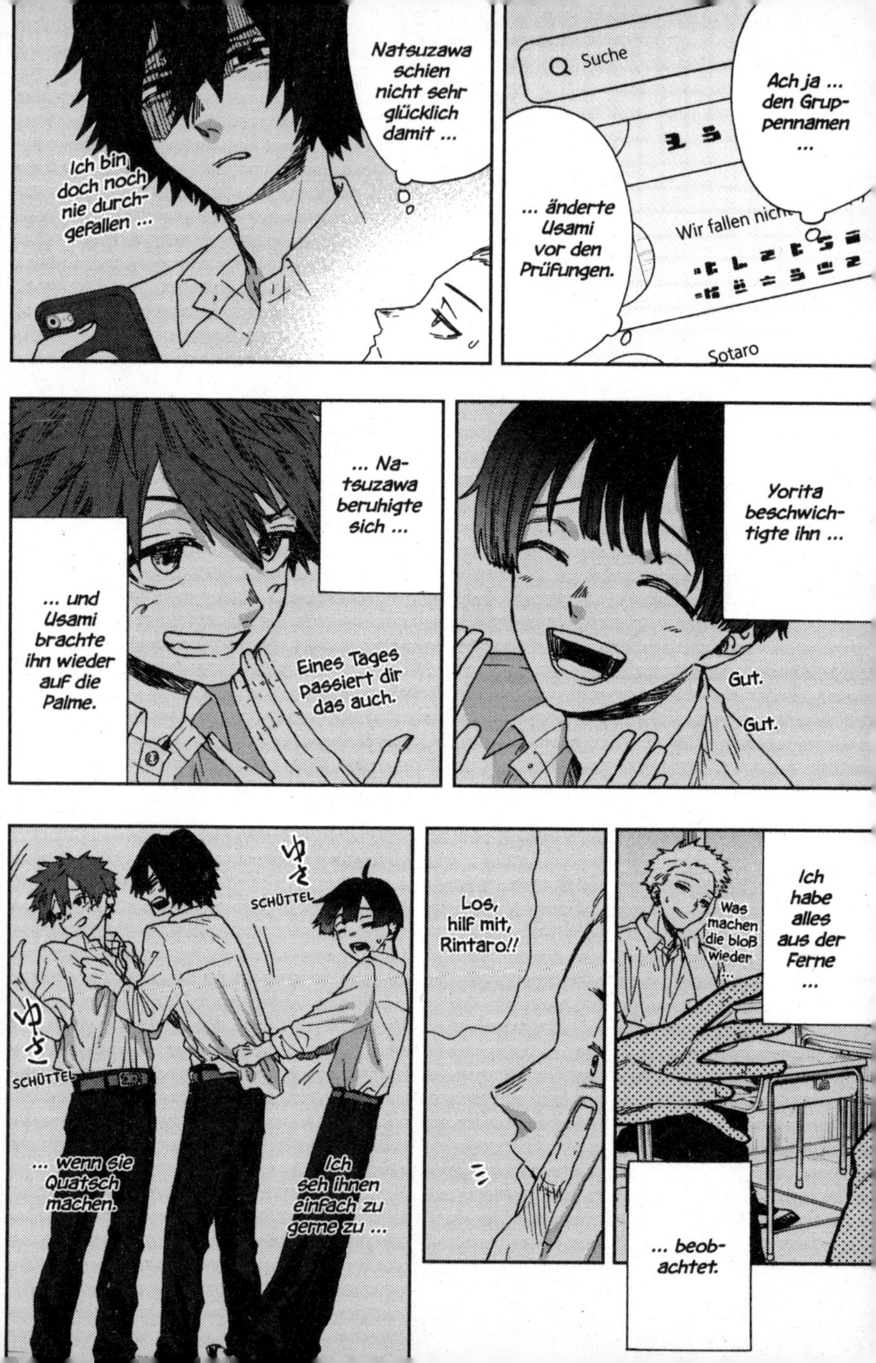
Ach ja ... den Gruppennamen ...
... änderte Usami vor den Prüfungen.
Suche
Wir fallen nicht
Sotaro
Natsuzawa schien nicht sehr glücklich damit ...
Ich bin doch noch nie durchgefallen ...
Yorita beschwichtigte ihn ...
Gut.
Gut.
... Natsuzawa beruhigte sich ...
Eines Tages passiert dir das auch.
... und Usami brachte ihn wieder auf die Palme.
Ich habe alles aus der Ferne ...
Was machen die bloß wieder ...
... beobachtet.
Los, hilf mit, Rintaro!!
SCHÜTTEL
SCHÜTTEL
Ich seh ihnen einfach zu gerne zu ...
... wenn sie Quatsch machen.

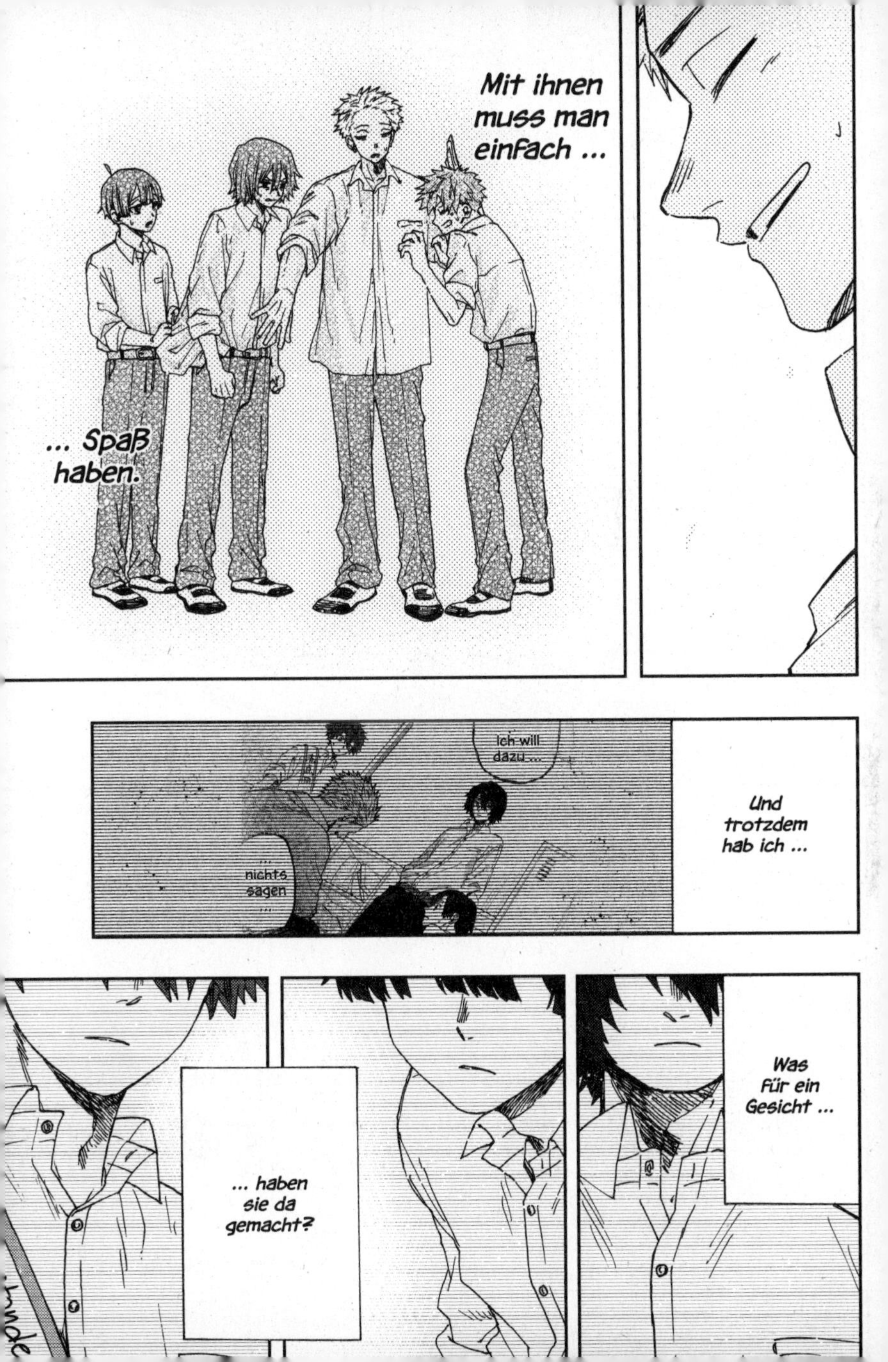
Mit ihnen muss man einfach ...
... Spaß haben.
Und trotzdem hab ich ...
Ich will dazu ...
... nichts sagen ...
Was für ein Gesicht ...
... haben sie da gemacht?

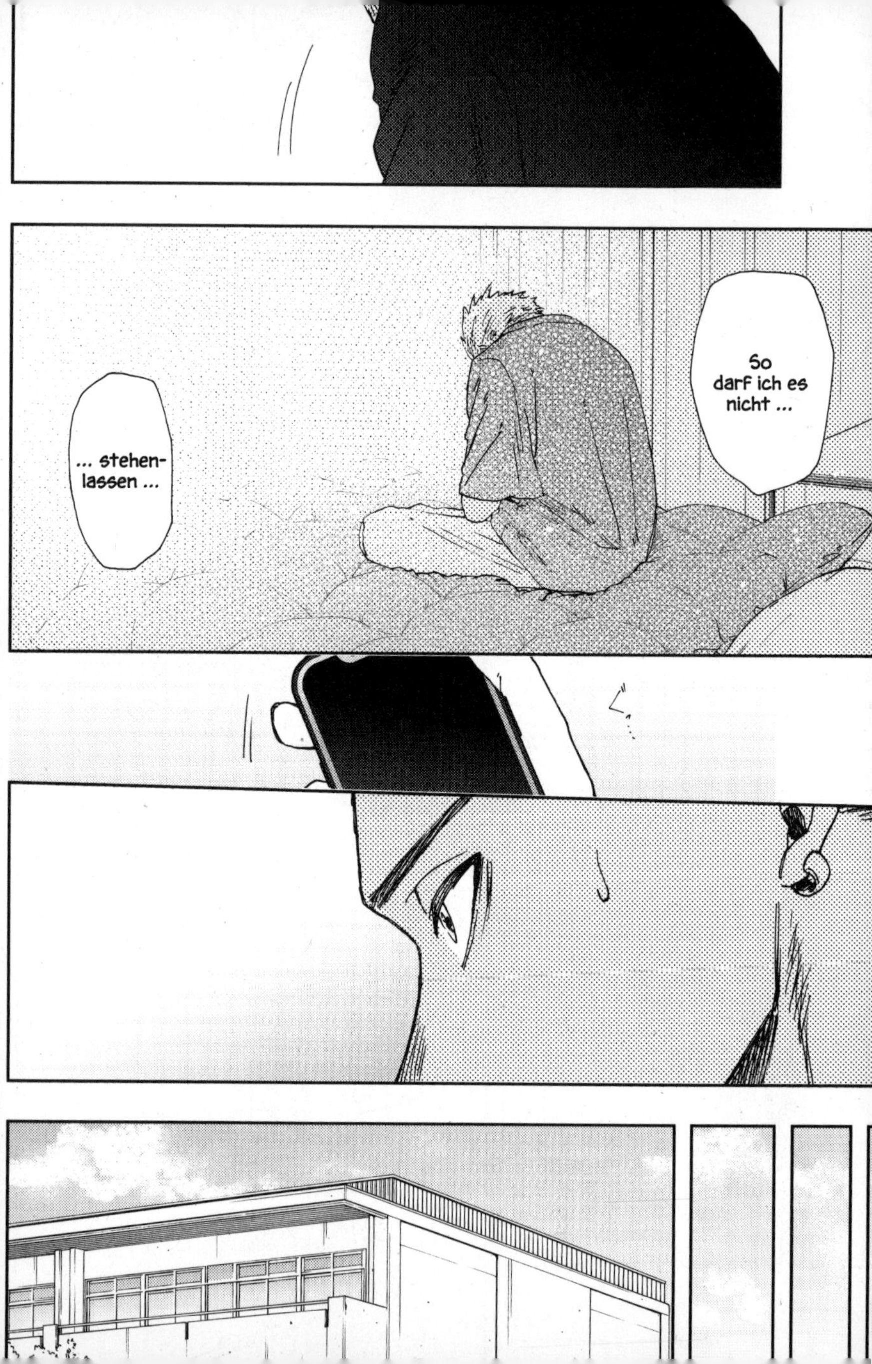
So darf ich es nicht ...
... stehenlassen ...

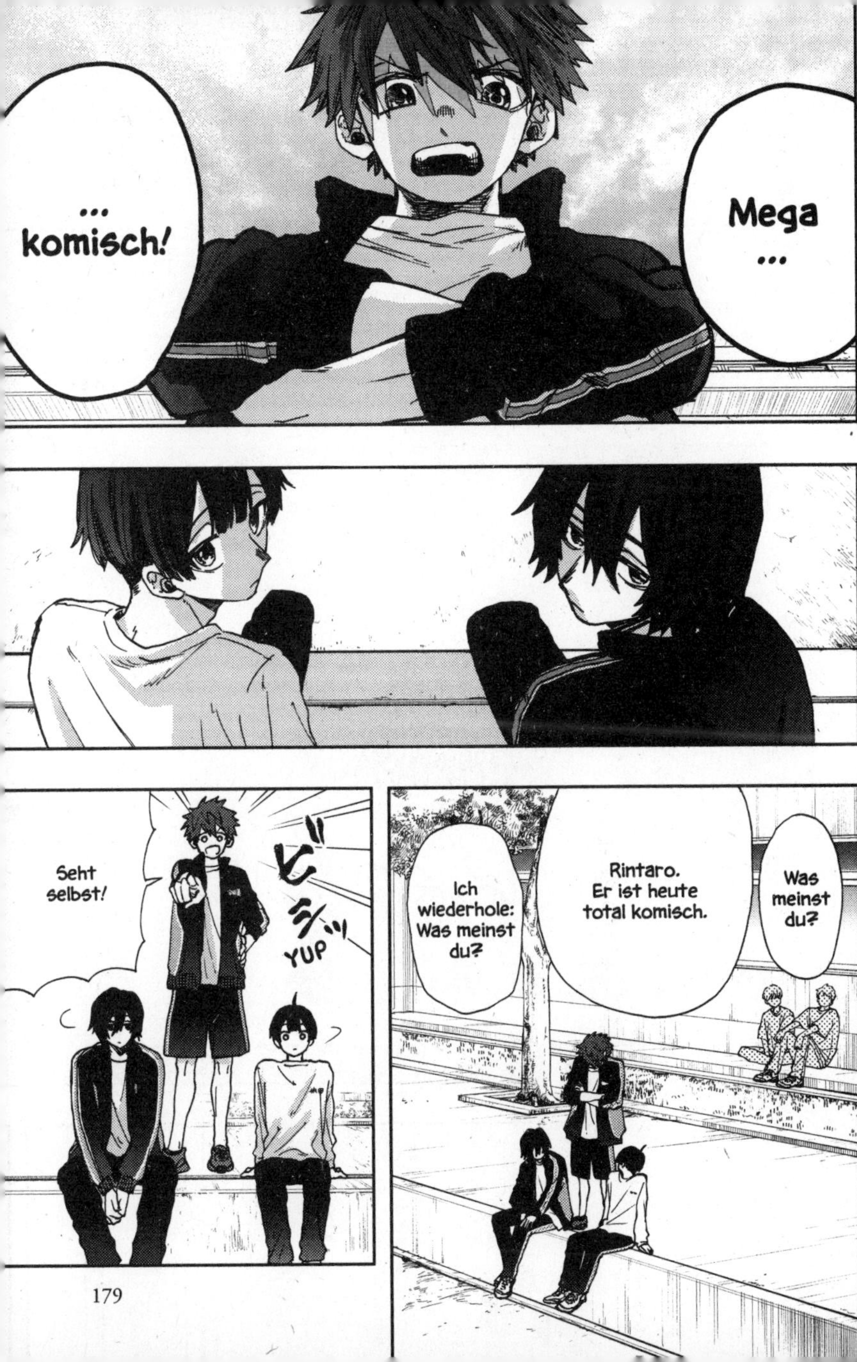
Mega ...
... komisch!
Was meinst du?
Rintaro. Er ist heute total komisch.
Ich wiederhole: Was meinst du?
Seht selbst!
ビシッ
YUP

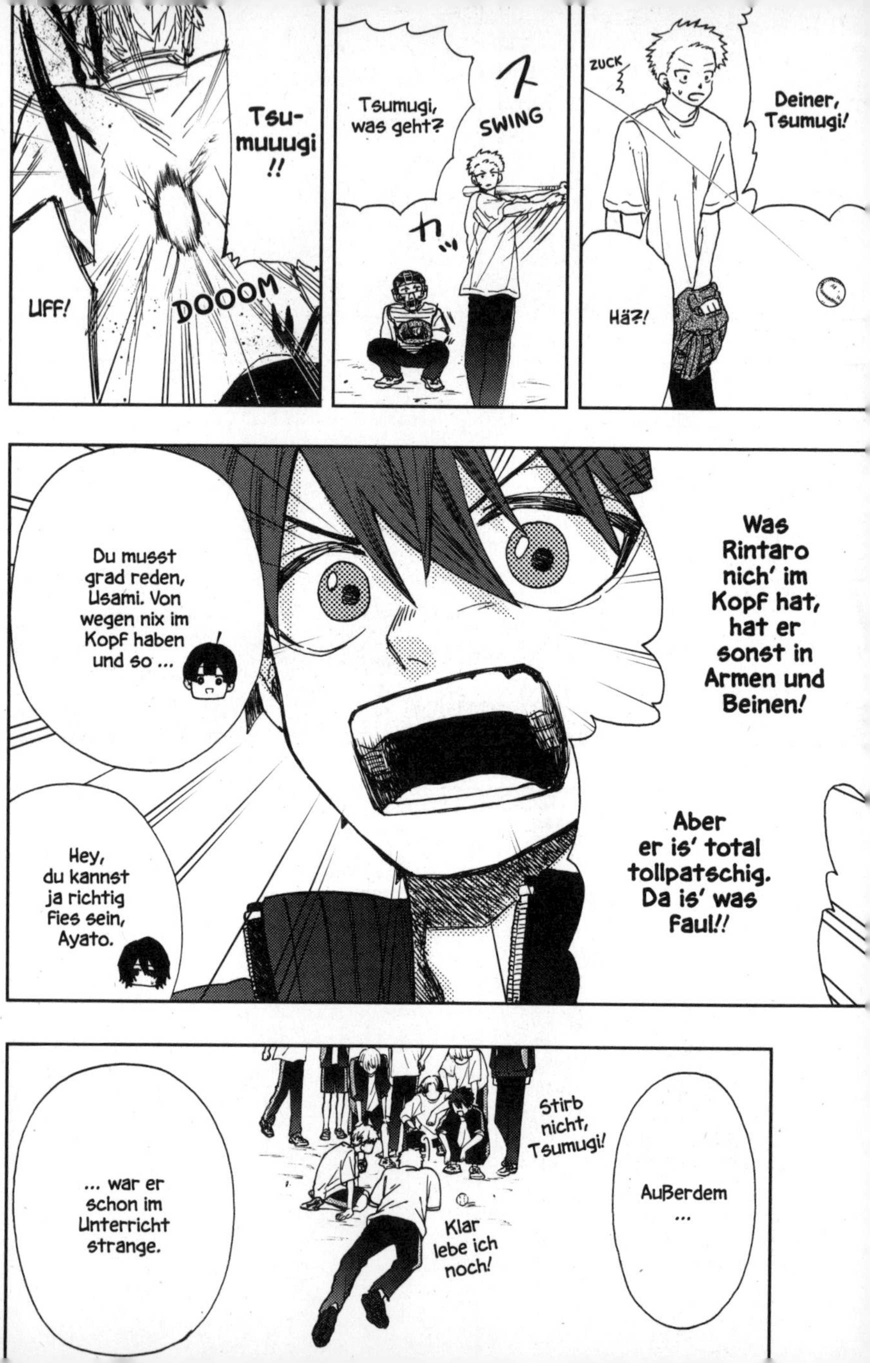
ZUCK
Deiner, Tsumugi!
Hä?!
Tsumugi, was geht?
SWING
Tsu-muuugi!!
UFF!
DOOOM
Was Rintaro nich' im Kopf hat, hat er sonst in Armen und Beinen!
Aber er is' total tollpatschig. Da is' was faul!!
Du musst grad reden, Usami. Von wegen nix im Kopf haben und so ...
Hey, du kannst ja richtig fies sein, Ayato.
Außerdem ...
Stirb nicht, Tsumugi!
Klar lebe ich noch!
... war er schon im Unterricht strange.

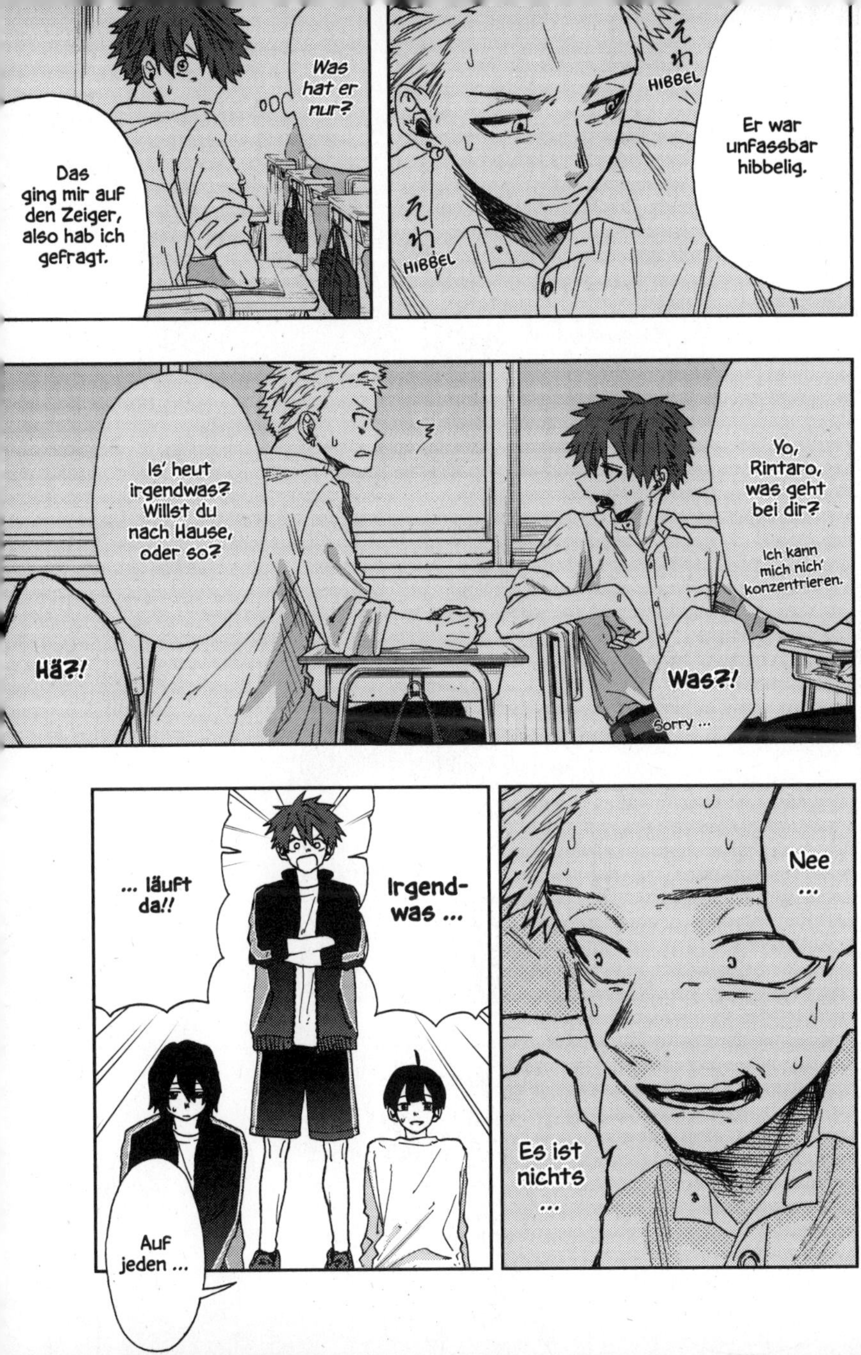
Er war unfassbar hibbelig.
HIBBEL
HIBBEL
Was hat er nur?
Das ging mir auf den Zeiger, also hab ich gefragt.
Yo, Rintaro, was geht bei dir?
Ich kann mich nich' konzentrieren.
Was?!
Sorry ...
Is' heut irgendwas? Willst du nach Hause, oder so?
Hä?!
Nee ...
Es ist nichts ...
Irgend-was ...
... läuft da!!
Auf jeden ...

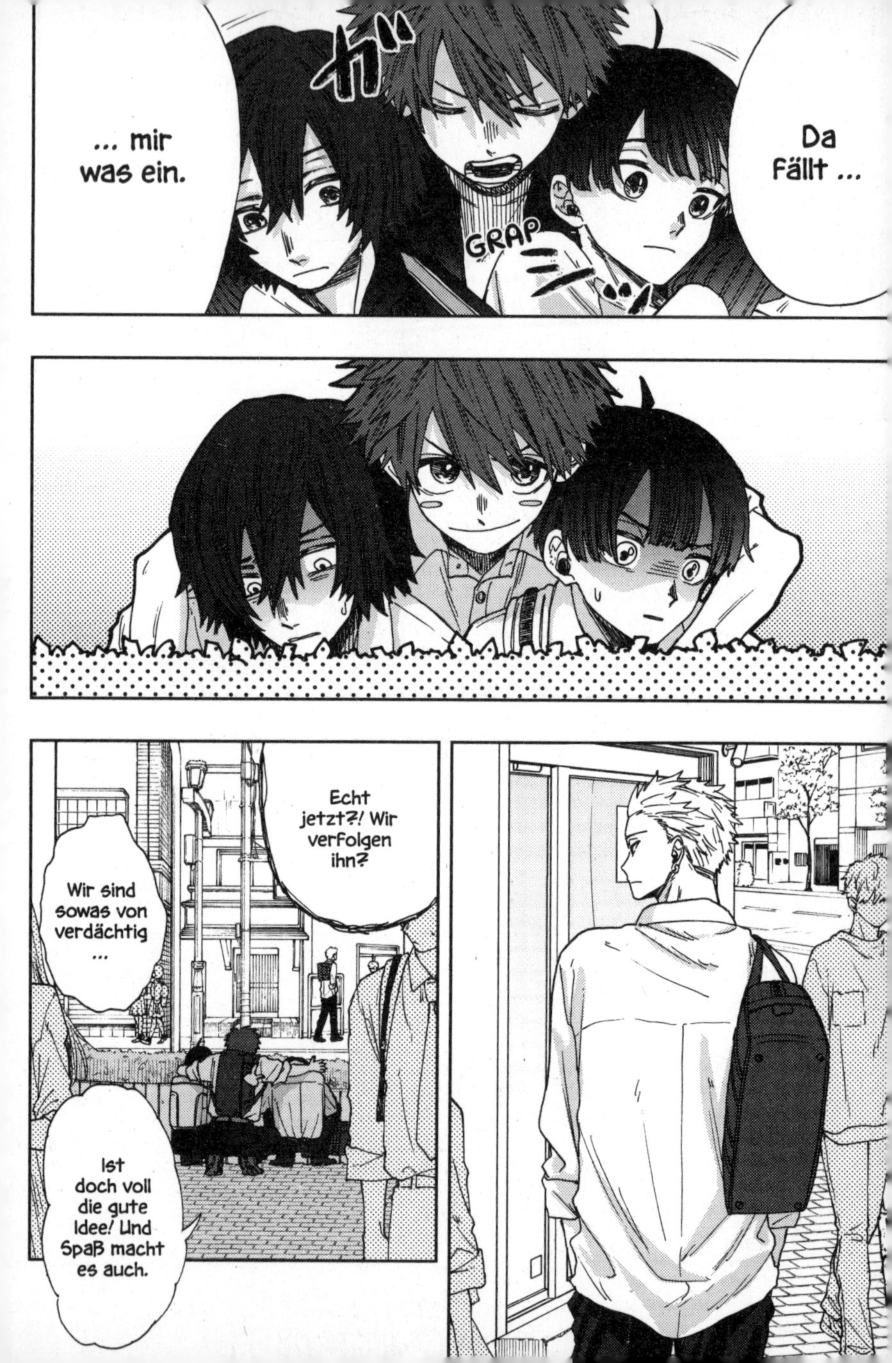
Da fällt ...
... mir was ein.
GRAP
Echt jetzt?! Wir verfolgen ihn?
Wir sind sowas von verdächtig ...
Ist doch voll die gute Idee! Und Spaß macht es auch.

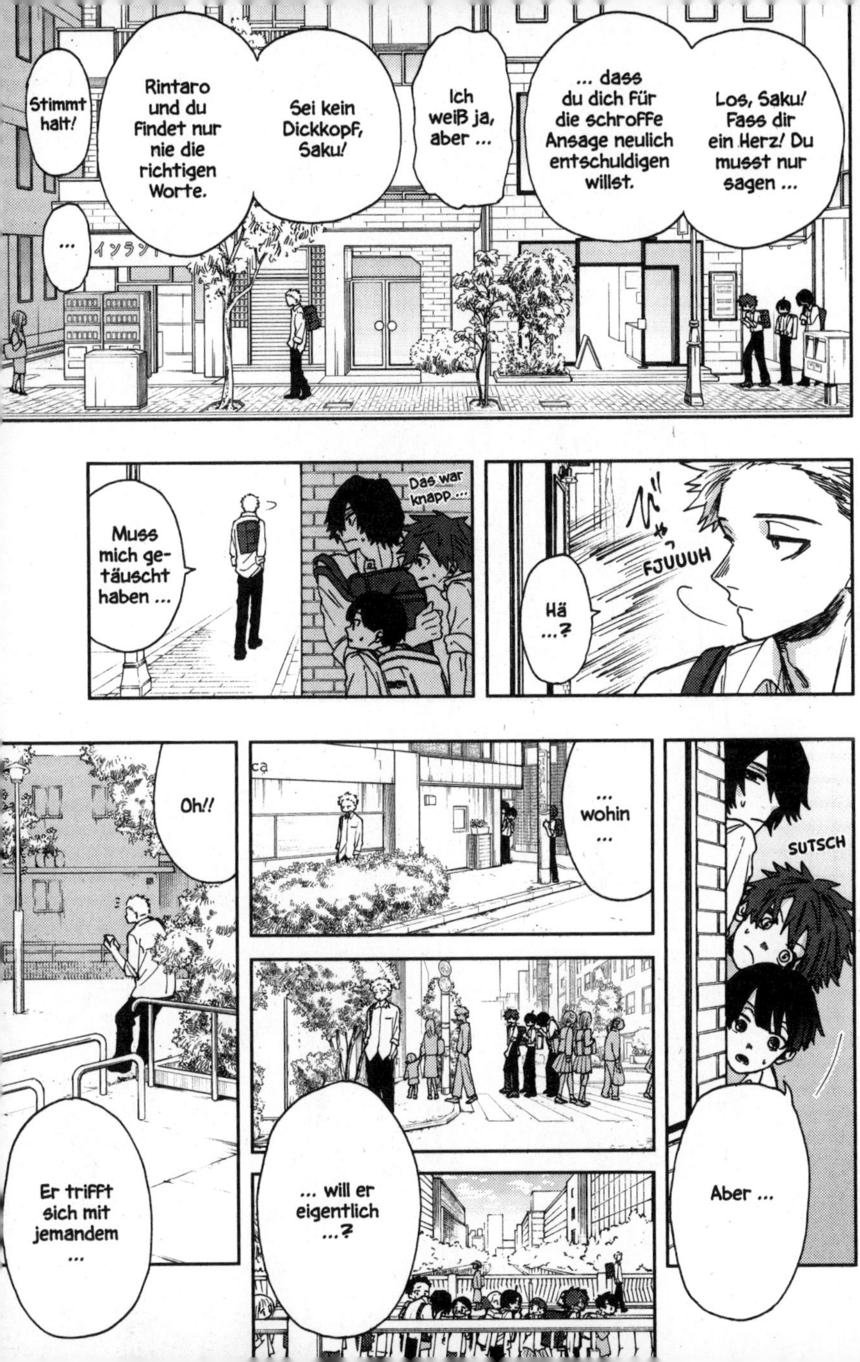
Los, Saku! Fass dir ein Herz! Du musst nur sagen ...
... dass du dich für die schroffe Ansage neulich entschuldigen willst.
Ich weiß ja, aber ...
Sei kein Dickkopf, Saku!
Rintaro und du findet nur nie die richtigen Worte.
Stimmt halt!
...
FJUUUH
Hä ...?
Das war knapp ...
Muss mich getäuscht haben ...
SUTSCH
Aber ...
... wohin ...
... will er eigentlich ...?
Oh!!
Er trifft sich mit jemandem ...

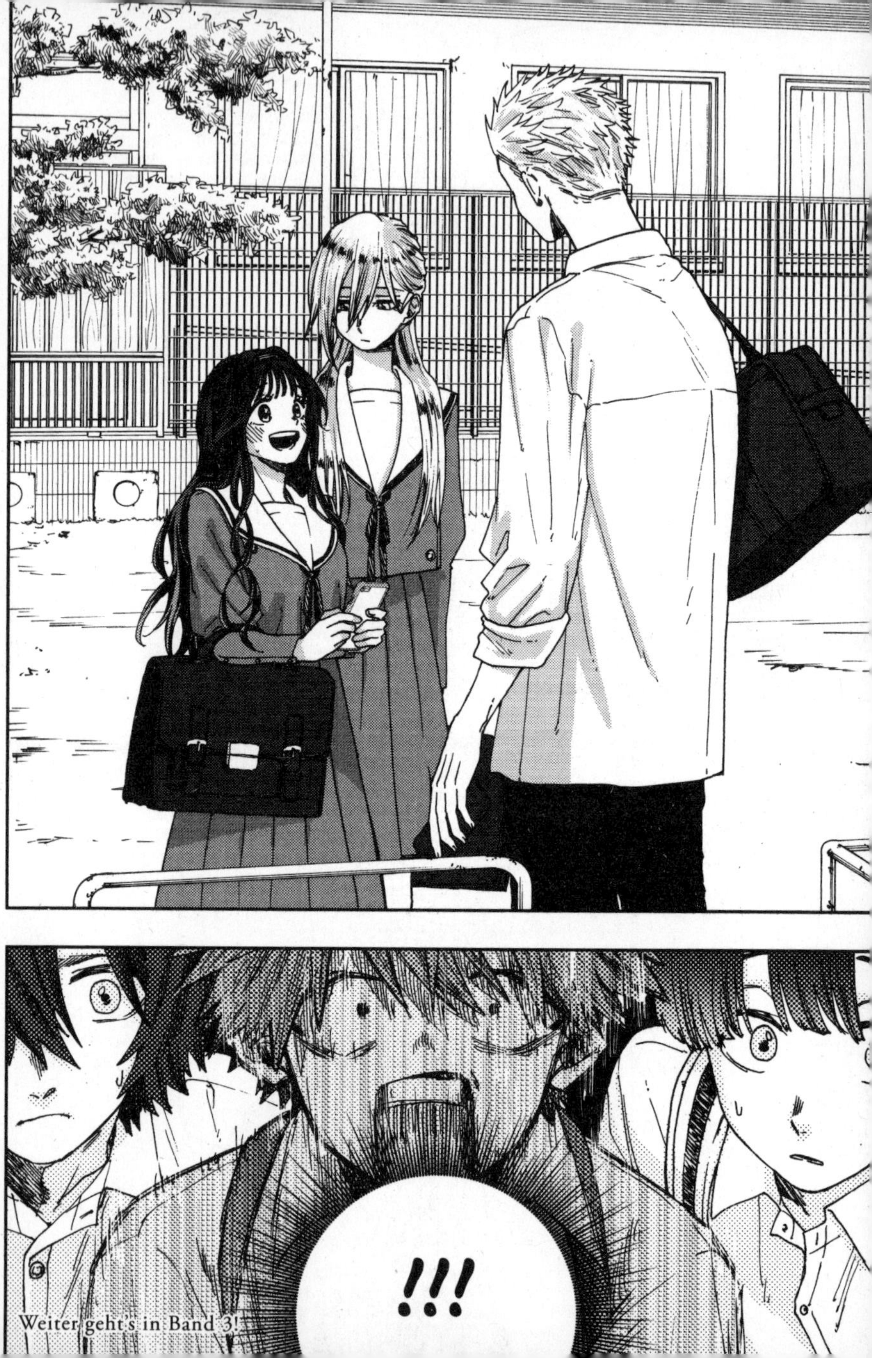
!!!
Weiter geht's in Band 3!

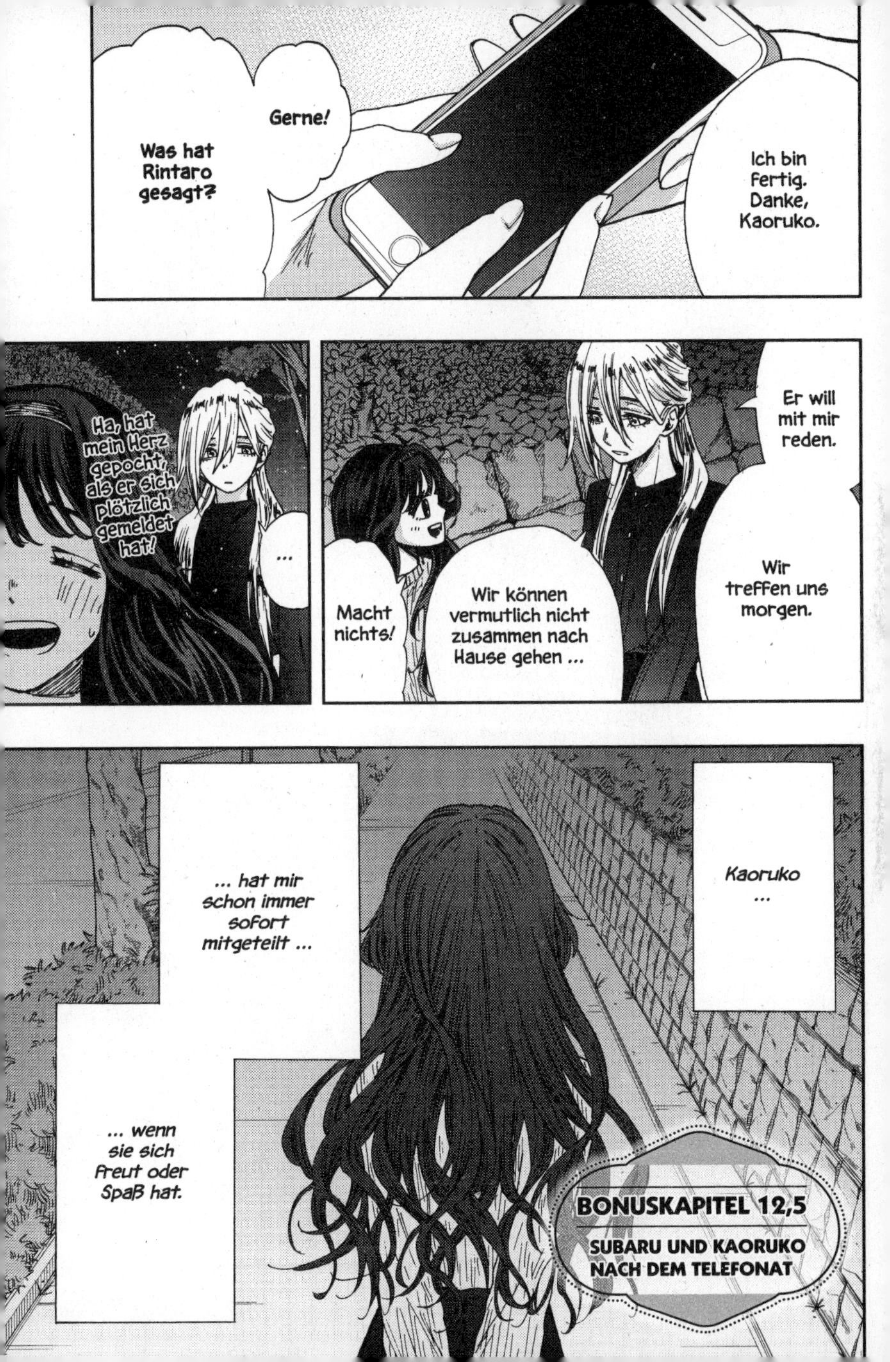

Ich bin fertig. Danke, Kaoruko.
Gerne!
Was hat Rintaro gesagt?
Er will mit mir reden.
Wir treffen uns morgen.
Wir können vermutlich nicht zusammen nach Hause gehen ...
Macht nichts!
...
Ha, hat mein Herz gepocht, als er sich plötzlich gemeldet hat!
Kaoruko ...
... hat mir schon immer sofort mitgeteilt ...
... wenn sie sich freut oder Spaß hat.
BONUSKAPITEL 12,5
SUBARU UND KAORUKO NACH DEM TELEFONAT

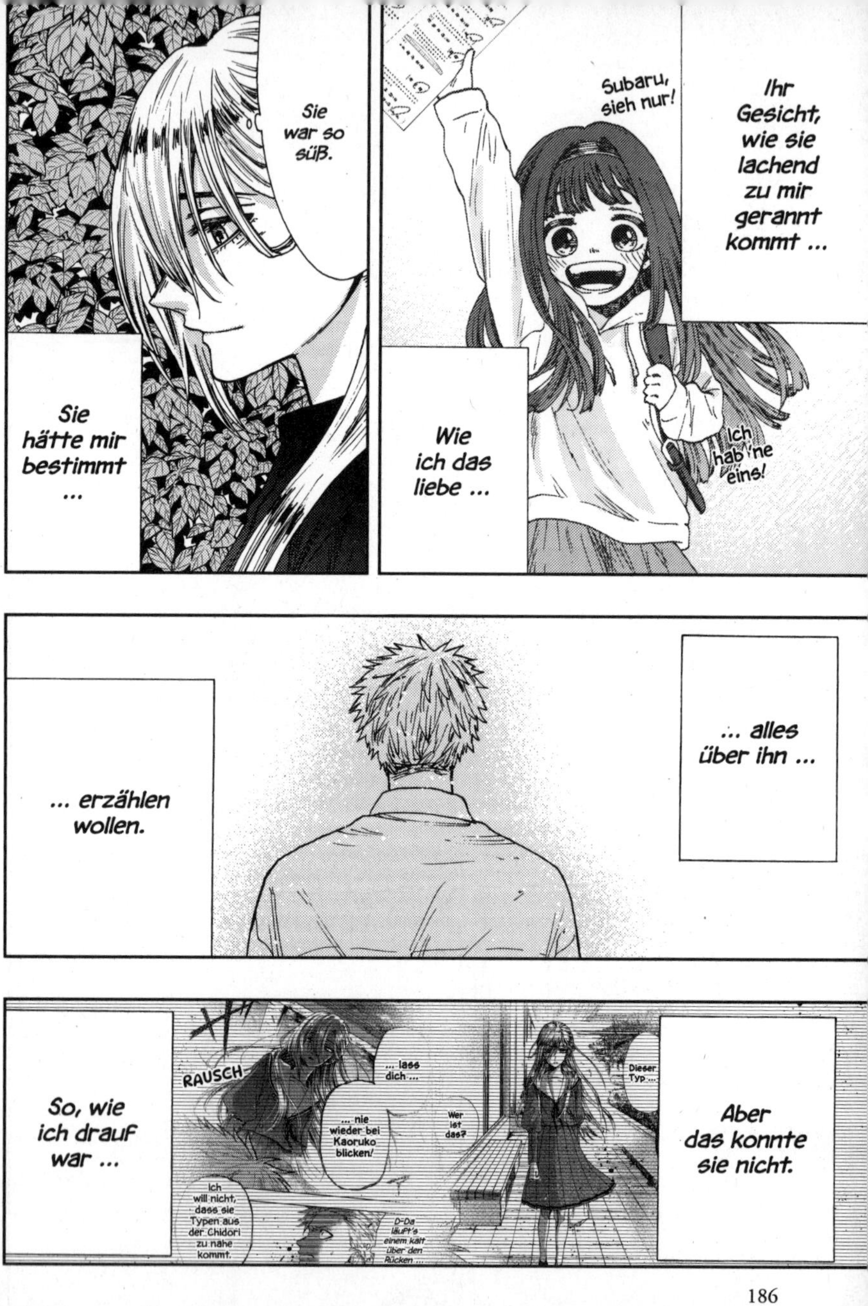
Ihr Gesicht, wie sie lachend zu mir gerannt kommt ...
Subaru, sieh nur!
Ich hab 'ne eins!
Wie ich das liebe ...
Sie war so süß.
Sie hätte mir bestimmt ...
... alles über ihn ...
... erzählen wollen.
Aber das konnte sie nicht.
Dieser Typ ...
Wer ist das?
D-Da läuft's einem kalt über den Rücken ...
... lass dich ...
... nie wieder bei Kaoruko blicken!
RAUSCH
Ich will nicht, dass sie Typen aus der Chidori zu nahe kommt.
So, wie ich drauf war ...

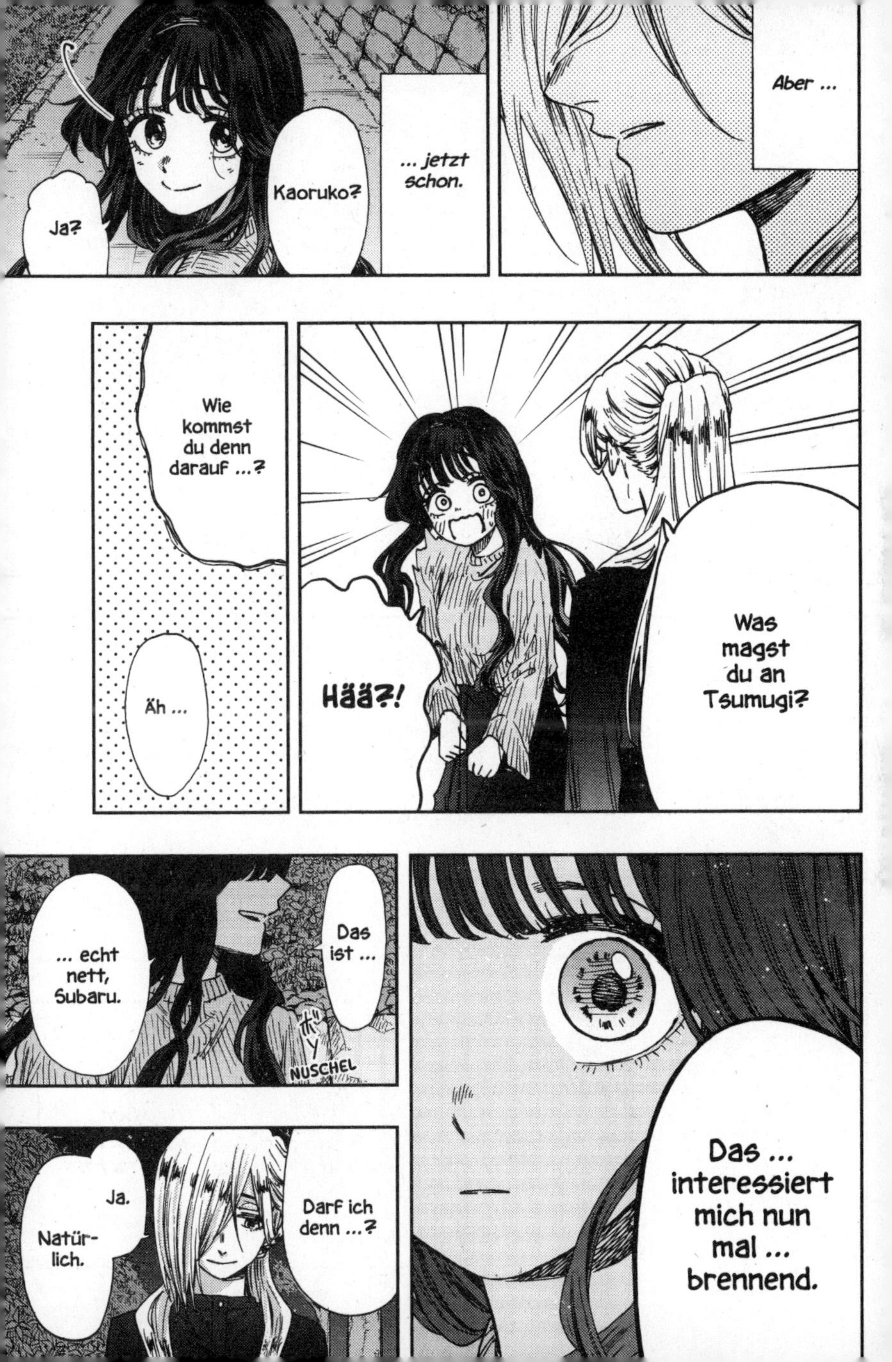
Aber ...
... jetzt schon.
Kaoruko?
Ja?
Was magst du an Tsumugi?
Hää?!
Wie kommst du denn darauf ...?
Äh ...
Das ... interessiert mich nun mal ... brennend.
Das ist ...
NUSCHEL
... echt nett, Subaru.
Darf ich denn ...?
Ja. Natür-lich.

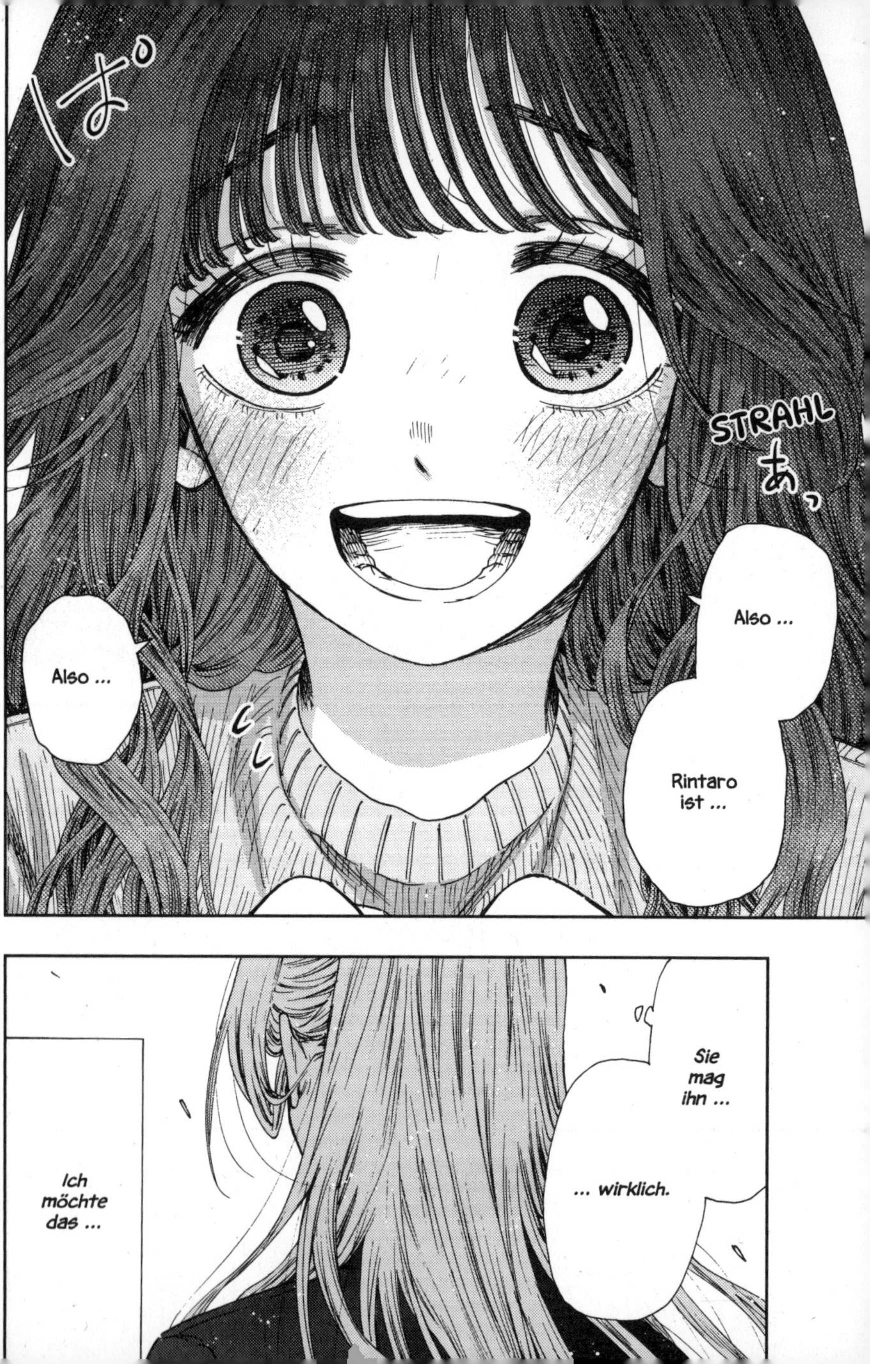
ぱ
STRAHL
あっ
Also ...
Also ...
Rintaro ist ...
Sie mag ihn ...
... wirklich.
Ich möchte das ...

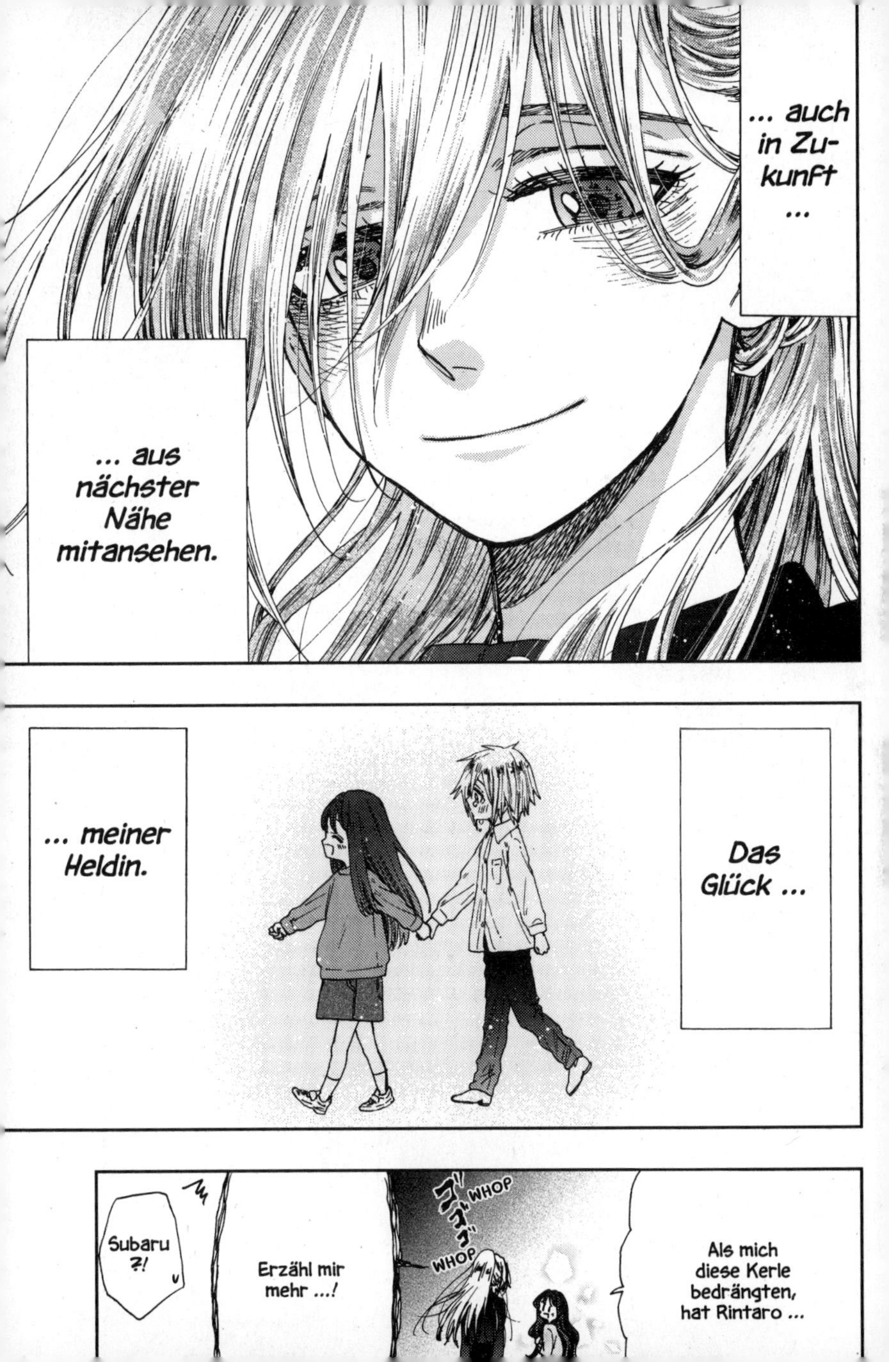

... auch in Zukunft ...
... aus nächster Nähe mitansehen.
Das Glück ...
... meiner Heldin.
Als mich diese Kerle bedrängten, hat Rintaro ...
WHOP
WHOP
Erzähl mir mehr ...!
Subaru ?!

NEXT

RINTARO HAT SICH FÜR EIN TREFFEN MIT DEN BEIDEN ENTSCHIEDEN.

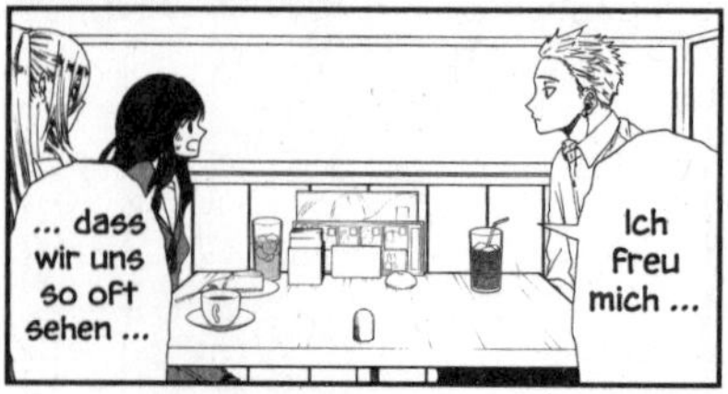

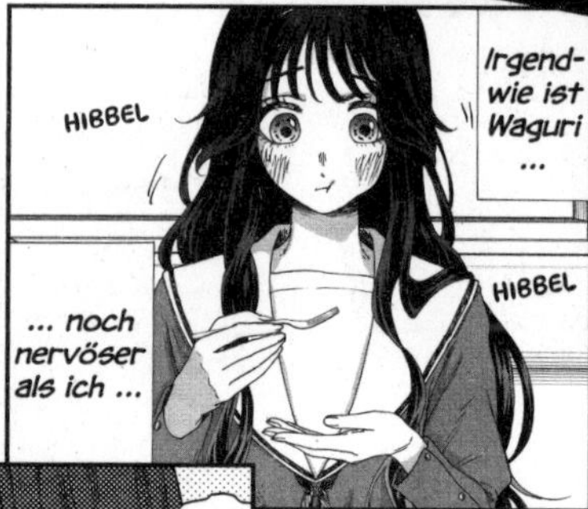

ABER WAGURI IST IRGENDWIE NOCH NERVÖSER ALS JE ZUVOR ...?!

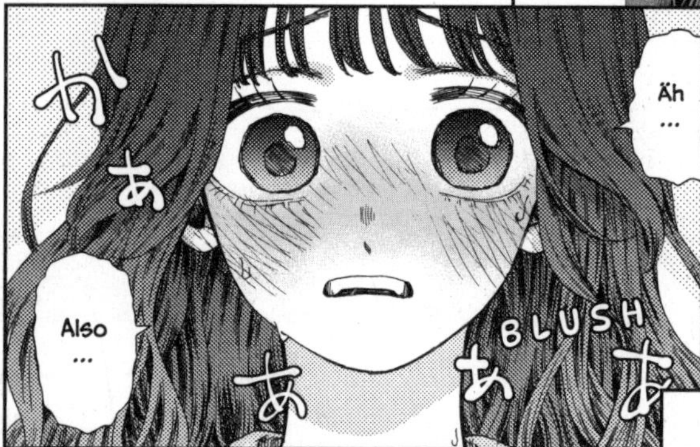

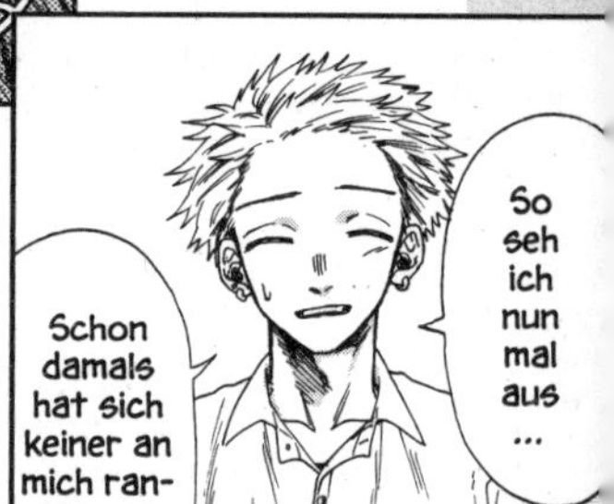

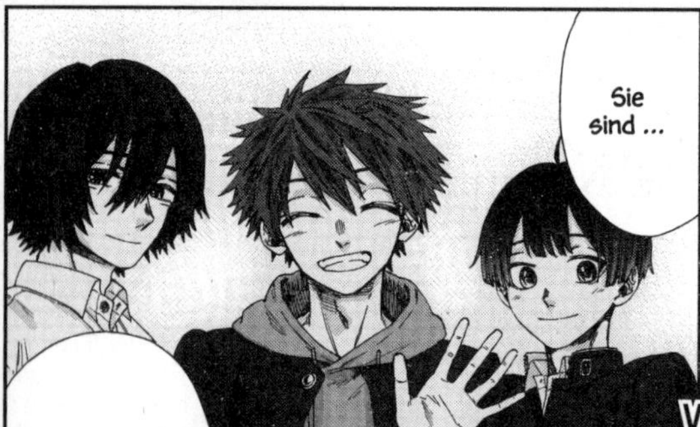

WAS ERZÄHLT RINTARO DEN BEIDEN? SEINE WÜNSCHE, SEINE HOFFNUNGEN ...?

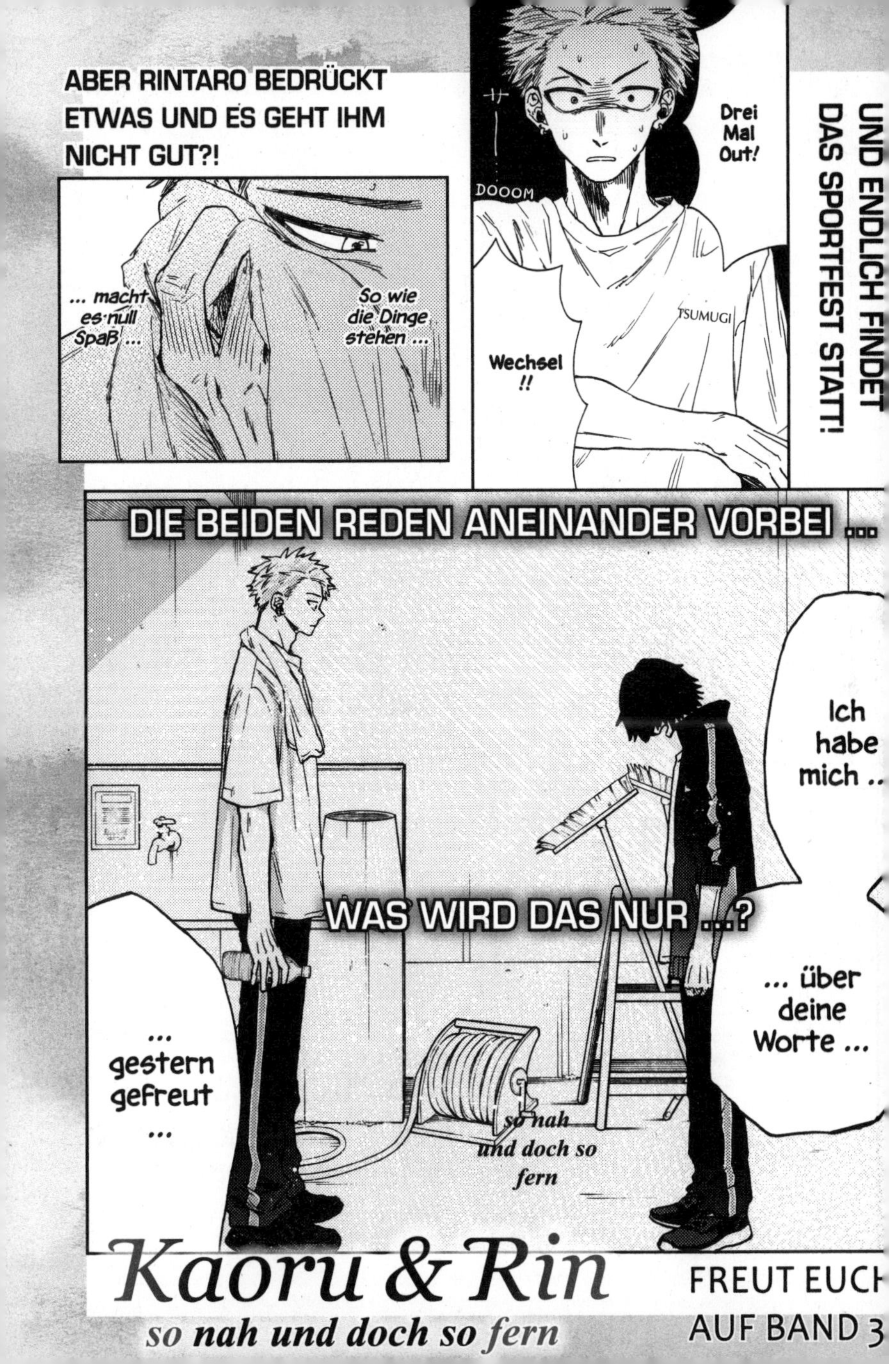
UND ENDLICH FINDET DAS SPORTFEST STATT!
Drei Mal Out!
DOOOM
TSUMUGI
Wechsel !!
ABER RINTARO BEDRÜCKT ETWAS UND ES GEHT IHM NICHT GUT?!
So wie die Dinge stehen ...
... macht es null Spaß ...
DIE BEIDEN REDEN ANEINANDER VORBEI ...
Ich habe mich ...
... über deine Worte ...
... gestern gefreut ...
WAS WIRD DAS NUR ...?
so nah und doch so fern
Kaoru & Rin
so nah und doch so fern
FREUT EUCH AUF BAND 3

SUTOPPU!

Koko wa kono manga no owari dayo.
Hantaigawa kara yomihajimete ne!
Dewa omatase shimashita!
Tanoshii hitotoki wo dozo!

Egmont-Manga-Chiimu

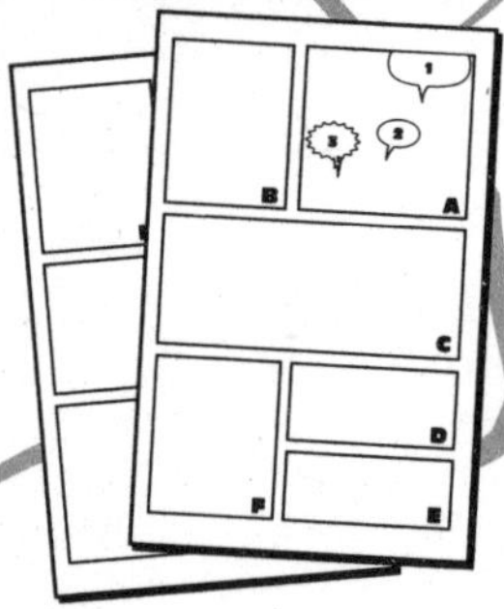

STOPP!

Das ist der Schluss des Mangas.
Fangt bitte am anderen Ende an!
Und nun genug der Vorrede,
viel Spaß beim Lesen!

Euer Egmont-Manga-Team

www.egmont-manga.de
Unsere Bücher findest du im
Buch- und Fachhandel und auf

EGMONT Shop
www.egmont-shop.de

KODANSHA

„Kaoru und Rin – so nah und doch so fern"
von Saka Mikami
Aus dem Japanischen von Yayoi Okada-Willmann
Originaltitel: „Kaoru Hana ha Rin to saku"

Originalausgabe:

First published in Japan in 2022 by
Kodansha Ltd., Tokyo.
Publication rights for this German edition
arranged through Kodansha Ltd., Tokyo.

Deutschsprachige Ausgabe:
2024 Egmont Manga verlegt durch
Egmont Verlagsgesellschaften mbH
Ritterstraße 26, 10969 Berlin
safety@egmont.de

7. Auflage 2026
Verantwortliche Redakteurin: Manuela Rudolph
Lektorat: Christopher Willmann
Covergestaltung: Katharina Kirsch
Koordination: Angelika Schönhuber
Printed in the EU
ISBN 978-3-7555-0305-7

story house
EGMONT